JN066112

責任ある企業の行動原則を踏まえた

サプライチェーンリスク
と規制対応

吉澤 尚／増田宏之 編著

鈴木修平／宮川 拓／河原彬伸／竹内康博／臼田亮太 著

中央経済社

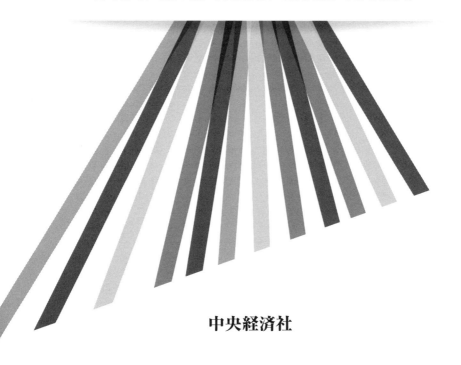

は し が き

　グローバルな社会課題，安全保障，人権保障，環境問題などの解決を実現するために，サプライチェーンおよびバリューチェーンをめぐるリスク対応や法規制の動向は，サプライチェーンおよびバリューチェーンの利害関係人を巻き込んだ立体的かつ複合的な構造をもつようになった。前述のような様々な社会課題の解決の要請もあり，1社1社で解決できないテーマに取り組むこととなったことからも，これまでの企業の管理部門や企画部門がバラバラに対応しているようでは，正確な情報の入手のみならず，情報を入手して課題を認識してもその課題が個々の取引ではなく，サプライチェーンおよびバリューチェーン全体に及ぶものとなってきている。だからこそ個別の法制度や個別のリスクだけをまとめたこれまでの法律書籍のあり方では全く全体像をとらえることができなかった。

　この構造的な変化に関し，リスク分析や新たな規制対応についても立体的に対応するために，まずは自社の把握するサプライチェーンおよびバリューチェーンがどのようなものであるかをまず認識し，それに対処する部署が企業内の部署間連携のみならず企業外の企業，政府，NPO法人，消費者，研究者など様々な人を巻き込んで連携する必要が出てきたといえる。本書では，その課題を構造的に洗い出すとともに，どのようにリスクや規制に対応していくのかについて言及していきたいと考える。脱炭素，生物多様性の問題，ウクライナをめぐる世界の動向，安全保障の問題など今後企業経営をしていく中で大きな課題に巻き込まれていく。世界中にサプライチェーン・バリューチェーンがまたがるビジネスの市場に挑戦していく企業にとって，本書の分析のあり方が現在の動向やそれへの対処への理解の一助となれば幸いである。

2024年5月

GRiT Partners法律事務所

所長弁護士

吉 澤　　尚

目　　次

ビジネスの変化とサプライチェーンおよびバリューチェーン上のリスクマッピングの必要性

▎第1節　はじめに

　現代における企業は，リスクや，CSRのような慈善事業的な側面のみならず，時代や社会課題の要請を実際にどのようにサービスおよびプロダクトとして実現していくか大きな転換点の中にいる。また，これまで考えられてきた個別の個社ごとに慈善事業的に社会課題解決を考えてきたCSRと異なり，こういった活動を巻き込んだ上でステークホルダーと連携しながら新たな事業創造を考える発想が生まれている。

　ハーバード大学ビジネススクールのマイケル・ポーター教授が，2006年に企業の慈善事業やコスト活動としてのCSRに異を唱え，競争優位性としてのCSRを提唱したことに始まり，2011年の論文[1]によって明らかにされた同教授の共通価値の創出（CSV：Creating Shared Value）の考え方を背景として，バリューチェーンやサプライチェーンのステークホルダーと連携しながらスタンドアロンな単独の会社の取り組みに限られない経営戦略の考え方を参考にし，サプライチェーン・バリューチェーン上に潜む課題を抽出しつつ，各国の諸制度がそのような考え方に基づき自社だけではない形で経営戦略を立案していくことを促す仕組みが整備されつつある。

　実際に，ネスレ，トヨタ，グーグル，ユニリーバ，ジョンソン・エンド・ジョンソン，ゼネラル・エレクトリック，IBM，インテル，ウォルマート，味の素，キリンビール，NTTドコモなど，グローバル企業により，すでに経営戦略の根幹としてCSVの考え方が導入されてきている。

　また，このような動きを後押しするようなサプライチェーン・バリューチェーンをベースに考える規制や制度も生まれており，各社が単独で経営戦略を考えるだけでは足りない時代に突入しているといえる。

1　https://hbr.org/2011/01/the-big-idea-creating-shared-value

図表0−1 ▶ Creating Shared Valueの概念

（出所）ハーバードビジネススクールCreating Shared Valueのウェブサイトより引用

Creating Shared Valueとは

　ハーバード戦略・競争力研究所のウェブサイト[2]において，「共通価値の創造」を行うべき背景として，資本主義は信頼の危機に陥っていることを指摘している。より具体的には，ここ数十年に数え切れないほどの企業の社会的責任（CSR）への取り組みが開始されたにもかかわらず，今日の企業はいまだ社会の経済的，社会的，環境的問題の多くの責任を負っている。世界的な経済危機のさなか，政府やNGOが複雑な社会的課題に対処する能力に負担が

かかっている今，これまで以上に，社会的ニーズを満たす最大限の可能性を備えた資本主義の再定義ビジョンを通じて国民の信頼を回復しなければならず，対策として，企業は，共有価値の創造（CSV）するべきとしている。ビジネスの考え方の次の変革は，共有価値の原則にある。つまり，社会のニーズと課題に対処することで社会にとっての価値も生み出す方法で，経済的価値を創造するという考え方である。

　この点，共有価値とは，企業の競争上の優位性と収益性を向上させると同時に，販売および事業を展開する地域社会の社会的および経済的状況を向上させる企業方針と実践をいう。共有価値とは，企業の社会的責任，慈善活動，さらには持続可能性でもなく，経済的成功を達成するためのより広い視野に立った新しい手法であるとされている。

　なお，CSRが【図表0－2】のように自社の事業，自社の慈善事業的な取り組みにとどまっているのに対し，CSVにおいては，社会課題の解決と競争力を同時に実現する事業を行うこととし，プロダクト・サービスの開発と自社が関連するバリューチェーンの競争力強化と社会貢献を統合していくことを志向し，さらに事業展開している各地域の事業基盤強化と社会貢献・課題解決の実現を図ることを目指した競争戦略であり，広い視野での対応が求められる点が大きく異なる。

図表0－2　CSRの限界とCSVへの流れ

CSR

- ☐ 自社の事業（プロダクト・サービス）が環境や社会に悪影響を及ぼしていないか
- ☐ 自社の事業が環境や社会への悪影響の除去・改善に寄与しているか
- ☐ ステークホルダーの価値の向上
- ■ 寄付やボランタリーな善行的側面が強く視野が狭い

CSV

- ■ 社会課題の解決と競争力を同時に実現する事業実施
- ☐ 社会課題を解決するプロダクト・サービスを開発する
- ☐ バリューチェーンの競争力強化と社会貢献の統合
- ☐ 事業展開している地域の事業基盤強化と社会貢献・課題解決の実現

　このように，今日の企業は社会の経済的・社会的・環境的問題に対して多くの責任を負っている中で，経営を持続的成長につなげていかなければならない

時代において，本書で触れていくようにビジネスの創造の仕方も多くのステークホルダーを巻き込んだモデルに変形してきており，リスク分析や戦略の立案にも大きな変化がある。また，経済的・社会的・環境的課題の解決を促すための規制・制度・政策もサプライチェーン・バリューチェーンを巻き込んだ仕組みの形態を有したもの，さらには，サプライチェーン・バリューチェーンを把握した上で取り組まないとこれまでの管理部門や法務部門が何かあってから対応していく仕組みでは対応できないものが出てきている。

　こうした事態に対処するには，企業はまず，自社のサプライチェーン・バリューチェーンのリスク上に潜むリスクをマッピングする必要性があるといえる。リスクへの対処および課題解決に向けた対応力を強化し，バリューチェーンの強靭化にはサプライチェーン・バリューチェーンに潜むリスクへの対処が不可欠である。

　サプライチェーン・バリューチェーンリスクマッピングは，サプライチェーン・バリューチェーンを図示しその上にリスクをマッピングすることによって，事業のどの段階にどのようなリスクが潜んでいるのか，解決すべき課題とその事業創出の可能性を明らかにする。その上で本書ではそのリスクへの対処と，リスク対処に伴う新規事業創出を可能にするとともに，かかる検討を通じて新しい事業機会の発見にもつなげることを志向する考え方を検討したい。

第2節　サプライチェーン・バリューチェーン上の リスクの捉え方

　これまでのリスク分析は，ビジネスのサイクルとの関連性を意識せず，「点」ないし「事象」として静的に捉えられることが通例であり，リスクが会社のサプライチェーン・バリューチェーン上のどのポイントで生じる（ことが多い）か，という動的な視点から捉えられることは少なかったように思われる。

　リスクの静的な捉え方とは，誤解をおそれずにいえば事業部から持ち込まれた取引の内容や実際の取引契約書について文言上直接的に想定されるリスクのみを検討することが代表的である。後述する設例のケースでみると，法務的な分析においてY社との契約交渉段階で法務に相談が持ち込まれた場合，取引基本契約における問題事項を検討するとともに過去の同種契約の内容も参考にする，という対処がこれに当たる。そして，相談の時期については，当該事象の発生と同時あるいは事後的に，法務部や管理部門に持ち込まれるというのが通例である。

　他方で，事業活動は，本書の別項目で触れるように，自社のサプライチェーン・バリューチェーンを社会的要請や対外的環境などに即応させたり，あるいはこれに先回りしてサプライチェーン・バリューチェーンを強靱化したりするなどして常に変容している。また，リスクの分析の過程で課題が認識され新たな事業創出機会の発見の視点で考える必要もある。

　すなわち，企業は，サプライチェーン・バリューチェーン，自社の役員・社員等の会社関係者，導入する自社システム等について，市場環境，顧客動向，規制や新たな政策，競合の動きへの対応を含む外部環境の変化に応じ，あるいはこれらに先回りして事業活動を変容させることを絶えず繰り返しており，そのような動的な視点からリスクを捉えて，その活動へ活かすことも，変化が早く複雑化する社会情勢の下では必要であると思われる。

【設例】
当社（Ｘ社）は，外資系の大手メーカーＹ社から部品の発注を受けることと
なった。Ｙ社は，ESGに力を入れていることで有名であり，当社は今後の顧客
拡大の観点から，当社ウェブサイトの主要取引先の記載にＹ社を加えるととも
に，当社がESGに力を入れていることを当社ウェブサイトで打ち出すことを検
討している。

　詳しくは後述するが，設例に即していえば，例えば法務が取引基本契約書を
検討するにあたって，部品のエンドユーザー（Ｙ社の客先）や，あるいは原材
料の供給元の状況も加味して取引上のリスクを立体的に把握し，文言の修正だ
けでなくサプライチェーン・バリューチェーン上のリスクを認識して契約交渉
のアドバイスを行う，ということも自社のサプライチェーン・バリューチェー
ン上のリスクを適切に把握すれば可能になると考えられる。さらにいえば，取
引管理のレベルだけではなくサプライチェーン・バリューチェーン全体の構造
から中長期的に経営戦略として課題に対処する必要性があるものもあり，法
務・管理部門だけで対処できる問題ではない。

図表0−3　サプライチェーン・バリューチェーンと認識すべき課題

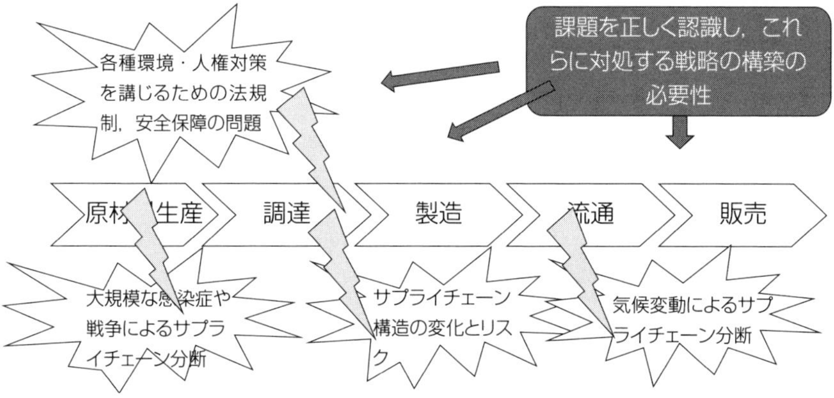

課題を正しく認識し，これ
らに対処する戦略の構築の
必要性

各種環境・人権対策
を講じるための法規
制，安全保障の問題

原材料生産　調達　製造　流通　販売

大規模な感染症や
戦争によるサプラ
イチェーン分断

サプライチェーン
構造の変化とリス
ク

気候変動によるサプ
ライチェーン分断

　本書では，CSVを戦略として新たなプロダクト・サービスを開発し，実装するためには，多くのサプライチェーン・バリューチェーン上のプレイヤーを巻き込まなければならないとともに，これを前提としつつ，産業特性，各種環境政策，安全保障への対応などの変化などから企業のサプライチェーン・バリューチェーン上にリスクをマッピングし，事前にリスクを把握した上で対処（回避，転嫁，軽減，受容といったリスクコントロール）を検討するという，リスクをビジネスサイクルの視点からとらえて事業活動に活かす方法を検討する必要性とその具体的な全体像について分析する考え方を紹介したい。

図表０－４　サプライチェーン・バリューチェーンリスクマッピングと対処

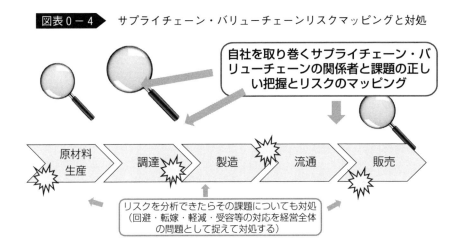

第3節　サプライチェーン・バリューチェーン における企業の社会的責任

　国際秩序の不安定化により，従来の秩序をめぐる不確実性は増大している。経済大国同士のデカップリングによる分断危機，紛争による地政学的リスク，新型コロナウイルス感染症をはじめとするパンデミックによる健康的リスクの高まりなどにより，安全保障の対象が，経済だけでなく新興技術分野にまで広がっている。様々な不確実性が高まる中で，企業は，地政学的リスクや健康的リスク，経済安全保障政策の動向を踏まえ，国際情勢の変化やルール変更などに，迅速かつ柔軟に対応し，サプライチェーン・バリューチェーンにおけるレジリエンスを検討していくことが重要となっている。

　また，社会的役割の重要性を担っている企業は，ビジネスにおける行動指針が問われており，自社の事業だけにとどまらず，サプライチェーン・バリューチェーンおよびその他ビジネス上の関係と関連する可能性のある労働者，人権，環境，賄賂，消費者およびコーポレート・ガバナンスにおいて，「責任ある企業行動」（RBC：Responsible Business Conduct）[3]が求められている。この原点をまずはしっかりと理解しておく必要がある。

　欧米をはじめとする諸外国では，国際秩序を踏まえた「責任ある企業行動」（RBC）の実装に向けて，政策指針を打ち出し，規制を施行してきている。

　企業のサプライチェーン・バリューチェーンリスクマッピングにも大きく関与しており，気候変動，生物多様性，テクノロジー，ビジネスの完全性，サプライチェーンのデューデリジェンスなどの主要分野にわたって，「責任ある企業行動」（RBC）に関する推奨事項が提示されている。

　企業のビジネスは，国際秩序に準拠した個社だけで推進していくものではなく，ステークホルダーを巻き込み，それぞれの立場を理解したCSVによって

3　「責任ある企業行動」（RCB）は，OECD加盟国38カ国の他，非加盟国13カ国を含む51カ国から活動する多国籍企業に対して，政府が取り組む責任ある事業行動に関する勧告であり，世界経済の発展や企業行動の変化などの実情に応じて，1979年以降に宣言とともにガイドラインが改定されてきている。

見出した共通価値を反映したレジリエントなバリューチェーンの構築が重要となってきている。こうした考え方の整合性をとっていかなければ，サプライチェーン・バリューチェーンが横断したローカル市場と海外市場とを連携した市場形成戦略を構築することが難しくなってきている。

図表0－5　各種市場と連携する場合の各種ルールや考え方を整合させる市場戦略の必要性

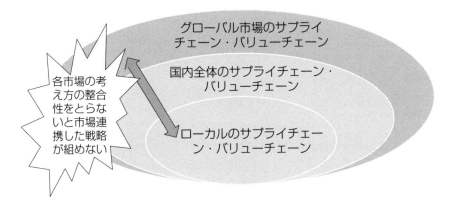

なお，経済協力開発機構（OECD：Organization for Economic Co-operation and Development）では，1976年の「国際投資と多国籍企業に関する宣言」以降，OECD多国籍企業行動指針（以下，「OECD行動指針」という）を勧告してきており，オープンで透明な国際投資環境を保証し，多国籍企業に対し経済，環境および社会の発展への積極的な貢献を促すことにより，同宣言の施行から半世紀近くを経て，35のOECD加盟国と11の非加盟国を含めた50カ国以上の政府が多国籍企業に向けた勧告として「責任ある事業行動に関する多国籍企業のためのOECDガイドライン」[4]を発行している。本ガイドラインでは，多国籍企業が経済的，社会的，環境的に国際投資するための透明性のある環境と，企業の運営，製品，サービスに関連する対象事項への悪影響を最小限に抑えることを目的に，人権，労働者の権利，環境，贈収賄と汚職，消費者の利益，情報

4　https://mneguidelines.oecd.org/mneguidelines/

開示，科学技術，競争，税制など，企業責任の主要分野を網羅している。

図表0−6　「責任ある事業行動に関する多国籍企業のためのOECDガイドライン」の範囲

情報開示	人権	労働者の権利
環境	消費者の利益	科学技術 イノベーション
贈収賄および その他の汚職との闘い	税制	競争

　また，本ガイドラインは，適用される法律および国際的に認められた基準に準拠した責任あるビジネス行動のための自主的な原則と基準を提供している。なお，「責任ある事業行動に関する多国籍企業のためのOECDガイドライン」は，2023年に環境や人権対応，情報開示，労働者の権利等について改定がなされ近時の動向に合わせた対応が進み，サプライチェーン・バリューチェーンのステークホルダーを巻き込んで企業がどのような視点であるべき責任を果たすべきかというあるべき姿と考えるべき視点を示している。

　本書でお伝えしたいのは，各論となる個別の規制や政策等に拘泥し，場当たり的な経営対処をすることなく企業としてあるべき姿を実現するための経営を

図表0−7　責任ある企業の行動原則とサプライチェーン・バリューチェーンを巻き込んだ全体像

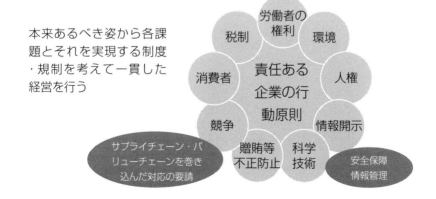

本来あるべき姿から各課題とそれを実現する制度・規制を考えて一貫した経営を行う

まず考え，各制度の議論が進んでいる背景を理解することが重要であり，この観点に立てば，一貫した経営戦略を遂行する姿勢が求められているということである。

第1章

サプライチェーンおよび
バリューチェーン

▍第1節　背景と概要

　本節では，サプライチェーン・バリューチェーンを構成するエコシステムについて全体俯瞰した上で，その構成要素を定義し，サプライチェーン，バリューチェーン，エコシステム，産業構造，ライフサイクル等を明らかにしていく。

　サプライチェーンについて，「社会的背景を踏まえた課題」，「産業構造上の課題」，「規制・制度，人材，インフラ等の課題」の3つの観点から課題を抽出し，現状課題を把握し，世界の動向を踏まえた上で，わが国が取り組むべき視点，業界が取り組むべき視点，企業が取り組むべき視点を考察する。

　まず，サプライチェーンを構成する要素として，以下の構成要素を定義する。

●「サプライチェーン」（製品提供による連鎖）
産業構造上の要素を含み，原料調達から部材供給，製品提供まで，産業の幹を中心とすることをサプライチェーンと定義する。
●「バリューチェーン」（価値提供による連鎖）
規制・制度，人材，インフラ，プラットフォーム等の要素を含み，技術革新や製品需要を左右する消費者および全体を俯瞰し制度設計をする行政までを含めたものを，バリューチェーンと定義する。
●「エコシステム」（役割と責任共有による連鎖）
社会的背景の要素を含み，すべてのステークホルダーが役割と責任を認識し，産業の需要と供給により形成されるものをエコシステムとして定義する。

図表1－1　サプライチェーンを含むエコシステム
の各構成要素およびその関係性の概念

図表1−2 政策・指針とサプライチェーンを含むエコシステムの各構成要素の全体俯瞰図〜サプライチェーン（供給連鎖）／バリューチェーン（価値提供連鎖）／エコシステムの相関性

国レベルの課題：国内【新しい資本主義の実現、官民連携パートナーシップ】国外【安全保障・貿易や投資の維持・拡大による各産性向上と技術革新】

地球規模の課題：気候変動、資源の枯渇、国際秩序の不安定化、感染症、生物多様性

社会的課題：低炭素社会・資源循環型社会／自然共生社会・健康長寿社会による循環型社会の実現

地域的課題：地域資源を生かした循環型産業による地方創生

エコシステム

バリューチェーン

サプライチェーン

関連要素	産業別	産業共通		素材原料調達	物質・化合物等	要素技術	アカデミア
		原料調達	プロセス	原料調達 素材	バイオマス・構造源 枯渇資源 中間体原料・細胞バンク等	原料の安価倍養・栽培法 C1化合物の利用	原料研究
資源・エネルギー 諸外国連携 気候変動、生物多様性	エネルギー問題 炭素供給源	原料調達−部材供給		製品 プロセス 部材供給			
	化学産業（プラスチック、ゴム、樹脂） 医薬 食品業 醸造業			中間製品製造（部材供給）	基礎化学品（汎用品） 機能化学品（機能性品） ベクター製造 医薬品中間体	目的スペックポリマー等デザイン および複合化技術 ターゲット化合物探索技術（スクリーニング技術） 遺伝子・酵素探索技術（環境ゲノム）	Foundry政策 産業間交流 技術情報交換 課題オープン共有化 マッチングファンド
国家戦略	バイオ関連品製造推進 バイオ由来部材利用促進 グリーンプレミアム制度 産官学コンソーシアム 異分野産業融合	製品化 部材組立て	製品化	製品化 部材組立て	代替食品製造プロセス 代替食品 ベクターデザイン 細胞加工	最適合路探索 酵素デザイン技術 長鎖DNA合成 発現制御技術 遺伝子群カセット構築・導入 大量培養技術・高濃度培養技術 コンタミ防止手法 スケールアップ技術	革新的シーズの探索 技術精査 見極め 市場、コスト意識
政策	鉄鋼および非鉄金属産業 窯業 ガラス産業 紙・パルプ産業			最終製品製造（応用）	新規物質 備蓄、流通、アッセンブリ	精製技術 リサイクル技術・工程管理技術 部材（スペック）ニーズ調査	事業化に向けた「橋渡り」 デモンストレーション 実証試験 ファシリティ
インフラ整備 生物資源利活用データベース オープンイノベーションの促進 実証ブランド整備							
関連省庁連携	新規産業市場開拓支援 マーケティング支援 産業連関 新規産業の可能性						
市民・消費者 社会享受 消費ニーズ、リテラシー ムーブメント メディアアウトリーチとの連携 市民参加型モノづくり	Opportunitiesの掘り下げ 市場（マーケティング） 規制対応 欧米標準化、軽減措置制度等 イスラム圏におけるハラル認証	企業の社会的責任 CSR 環境対応		製品使用 廃棄・リサイクル	AI、データベース、ロボットの活用	Science Communication サイエンスカフェ 市民講座

第2節　サプライチェーン・バリューチェーン におけるリスク的観点

1　社会的背景を踏まえた視点

　社会課題の解決と企業の競争力向上を同時に実現する観点からは，まずリスク分析の1つの視点として，現代社会に生じている課題が何かを検討することとしたい。

1－1　気候変動，持続的循環型社会への対応

　日本は2015年7月，温室効果ガスの排出量を2030年時点で2013年比26％減（EUが基準年としている1990年比では18％削減の目標）とする約束草案を正式決定し，国連の気候変動枠組条約を事務局に提出した[1]。

　2015年に採択されたパリ協定を受け，G20財務大臣および中央銀行総裁の指示によって金融安定理事会（FSB：Financial Stability Board）は「気候関連財務情報開示タスクフォース（TCFD：Task Force on Climate-related Financial Disclosures）」が設置され，2017年には財務に影響のある気候関連情報の開示を推奨する報告書（いわゆるTCFD提言）が公表された[2]。

　その後，「国連環境計画金融イニシアチブ（UNEP FI：United Nations Environment Programme Finance Initiative）」では銀行，投資家，保険会社向けの一連の「TCFDパイロットプロジェクト」が開始されている。このパイロットプロジェクトでは，物理的リスクと移行リスク（および保険会社の訴訟リスク）を調査され，気候シナリオ分析によるリスク評価をするための実用的なアプローチを開拓されたことで，グローバル企業をはじめ，気候変動対策に関する情報開示を積極的に行う企業数が急増しており，現在に至っている。

　TCFD提言に沿った情報開示は，TCFD開示と呼ばれ，「ガバナンス：気候

1　https://www.env.go.jp/press/101241.html
2　https://assets.bbhub.io/company/sites/60/2021/10/FINAL-2017-TCFD-Report.pdf

関連リスク・機会についての組織」,「戦略：気候関連リスク・機会がもたらす事業・戦略，財務計画への実際の影響または潜在的影響」,「リスク管理：気候関連リスクの識別・評価・管理方法」,「指標と目標：気候関連リスク・機会を評価・管理する際の指標とその目標」の4項目を開示推奨項目としている。

　また，TCFD提言の公表を受けて，経済産業省では，2018年よりグリーンファイナンスと企業の情報開示の在り方に関するTCFD研究会が開催され，気候関連財務情報開示に関するガイダンス（TCFDガイダンス）が公表された。その後，企業の効果的な情報開示や開示された情報を金融機関等の適切な投資判断につなげることを目的に，TCFDコンソーシアムが設立され[3]，TCFDガイダンスの改訂等が検討されている[4]。

　また，2021年11月にイギリスグラスゴーで開催されたCOP26[5]をきっかけに，国際会計基準/国際財務報告基準（IFRS：International Financial Reporting Standards）の財団評議員会が中心となり，国際サステナビリティ基準審議会（ISSB：International Sustainability Standards Board）が設立された[6]。2022年には，国際統合報告評議会（IIRC：International Integrated Reporting Council）とサステナビリティ会計基準審議会（SASB：Sustainability Accounting Standards Board）が合併した価値報告財団（VRF：Value Reporting Foundation）が，気候変動開示基準委員会（CDSB：Climate Disclosure Standards Board）とともにIFRS財団に統合された。

　これにより，ISSBは，企業が投資家などに対して，ESG[7]に関するより信頼性の高い報告ができるようにするため，これまで多様に存在していたサステナビリティ関連の報告基準を「IFRSサステナビリティ開示基準」として統合した。2024年の適用開始に向け，ISSB基準の草案が再検討されているが，ISSB基準を採用するか否かは，各国の判断に委ねられている。すでに，英国，シンガポール，ナイジェリア等は，ISSB基準を採用する方針を示している。

3　https://tcfd-consortium.jp/
4　https://tcfd-consortium.jp/news_detail/22100501
5　国連気候変動枠組条約第26回締約国会議
6　https://www.ifrs.org/groups/international-sustainability-standards-board/
7　持続可能な企業成長に重要な3つの観点　環境（Environment）社会（Social）ガバナンス（Governance）

　日本では，公益財団法人財務会計基準機構（FASF：Financial Accounting Standards Foundation）が，2022年に「サステナビリティ基準委員会（SSBJ：Sustainability Standards Board of Japan）」を設置し，金融庁と連携しながら，国際サステナビリティ基準審議会が定めたISSB基準を踏まえ，日本独自のサステナビリティ開示基準の検討が進められており，有価証券報告書に，サステナビリティ情報の「記載欄」の新設が提言されている。

　将来的には，国際サステナビリティ基準審議会が定めたISSB基準を踏まえ，日本のサステナビリティ基準委員会（SSBJ）が検討した具体的開示内容（開示基準）を，2024年3月末までに公開草案としてまとめ，2025年3月末までに決定する予定になっており，有価証券報告書のサステナビリティ情報の「記載欄」に取り込むことが検討されている。

　現在，検討されている具体的開示内容は，第2章第1節で解説する。

1−2　生物資源，生物多様性条約への対応

　自然は前例のない速度で衰退してきており，人間の経済活動によって，約100万種が絶滅の危機に瀕している。自然の損失は，人口動態，貿易，産業，現状の生産と消費パターン，土地利用と都市化，統治モデルによって，引き起こされていると言われている。例えば，世界の資源採掘量は，1970年の270億トンから920億トンへとおよそ3倍に増加している。

　2020年，国連がまとめた報告書「Nature Risk Rising：Why the Crisis Engulfing Nature Matters for Business and the Economy」[8]によると，自然とその関連サービスによる経済的価値の創出は，世界のGDPの半分を超える44兆米ドルとされている。あらゆる産業の多くの企業は，事業運営，サプライチェーン，市場への影響を通じて，中から高程度，自然に依存している。

　生物多様性の損失は，環境の一面だけでなくビジネスや人類にとっても憂慮すべき問題であり，現状のままでは，これまでどおりのビジネスを続けることはできないとされている。

8　https://www.weforum.org/reports/nature-risk-rising-why-the-crisis-engulfing-nature-matters-for-business-and-the-economy

脅威にさらされ続けている自然の損失は，ほとんどの企業にとって重要な課題であり，致命的になりかねない。世界経済フォーラムがまとめた「The Global Risks Report 2020」では，人類が今後10年間に直面する脅威として，生物多様性の損失と生態系の崩壊を，トップ5にランク付けしている。

生物多様性，つまり動物，植物，菌類，微生物間の種と遺伝学の多様性は，経済の健全性の基礎とされている。

2019年世界経済フォーラム年次総会（いわゆるダボス会議）にて，資金の流れをネイチャーポジティブに移行させるという観点から，自然資本等に関する企業のリスク管理と開示枠組みを構築するため，自然関連財務情報開示タスクフォース（TNFD：Taskforce on Nature-related Financial Disclosures）に設立された。

TNFDは，企業と金融が意思決定に自然関連財務情報開示を組み込むことで，最終的には世界の資金の流れが自然にマイナスの結果から自然にプラスの結果に移行することを支援していく目的で，進化する自然関連の依存関係，複雑なサプライチェーンの影響，リスク，機会について組織が報告し，行動するための一連の開示推奨事項とガイダンスを開発した。

TNFDや日本の企業も含めた民間団体に，科学に基づく定量的な目標設定を促す組織であるScience Based Targets for Nature（SBTs for Nature）等の民間レベルの枠組みを通じて，企業に自社の事業活動が自然環境に及ぼす影響や依存度に関して情報開示や定量評価を求める動きが加速している。

現在，検討されている具体的開示内容は，第2章第1節で解説する。

1－3　人権保障

グローバル化による経済発展の一方で，世界は，格差や貧困の拡大，気候変動等の環境問題の深刻化，感染症の拡大，紛争の勃発等の多くの難題に直面しており，人権侵害をめぐる問題はこれらと密接に関連している。わが国は，自由，民主主義，人権，法の支配といった普遍的・基本的価値をより一層尊重しながら，世界の国々とともに，これらグローバルな課題の解決を図り，持続可能な経済・社会を実現していく必要がある。

人権は，すべての人々が生命と自由を確保し，幸福を追求する権利であって，

人間が人間らしく生きる権利であるとともに，生まれながらに持つ権利である。そして，その保護および実現は，国家の義務である。

　同時に，グローバル化の進展によって，企業活動が人権に及ぼす負の影響が拡大し，企業活動による人権侵害についての企業の責任に関する国際的な議論がより活発になる中で，2011年に「ビジネスと人権」における最も重要な国際的枠組みの1つである「ビジネスと人権に関する指導原則：国際連合『保護，尊重及び救済』枠組み実施のために」（以下「国連指導原則」という）が国連人権理事会において全会一致で支持された。

　同原則では，国家の人権保護義務・企業の人権尊重責任・救済へのアクセスという3本柱を規定しており，国家と企業とは，相互に補完し合いながらそれぞれの役割を果たしていくことが求められ，これをサプライチェーン・バリューチェーンの構造の中で把握していく必要がある。

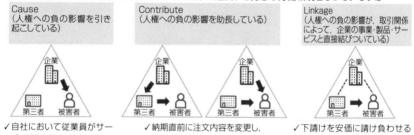

図表1−3　労働環境への配慮

・自社の従業員の労働環境・健康への配慮や公正かつ適正な処遇を行うこと
・さらには**サプライチェーン上**の会社において法令に違反する劣悪な労働環境となっていないか

Cause
（人権への負の影響を引き起こしている）

Contribute
（人権への負の影響を助長している）

Linkage
（人権への負の影響が，取引関係によって，企業の事業・製品・サービスと直接結びついている）

企業
第三者　被害者

✓自社において従業員がサービス残業を強いられている

✓納期直前に注文内容を変更し，労基法違反を惹起させる

✓下請けを安価に請け負わせることで孫請けの労働者に最低賃金以下で労働させる

（出所）法務省ホームページ「『ビジネスと人権』に関する企業研修」に基づき筆者一部加筆・修正

2　サプライチェーン・バリューチェーンにおける企業の果たすべき役割の個別項目

2−1　脱炭素化の観点

　日本は2015年，温室効果ガスの排出量を2030年時点で2013年比26％減（EU

が基準年としている1990年比では18％削減の目標）とする約束草案を正式決定し，国連の気候変動枠組条約を事務局に提出した[9]。120を超える国々が，カーボンニュートラルを表明し[10]，すでに1,500を超える企業が，ネットゼロの目標を定めている[11]。

また，2015年に発効された，企業向けの温室効果ガス（GHG：Greenhouse Gas）排出量の算定・報告のためのGHGプロトコル[12,13]では，企業の事業活動によるGHG排出量として計測する範囲として，原材料調達から製造，物流，販売，廃棄までの一連のサプライチェーンから発生するものが含まれている。原材料調達や流通段階，製品の使用・廃棄等の間接排出による排出量はスコープ3と定義され[14]，バリューチェーン全体にわたる複雑なGHG排出量の評価ガイダンスが提示[15,16,17]されており，教育・啓蒙のためのオンラインコース[18]等も提供されている。

日本では，2018年に「気候変動適応法」が公布され，農業や防災等の各分野の適応を推進する気候変動適応計画が閣議決定された。また，環境と経済成長との好循環を実現し，世界のエネルギー転換・脱炭素化を牽引する決意の下，成長戦略として，2019年，温室効果ガスの低排出型の経済・社会の発展のための長期戦略として「パリ協定に基づく成長戦略としての長期戦略」が閣議決定された。当該長期戦略に関する基本的考え方について，「パリ協定に基づく成長戦略としての長期戦略策定に向けた懇談会」が開催され提言が取りまとめら

9　前掲注1と同じ。

10　Climate Ambition Alliance; https://climateaction.unfccc.int/views/cooperative-initiative-details.html?id=94p19

11　https://datadrivenlab.org/publications/

12　https://ghgprotocol.org/

13　https://www.env.go.jp/earth/ondanka/supply_chain/gvc/estimate.html#no02

14　https://www.env.go.jp/earth/ondanka/supply_chain/gvc/files/tools/supply_chain_201711_all.pdf

15　https://ghgprotocol.org/scope-3-calculation-guidance-2

16　https://www.env.go.jp/earth/ondanka/supply_chain/gvc/files/(J)-calculation_guidance.pdf

17　https://www.env.go.jp/earth/ondanka/supply_chain/gvc/files/Scope3_Guideline.pdf

18　https://live-ghgprotocol-d9.pantheonsite.io/corporate-value-chain-scope-3-standard-online-course-0

れた。

　最終到達点として「脱炭素社会」という「未来社会像」を設定し，それを野心的に今世紀後半のできるだけ早期に実現していくことを目指すとしている。2050年までに80％の温室効果ガス排出削減という長期目標の実現に向けて，これまでの延長線上にない，非連続なイノベーションを通じ，環境と経済成長の好循環を実現し，温室効果ガスの国内での大幅削減を目指すとともに，世界全体の排出削減に最大限貢献し，経済成長を実現することを目指している。「脱炭素に向かう取り組み」としては，脱炭素社会を目指した取り組みの総称としており，単独でゼロエミッションを実現するもののみならず，利用可能な最良の科学上の知見に基づき，他の取り組みと組み合わせることなどにより世界全体でのカーボンニュートラルを目指すものも含まれている。

　米国では，2016年に大規模脱炭素化に向け，U.S. Mid-century Strategyが掲げられ，温室効果ガス削減目標を2025年に－26％～－28％（2005年比）で，28％削減に向けて最大限取り組むとしている。

　また，官民パートナーシップでは，Climate Innovation 2050（C2ES）において，米国経済を脱炭素化するための3つのシナリオ（「競争力のある気候変動制度」，「GHG排出量削減に向けた動き」，「低炭素ライフスタイル」）が提示されている。炭素回収技術の商業展開を加速するために，業界の垣根を越えて，ビジネス，労働，環境の幅広い共同設立者により，産業団体 Business Environmental Leadership Councilが構成されている。

　欧州では，世界的な気候変動対策の潮流を受け，2050年までのカーボンニュートラルを目標として2019年に「欧州グリーンディール（European Green Deal）政策」[19]が策定された。2050年までにカーボンニュートラルを目標設定した「Fit for 55」の立法案パッケージによれば，EUの2030年の気候目標に沿って既存の法律を近代化し，2050年までに気候の中立性を達成し，2030年までに少なくとも55％（1990年度比）の温室効果ガス純排出量を削減するために，経済，社会，産業に必要な変革をもたらすための新しい政策措置導入効果を把握することが目標とされている。

19　　https://ec.europa.eu/clima/eu-action/european-green-deal_en

　英国では，気候変動法（Climate Change Act 2008）により，GHG排出量を2050年までに少なくとも80％削減することを法的拘束力のある目標として設定し，本目標達成のために国全体で排出可能な炭素総量であるカーボンバジェットを設定している。カーボンバジェットは，気候変動委員会（Committee on Climate Change）により，2008年から5年ごとに設定され，第5期（2028年〜2032年）までが決定している。また，英国政府はNet zero carbon economyとして，2050年に英国エネルギー需要の約10％をバイオエネルギーに変換する計画として2020年200g, 2025年180g（CO_2/kWh）の変換を推進している。2050年に航空および国際海運を除くすべての温室効果ガスを実質ゼロにすることを削減目標として打ち出し，Bio-energy with carbon capture and storage（BECCS）等の低炭素化技術，炭素回収技術に対し約20億ポンドの投資をしている。

　国連憲章では持続的な経済成長に対して，サプライチェーンにおける原材料調達をはじめとする生物多様性損失の阻止のために，天然資源からの分断が2030年に向けた目標アジェンダに掲げられた。日本をはじめ，欧米諸外国で，様々な政策が推進されている。

(1)　政策・指針

　サプライチェーンにおける脱炭素化で影響力が大きい製造業・ものづくり分野において，資源国家ではないわが国が，資源輸出国をはじめとする諸外国との連携を進めながら製造・ものづくり分野における技術開発を進めていくためには，アジアを代表するイノベーション先進国として，リーダーシップを発揮することが期待される。

　オールジャパンによる技術イノベーションは重要ではあるが，わが国は国土が狭く，少子高齢化に直面していることもあり，製造・ものづくり分野の産業経済の発展の中で，バリューチェーンを構築し続けていくためには，中小企業であっても国内市場だけに囚われず，グローバルな展開が重要になる。そのため政策のあり方も，将来の制度設計を見据え，諸外国との2国間，または，2国間協議を進めた上での多国間協議の中で進めていく必要がある。

(2)　制度

　米国では，農務省（USDA：United States Department of Agriculture）が主導で，バイオ由来製品の開発利用促進制度プロジェクトとしてBioPreferredプログラムが進められており，USDAにより約100種以上の製品群で約2,500のバイオ由来製品が認定され，製品カタログとしてデータベース化されている[20]。BioPreferredプログラムにより，バイオ由来製品の開発，購入，使用を促進させ，石油由来製品の代替えや再生可能な農業資材の利用を増加させ，バイオ由来製品の市場を統制している[21]。

　欧州では，2014年以降，Horizon2020の下，様々なバイオ由来製品の開発利用促進プロジェクトが進められている。研究開発から商業化に向けた支援プログラムでは，「BioBase 4 SME」[22]や「Superbio」[23]があり，シーズやアイデアがあれば，商業化に向け，特許戦略，マーケティング支援までを可能にしている。

　一方，2015年，Europe2020のフラッグイニシアチブの資源効率（RE：Resource Efficiency）を受け，循環経済パッケージ[24]（CEP: Circular Economy Package）が公表され，埋立容器包装の廃棄物関連指令等の目標設定（RE/CE）が示された。すでに，ベルギーでは石油由来のレジ袋に課税が実施され，イタリアでは全面的なレジ袋使用が禁止され，フランスでも生鮮食品包装用以外，厚さの薄いレジ袋が禁止されている。

　これに対し，わが国では，循環型社会形成推進基本法が制定され，3R（リデュース・リユース・リサイクル）の適正処分が推進されているが[25]，バイオ由来製品の開発利用促進では，日本バイオプラスチック協会がバイオマスプラ（BP）認証およびグリーンプラ（GP）認証を進めている。

　もっとも，わが国では，市場形成に特化したプロジェクトは，ほとんど実施されていない。研究成果について，現状，開発後の市場展開は参画企業に一任しているため，市場展開が可能な原資に余力のある大企業がプロジェクトに参

20　https://www.biopreferred.gov/BioPreferred/
21　https://www.bio.org/sites/default/files/Marie%20Wheat.pdf
22　https://www.bbeu.org/pilotplant/biobase4sme/
23　https://www.h2020-superbio.eu/
24　https://ec.europa.eu/environment/circular-economy/index_en.htm
25　https://www.env.go.jp/policy/hakusyo/h28/html/hj1601030301.html

画することが多い。しかし，大企業であっても，社内開発プロジェクトと比較精査され，その結果，研究成果の事業プライオリティは低くなり，市場に展開されないことも多い。市場分析，マーケティング支援は，欧米と比べ少なく，新規市場開拓や規制・制度づくりにもつながることから，行政による支援プログラムは重要になる。

ルール形成における欧州の研究と
産業の巻き込み方の秀逸さと日本の違い

　Horizon 2020およびHorizon Europeの研究プロジェクトにおいては，科学技術の研究を産業実装につなげていくために，科学技術を実装した場合のサプライチェーン・バリューチェーンに関連したプレイヤーを巻き込んで研究開発を継続し，その技術の環境影響評価を産業と共に進めていく考え方がとられている。

　2021年に更新された直近の欧州産業戦略では，新型コロナウイルス感染症の影響を受け，産業政策と単一市場を相関させて検討し，サプライチェーンを構成する物品，サービス，人の自由な流れ等に対する混乱が招いた経済的および社会的影響を，より適切に考慮することで，グローバルバリューチェーンの相互依存性を確認し，世界的に統合され，うまく機能する単一市場の回復力強化の重要性を明らかにしている。

　特に，欧州委員会では，単一市場として6つの重要分野（原材料，医薬品有効成分，リチウムイオン電池，水素，半導体，クラウドとエッジコンピューティング）を掲げ，戦略的依存関係についてレビューしている。欧州の標準化戦略（2022）[26]の下，特に単一市場のサプライチェーンにおいて，新型コロナウイルス感染症ワクチンと医薬品の生産，重要な原材料リサイクル，クリーンな水素バリューチェーン，低炭素セメント，チップの認証，データ

26　https://ec.europa.eu/docsroom/documents/48598

の標準化について，検討結果との関連性を評価できるように標準化ブースタープログラムが推進されている[27]。

　例えば，欧州産業戦略におけるエネルギー多消費産業のエコシステムにおいて，バイオプラスチックの産業実装に自動車メーカーのポルシェが協力し，サプライチェーンを通じて，安全性，持続可能性，循環性等の環境影響評価を対象技術の研究と並行して産業を巻き込んだ取り組みが行われている[28]。このように，欧州では新しい技術を，産業実装を見据えて産業と連携させ，サプライチェーン上で機能し得るかを考えた研究活動を促している仕組みが見て取れる。これは前述のCSVの理念と同様に，個々のプレイヤーのみでは新たな科学技術の産業実装が容易ではないからこそ英知を結集し，新たな共通価値の創造を行うという考え方の表れの1つともいえる。さらに，環境負荷の軽減を実質的に提言した取り組みとなっているか，技術単独ではなくサプライチェーン全体から取り組めているかを標準化・可視化し，連携したい産業側，投資家にとっても連携したいプロジェクトを明確化する動きもある。例えば，バイオマスや原料と市場を対象とした認証の仕組みであるISCC[29]などにおいては，環境影響評価を廃材の供給からその後の利活用に至るまでサプライチェーン全体で評価する認証制度を構築し，実効性のある取り組みの可視化を行い，あるべき取組みの標準化を促している。その認証制度では新しい取り組みの下地となるサプライチェーン・バリューチェーン上のNPO法人も含めたステークホルダーの情報を収集してベストプラクティスを明らかにしつつ，ここからさらに進んであるべき規制のあり方を考えていこうとしている。これを踏まえた上で，ソフトローという形で緩やかな規制から，しっかりとした処罰や課徴金等を有するハードな規制に進化させる大きな流れが見られる。まさにこの点は，ルール形成においてもCSVの考え方が背景に現れている。

27　https://ec.europa.eu/commission/presscorner/detail/en/IP_22_661
28　欧州委員会，研究イノベーション総局，革新的なバイオベース製品の環境影響評価：方法論と結論の概要，出版局，2019年（https://data.europa.eu/doi/10.2777/83590）
29　https://www.iscc-system.org/certification/iscc-certification-schemes/

図表1-4 ルール形成の手法（欧州）

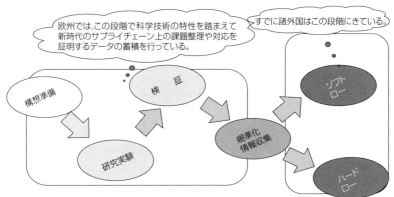

　これら認証の目的については，正しく情報を集めてサプライチェーン・バリューチェーン上の課題を整理しつつ，効果的な取り組みをしている企業の可視化を行い，課題解決に時間がかかる環境分野等において，投資家や連携したい企業が投資をしやすい環境を構築することにもつながっていくとも見ることができ，単純な認証ビジネスとは異なり戦略的なものであることを見過ごしてはならない。

　なお，連携したい企業や投資家の投資の可視化という観点では，認証制度だけではない。研究の社会実装に向けた成熟度について，産業実装との関係でどこまで進捗しているかを可視化するために各種補助金や研究費についてレイヤー分けを行った取り組みも欧州では行われている。

　進捗状況をNASAが発案したTechnology Readiness Level[30]や製造の実装も加味したManufacturing Readiness Level[31]で見える化した各段階ごとの支援メニューを整えているバイオエコノミーのファンディングの仕組みも存在している。しかし，これも基準をそのまま日本に輸入すればよいので

30　NASAが開発した技術成熟度のレベル分けの考え方。特定の技術の成熟度の評価を行い，異なったタイプの技術の成熟度の比較をすることができるシステマティックな定量尺度。（*1）TRL1～7は製品完成までの研究／開発フェーズでのレベルを示す。TRL8～9は運用フェーズでの製品のレベルを示す。

31　MRL：「Manufacturing Readiness Levelの略語，製造技術成熟度レベル)」という指標，製造技術について，材料開発の段階からフル稼働の生産ラインに載せる段階までをレベル分けしたもの。

はなく，正しく評価実務に落とし込んだ上で実装する必要があり，日本のように グラント付与の審査に突如として導入するのではなく，実態として科学技術の産業実装に向けた取り組みを進める過程で研究と産業が寄り添いながら実装すべきであり，その経験が十分でない審査委員や研究側に一方的に説明責任や判断責任を課しても運用できない点に留意が必要である。

| 図表1-5 | PPPを活用した欧州の戦略，バイオベース産業協同事業（PPPで組成）BBIJUの民間を巻き込んだ構成と日本の違い |

Research and Innovation Action：基礎および応用における新技術の開発に焦点を当てた支援活動。
➡日本の支援政策はほとんどがここに集中する傾向。

Demonstration Action：デモレベルの生産設備，実証段階の支援，TRL6から7の段階，またバリューチェーン全体における，フローの最適化，コストの削減，開発に焦点を当て，運用環境における新技術，デモレベルの生産施設の設立は必須とする。
➡日本の支援政策は，限られた分野への支援と基礎と応用とのマイルストーン設定が少ない。

Flagship Action：TRL8の段階で，大規模生産施設に焦点を当て，商業化前のレベルで技術および経済的パフォーマンスを検証，まだ導入されていないサポートテクノロジー市場，最終製品の調達，成長および原材料共有に焦点を当てて大規模施設の新規設置，既存施設の改造，改造による生産設備の設置等を支援。
➡日本は，ここに対する支援が極めて限られている。

（出所）BBI JUのレポート（https://biconsortium.eu/sites/biconsortium.eu/-files/documents/annex_bbi_gb_Amended_AWP_Budget_2020.pdf）に基づいて筆者作成

　欧州では【図表1-5】のように，科学技術支援制度において段階分析できるようにTRL/MRLをしっかり取り入れて基礎から応用・実証段階・産業実装段階とそれぞれの支援のバリューチェーンを想定した仕組みとなっている。

図表1-6　科学技術政策のバリューチェーン評価を行う欧州の仕組みと TRL/MRLの活用の全体イメージ

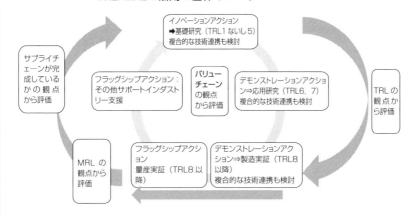

また，支援ファンディングの仕組みについても，環境や社会課題解決に向けた科学技術の産業実装における実現を長期化させる。

以上が欧州におけるルール形成のあり方であるが，一方で，日本のルール形成は，【図表1-7】のような従来型の取り組みに限られており，サプライチェーンやバリューチェーンの構造ではなく海外の動向の後追いかつつまみぐい的な形で類似の制度を実施してしまうため，その文脈や規制に必要な情報の蓄積が不十分で，有識者会議や委員会方式などで限定された専門家や国内企業にヒアリングするだけにとどまっている。このような形では，国際動向に合わせた政策立案，市場形成に追いつけなくなってきているが，まずは新しい制度を構築するための情報を集めるインフラの変革が必要であるといえる。

欧州と日本のルール形成においてこのような違いがあることを踏まえ，企業に求められる行動として日本の制度と海外の制度との差分がなぜ生じているのかを認識し，サプライチェーン・バリューチェーン上のリスクを分析することが重要である。

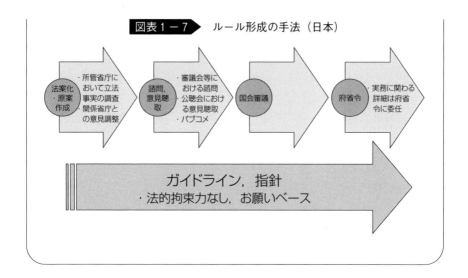

図表1-7　ルール形成の手法（日本）

2-2　安全保障の観点

　近時発生した新型コロナウイルス感染症のパンデミックは，サプライチェーンまたはバリューチェーンに大きな影響を与えた。また，ロシア・ウクライナ情勢は，欧州をはじめ世界全土に影響が拡散し，農作物，食品，半導体，自動車，エネルギーなどの主要分野でサプライチェーンの分断を引き起こした。さらに，米中対立の激化のような経済大国同士のデカップリングもサプライチェーンの混乱を引き起こしている。その他，2011年の日本の東日本大震災では，エレクトロニクス工場が操業を停止し半導体関連産業が大きな影響を受けた。2017年の米国の大型ハリケーン・ハービーにより，被災したテキサス州やルイジアナ州だけでなく，米国全土の製油所や石油化学工場が混乱し，最終的には様々な産業に不可欠なプラスチック樹脂の物流に影響した。

　このような事象を踏まえて，国際情勢の変化や自然環境によるサプライチェーンの分断や混乱に備え，各国はサプライチェーンの強靭化に力を入れている。また，営業情報，技術情報などを守るためのサプライチェーン上のサイバーセキュリティ対策の議論も並行して進んでおり，サプライチェーンのサイバーセキュリティを想定したルールづくりも議論されている[32]。

　したがって，自社が関わるサプライチェーンを正確に把握しておかなければ，

企業が一貫した対応ができない法規制が続々と登場してきている。例えば，安全保障の観点からは，知的財産権の保護のあり方，技術の輸出入の管理や情報の管理・越境取引，サイバーセキュリティに対して要求事項が増えてきており，規制が強化されているため注意する必要がある。

2－3　人権・環境デューデリジェンス等の観点

　途上国からの搾取といった構造的な課題に対応するため，グローバルサプライチェーンに着目した規制も強化され続けている。

　また，持続性低炭素社会の実現のための各種認証制度が徐々に法規制と連動しつつある。これを後押しするように欧州などを中心に，環境デューデリジェンス法や排出権取引の強化や国境脱炭素税の議論まで進展してきている。

　網羅的に法規制を紹介することはできないが，まずは自社が関与するまたは今後形成するサプライチェーンやバリューチェーンを把握した上で，全体として法的，制度的リスク分析が必要であることを念頭に，リスクマッピングの重要性を認識されたい。

3　産業構造上の課題

(1)　CSRの認識の違い，戦略の相違

　一般的に，製造業におけるサプライチェーンは，産業構造上，大きく分けて，原料供給－ビルディングブロック（部品）製造－加工製造の3つに分けられ，大企業および中小企業で形成され，BtoB（Business To Business）とBtoC（Business To Consumer）の違いが発生する。

　BtoBは，需要提起する担当，業務担当，商談交渉担当，意思決定責任担当，選定担当等，決裁者また管理部門としての法務・知財担当や財務担当などを含め関与者が多く，他社との比較検討も含め包括的に合理的かつ客観的な購買プロセスを経て決裁されるため，その先のBtoCにおけるエンドユーザーまで明確に把握できないことが多い。

　一方，BtoCは，購買者（消費者）と決裁者が同じであることが多く，購買

32　経済産業省「経済産業省のサイバーセキュリティ政策について」

行動モデルに合わせた提案，商品提供が求められるため，エンドユーザーである消費者との距離が近く，需要を反映させた商品開発が重要になる。

　この違いが，原料供給する企業，部品を製造供給する企業，加工製造する企業の各々の立場で，社会的責任（CSR）の認識の違いを生じさせているが，自社の事業ベースでのみ考えるCSRの基本姿勢には限界がある。各企業が置かれている立場によって，企業戦略の相違に影響し，いびつなサプライチェーンを構築していることも多い。

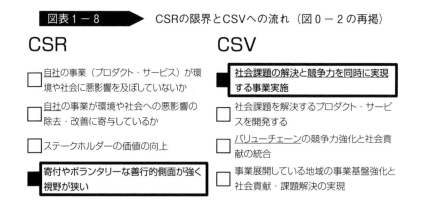

図表1－8　CSRの限界とCSVへの流れ（図0－2の再掲）

CSR

☐ 自社の事業（プロダクト・サービス）が環境や社会に悪影響を及ぼしていないか

☐ 自社の事業が環境や社会への悪影響の除去・改善に寄与しているか

☐ ステークホルダーの価値の向上

■ 寄付やボランタリーな善行的側面が強く視野が狭い

CSV

■ 社会課題の解決と競争力を同時に実現する事業実施

☐ 社会課題を解決するプロダクト・サービスを開発する

☐ バリューチェーンの競争力強化と社会貢献の統合

☐ 事業展開している地域の事業基盤強化と社会貢献・課題解決の実現

　産業構造上の課題を解決するためには，社会課題の解決と競争力を同時に実現する事業を行うという考え方から，自社だけではなく，大企業，中小企業，消費者市民も含めたすべてのステークホルダーの立場を理解した上で，共通価値を創造（CSV）[33]していくことが重要である。

　欧米で取り組まれている試みの1つに，コンソーシアムやコミュニティの形成がある。CSVの価値を想像するには，バリューチェーンの競争力強化と社会貢献を統合していく必要があるため，こうした連携が重要な要素となるわけである。

　このような考え方に基づき，財団，企業，非営利団体，政府のリーダーが中心となり，社会問題を解決するためのエコシステムを構築する目的で，より具

33　https://www.isc.hbs.edu/creating-shared-value/csv-explained/Pages/default.aspx

体的な活動として，SVI（Shared Value Initiative）[34]が推進されている。社会的課題にビジネスチャンスを見出すグローバルコミュニティとして，企業が追求する利益と社会的価値を同時に実現するCSVを取り入れた大手企業や財団，非営利団体によって，様々なプロジェクトが進められている。SVIのリーダーシップ・カウンシルを担うNestle（スイス）は，サステナビリティを高め，将来にわたって確実な環境保全に取り組むために，Creating Shared Value Teamを社内につくり，「栄養」「水資源」「農業・地域開発」「環境サステナビリティ」「人権とコンプライアンス」「人材」などの分野で，世界各地でCSVプロジェクトを展開している[35]。

　しかし，本当の意味での共通価値の創造（CSV）について営利を追求する大手企業による推進だけでは限界がある。昨今の社会情勢の中，長期にわたり，より高い志やビジョンを掲げ続けなければならないため，非営利団体や財団，慈善団体の役割が非常に大きくなっている。さらに，消費者一般市民も含めたすべてのステークホルダーが，共通価値の創造（CSV）の理念を共有し，各々の役割と責任を担うことで初めて，理想から実現に近づいていくことになる。

　このような考え方は，持続可能な社会の実現に向け，欧米の政策や指針において，すべてのステークホルダーを巻き込まなくてはならないとして，企業が関わるバリューチェーンの重要性として挙げられている[36,37]。

　わが国においても，各地域コミュニティやコンソーシアム，地域クラスターを構成するにあたり，すべてのステークホルダーが参加することで，社会的課題を共有し，地域の特性を生かした連携により，産業が循環するエコシステムの構築を行政が支援する体制が望まれる。個々の会社としても，このような状況に対処するためには，今までの直接的な取引先にフォーカスした組織構造ではなく，より広い視点での経営体制が求められることとなる。

34　https://www.sharedvalue.org/
35　https://www.nestle.co.jp/csv
36　http://www.europarl.be/resource/static/files/evenementsbibrussels_2016/ep_john_bell_170316_lp_final_short.pdf
37　http://edepot.wur.nl/405763

　社会的エコシステムにおいては，基幹産業バリューチェーンを構築する際，消費者市民も含めたすべてのステークホルダーの立場を理解した上で，共通価値を創造（CSV）していくことが，地域の特性を生かした産業連携の活性化につながり，持続可能な社会の実現に向かうことで，気候変動をはじめとする地球全体の課題解決に貢献していくことになるような仕組み作りが求められることとなる。基幹産業のバリューチェーンが，他の産業のバリューチェーンと連鎖していく仕組みをつくることで，経済波及効果が期待される。

図表1－9　サプライチェーンの連鎖

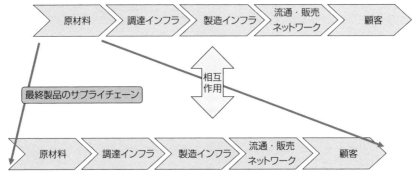

第2章

規制・制度，安全保障等

　社会的役割の重要性を担っている企業は，ビジネスにおける行動指針が問われており，自社の事業だけにとどまらず，サプライチェーン・バリューチェーンおよびその他ビジネス上の関係と関連する可能性のある労働者，人権，環境，賄賂，消費者およびコーポレート・ガバナンスにおいて，「責任ある企業行動」（RBC）が求められていることは前述した。そして，これを実現すべく個々の企業の努力だけではないCSVの考え方に基づき各テーマにおいて標準化，政策の実行，法律の制度化なども徐々に諸外国において進んできている。これらの動向は自主的な取り組みから徐々に規制・制度として進化しているため，この流れに無頓着でいると思わぬリスクに巻き込まれてしまう。

　このような前提に立ちつつ分析の視点としての各論として，業界においても適用される規制・制度・安全保障上の観点の法制度について検討していきたい。まず出発点として，規制・制度の各論ごとに拘泥するのではなく，企業の責任ある行動としての仕組みの全体像を理解し，その目指すべき姿を理解しておくことが重要であることはこれまでの章で言及した。

　本章次節以降では，上記の視点が産業構造ごとにおける影響の大きい政策や制度については検討することとし，すべての企業にとって，サプライチェーン・バリューチェーンリスクマッピングがなぜ必要なのかを考えることとしたい。

　本章ではまず，持続性低炭素社会の実現に関わる環境系の規制，人権保障の観点，安全保障の観点，またそれらの課題が取引実務へどのようなリスクとなって現れるかをテーマごとに検討することにする。

第1節　ESGと法的リスク（環境・人権）

　まず，RBCを進める要素として，環境，人権といったESG要素が解決すべき社会課題としてバリューチェーンマッピングの要素の1つである環境／人権について概説した上で，ESGと法的リスクとの関連性を解説する。なお，近時サプライチェーンを議論する上で不可分一体のものとなりつつあるサイバーセキュリティについては，後述する。

図表2-1　全体構造から見る環境系の法的リスクの位置づけ

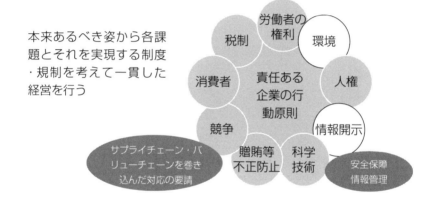

本来あるべき姿から各課題とそれを実現する制度・規制を考えて一貫した経営を行う

【設例】
当社（X社）に，取引先の外資系の大手メーカー（Y社）から，Y社のサプライチェーン憲章に基づいて，環境への取り組みに関する質問書が届きました。同質問書には回答する必要があるのでしょうか。

1　適切なESGに対応する時代になりつつあること

1-1　ESGの簡単なおさらい

　ESGとは，近年環境問題や人権問題等が国際的な課題となる中で，企業が長

期的に成長するためには，経営においてESG（環境（Ｅ：Environment），社会（Ｓ：Social），ガバナンス（Ｇ：Governance））の３つの観点が必要だという考え方であり，2006年に国連で「責任投資原則（PRI：Principles for Responsible Investment）」が紹介されて以降，徐々に浸透してきた。日本では，2014年２月に公表されたスチュワードシップ・コードにより投資家に対してESG情報を含む非財務情報の把握を実質的に求め，世界最大級のアセットオーナー（機関投資家）である日本の年金積立金管理運用独立行政法人（GPIF，運用資産額224兆7,025億円（2023年度第３四半期末現在））が2015年にPRIに署名したことがESG浸透のきっかけの１つとなった。

　現在は，企業によるESG経営と，機関投資家によるESG投資が両輪となって発展が続いている[1]。企業対応としては，短期的な利潤追求だけではなく，持続可能な発展に即し，環境問題や社会問題を意識した経営と，そのような経営のためのガバナンス体制の構築が必要となった。上記設例は，環境問題とガバナンス体制に関連するものと考えられる。

　一方で，米国を中心に，安全保障の側面からのサプライチェーン上の重要な情報を保護するサイバーセキュリティの観点や貿易輸出管理の視点も重要視されており，環境や人権にのみ対処しておけばよいというわけではない点には注意が必要である。また，近時においては，上場企業を中心に，株主総会において，ESGに関連した議案が提出される例が出始めており，株主などのステークホルダーの動向も注意を要する。

1－2　なぜESGに対応する必要があるのか

　上記のような機関投資家からの要請は，上場企業や金融機関への行動を求める動きとなっているが，そういった企業ではないからといって何もしなくてよいというわけではない。上場企業との取引や金融機関からの投資の観点からいえば，ESG的な要素を加味した取引先の選定の議論につながっており，結論からいえば，"取引先からESGへの対応を求められつつある"ということが挙げ

---

[1]　なお，近時，米資産運用大手ブラックロックのラリー・フィンク最高経営責任者（CEO）が「ESGの用語，もう使わない」と発言する等の変化が見られており，今後も注視が必要である（https://www.nikkei.com/article/DGXZQODK030GY0T00C23A7000000/）。

られる。

　前記のとおり，GPIFをはじめとするアセットオーナーや，世界最大の資産運用会社であるブラックロックをはじめとする運用会社（機関投資家）がPRIに署名してESGを課題とする一方で，企業は後述する法的拘束力のない任意の枠組み（ソフトロー）に従ったESG情報を記載した報告書を発行するようになった。この任意の枠組みの中には，自社に課せられる事項もあるほか，自社の取引先に対して求める事項も含まれている。

　すでに，欧米企業でいえばLEGO社やいわゆるGAFAMなどは，独自に責任ある事業活動の原則／サプライヤー行動規範なる基準を策定しており，契約の内容として取引先に対してESG対応を求める企業が年々増加している。日本でも，サステナビリティ憲章等の作成が増加しており，投資家からの取り組みが上場企業や金融機関等を通じて一般社会の契約実務に影響するソフトローに仕組みの中で変化が始まっている。つまり，ESGへの未対応を理由に取引契約の解除ないし終了を言い渡される可能性が出てきているとも説明できる。

　また，このようなソフトローにとどまらず，ドイツで制定されたサプライチェーン・デューデリジェンス法（2023年1月1日施行）のように，法的拘束力のある法律（ハードロー）によって，ドイツに本店，支店等を持つ企業に対して，そのサプライチェーンに対する人権のデューデリジェンスを行い，その報告書を所轄官庁へ提出するよう求める例も登場してきた。

　これらに対して，日本企業においても大企業を中心に取引先に対してESG対応を求める動きがあり，2021年6月に改訂されたコーポレートガバナンス・コードがこれを加速させている（CGコード・基本原則2）。さらに，経済産業省においても，2022年3月9日に「サプライチェーンにおける人権尊重のためのガイドライン検討会」が設置され，同年9月にガイドラインの策定がされており，その注目度がみてとれる。

　このように，欧米企業や日本の大企業が，非上場企業に対してESG対応を求め，今後，当該企業が上流または下流の非上場企業にもESG対応を求めるという連鎖が生まれ，これに対応できる企業の選別が始まっているといえよう。これを，非上場企業からの視点で法的に考えると，取引先から，取引継続の条件として一定レベルの対応や各種枠組みへの準拠を求められるなどして，取引先

との間の継続的取引契約に関する問題と捉えることもできるだろう[2]。

1−3　ESGは早く取り組むとチャンスとなり，遅く取り組むとリスクになる

　ここで，ESGの取り組みの特徴について指摘しておきたい。その特徴とは，"良い効果が表れるには時間がかかる反面，リスクは突然顕在化する"という点にある。

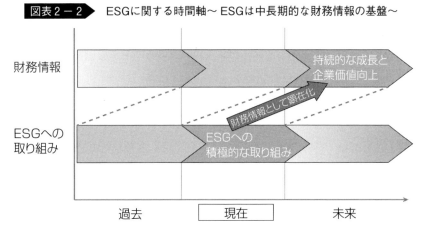

図表2−2　ESGに関する時間軸〜ESGは中長期的な財務情報の基盤〜

（出所）アセットマネジメントOne「加速されるESG経営」（2020年12月）をもとに筆者作成

　前述のとおり，ESGは企業が長期的に成長するための取り組みであるため，どうしても短期的な成果が見えにくいという特徴がある。したがって，ESGの取り組みを怠っていると，突然取引先から取り組みについて照会を受けたり，自社における紛争等が契機となる等して，不履行が明らかになった場合，取引契約の終了を言い渡されたりする可能性も否定できない。また，競合他社が

2　継続的取引契約の解消については裁判例の蓄積があり様々な考慮要素が挙げられているが（例えば，清水建成＝相澤麻美「企業間における継続的契約の解消に関する裁判例と判断枠組み」判例タイムズ1406号29頁等），企業の長期的な成長を目指すために環境・人権を重視する企業行動憲章の不履行やESGの未対応等が，他の考慮要素と同じ重みづけとなるかについては，今後慎重な検討が必要となろう。

ESGの取り組みを公表し出した時点で自社の取り組みを始めても，すでに手遅れとなっている可能性がある。

　もっとも，これを逆手にとれば，企業の強みとなる。すなわち，早期にESGに取り組むことにより，これを理由とする競合他社との入替えや新規取引先の獲得が考えられ，ベンチャー企業であれば，大企業のM&Aの対象や，投資家からの投資の好材料となることも期待できる。このほか，例えば，取引先の大企業が公表するESGの取り組みの有無・内容を分析することにより，今後，当該大企業が擁するリスクについても把握することが可能となろう[3]。

　次に，設例との関係で問題となる環境分野の枠組み（ソフトロー）について，気候変動分野の枠組みを中心に紹介する。

2　環境面におけるESGの枠組みの紹介

　環境分野のうち気候変動対策分野については様々な枠組みが存在しているため，ここでは主要な枠組みについて紹介する。なお，それぞれの枠組みは必ずしも独立して存在しているわけではなく，互いに引用する等して有機的に連動している。

2−1　TCFD

　TCFD（Task Force on Climate-related Financial Disclosures：気候関連財務情報開示タスクフォース）とは，G20からの要請を受けた金融安定理事会（FSB：Financial Stability Board）が2015年に設置した機関であり，2017年に最終報告書（TCFD提言）がまとめられた。同報告書においては，投資家向けに，ガバナンス，戦略，リスク管理，指標と目標の4項目（細かくは11項目）

3　プライム市場の上場会社は，TCFDまたはそれと同等の枠組みに基づく開示が必要であるが（コーポレートガバナンス・コード補充原則3-1③），実際に取り組みがなければ開示ができずに投資家の批判に晒されるし，非財務情報に虚偽があれば，虚偽開示として制裁の対象となりえることから，取り組まないという選択肢がない。近時，TCFDが2021年10月14日に改訂した「補足ガイダンス」では，削減目標を設定した企業や目標を持つ国で操業する企業は，移行計画まで開示を求められており，そのハードルは年々上がっている。なお，日本での対応事例については，2022年10月に気候関連財務情報開示に関するガイダンス3.0がTCFDコンソーシアムより公表されている。

を開示の推奨項目としており，企業もこれに沿った社内体制を構築する必要がある（2021年10月14日に改訂）。

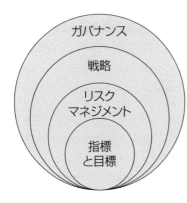

図表2－3　企業が構築すべき中核要素

ガバナンス
気候関連のリスクと機会に関する組織のガバナンス

戦略
気候関連のリスクと機会が組織の事業，戦略，財務計画に及ぼす実際の影響と潜在的な影響

リスクマネジメント
気候関連のリスクを特定し，評価し，マネジメントするために組織が使用するプロセス

指標と目標
関連する気候関連のリスクと機会の評価とマネジメントに使用される指標と目標

（出所）TCFD「気候関連財務情報開示タスクフォースの提言の実施」（2021年）
（訳：TCFDコンソーシアム，特定非営利活動法人サステナビリティ日本フォーラム，監訳：長村政明，TCFD コンソーシアム企画委員会）

　推奨項目の中には，シナリオ分析（将来に起こると想定されることについて，2つ以上の条件を設定し，その時起こりうることを分析して，自社の対策や戦略に活かすこと）や，後述するScope 1 ～ Scope 3までのGHG（温室効果ガス，Greenhouse Gas）の開示等が定められている。上場企業がScope 3での温室効果ガス削減を取引先に求めていく関係で，非上場企業に対しても影響がある。

2－2　SBT

　SBT（Science Based Targets）とは，パリ協定（世界の気温上昇を産業革命前より2℃を十分に下回る水準に抑え，また1.5℃に抑えることを目指すもの）が求める水準と整合した，5年～15年先を目標年として企業が設定する，GHG排出削減目標のことをいう。

　【図表2－4】のとおり，Scope 1は自社自らのGHGの直接排出を，Scope 2は自社が使用する電気等の使用に伴う間接排出を，Scope 3はこれら以外の間

接排出（自社の活動に関する他社の排出）を指す。賛同する非上場企業自体にはScope 1，Scope 2 が求められるが，このScope 3 は，賛同しない非上場企業であっても影響を与えるものであり，後述するサプライチェーン・バリューチェーンマッピングにも関係する[4]。また，年々基準が強化されており，早期の対応が求められる。

図表 2 − 4 ▶Scope 1 ～ 3 の概要

（出所）環境省ウェブサイト

2 − 3　RE100

RE100（Renewable Energy 100％）とは，事業活動で消費するエネルギーを100％再生可能エネルギーで調達することを目標とする国際的イニシアチブをいう。日本気候リーダーズ・パートナーシップ（JCLP：Japan Climate Leaders' Partnership）が日本の窓口として，RE100の参加を支援している。

2 − 4　CDP

CDPとは，イギリスで設立された国際的な環境非営利団体（NGO）であり，企業に対して，気候変動をはじめとする環境問題等への対策について非財務情

4　前述のTCFDによる「補足ガイダンス」では，Scope 1 およびScope 2 については，開示を維持したままであったが，Scope 3 についてはデータおよび方法論についての課題があることから，排出量の開示を"強く推奨"としてレベルを一段階下げたものの，以前として重要な指標であると説明している。なお，Scope 3 の情報を相手方に対して法的にどのように開示を求めるかについては，今後の課題となろう。

報の開示を働きかけている機関である。企業に対してTCFDに沿った質問書を送付し，その回答やスコアリングがなされ，機関投資家（2021年9月の時点で590以上）がこれを参考にしている（企業自ら参加することも可能である）。なお，上述のLEGO社は，取引先にCDPのスコア開示を求めるなど，取引先の選定に用いる例もある。

2－5　TNFD最終提言ver1.0

　TNFDの開示提言は，TCFDと整合した「ガバナンス」，「戦略」，「リスク管理」，「指標と目標」の4つの柱で構成されている。開示推奨項目は全14項目となっており，そのうち11項目はTCFDで求められている開示項目が引き継がれる形となっており，全体の構造は連携している。したがって，TNFDの枠組みができたからと新しい対応を考えるというよりは，まずはTCFDで培った仕組みを応用的に活用することができるといえる。

　この点，追加された3項目の1つである「人権方針とエンゲージメント」においては，先住民族や地域コミュニティの他，水利用や土地利用などで影響を受けると考えられるその他のステークホルダーの影響をどのように検討しているか[5]，戦略の中に追加された「優先地域」においては，企業の活動拠点や資産がある地域のうち，重要な自然関連の依存・インパクト，リスク・機会があると特定した地域（material locations）と，生物多様性にとって重要である・生態系の劣化が著しく進んでいる・水リスクが高い等の特徴がある地域（sensitive locations）を優先的に開示することが要求される。さらには，「上流から下流までのバリューチェーン全体の考慮」において，企業が直接操業する地域だけではなく，上流・下流における自然関連の依存・インパクト，リスク・機会の特定・評価・優先順位付けのプロセスを説明することが求められる[6]。

5　Guidance on engagement with Indigenous Peoples, Local Communities and affected stakeholders Last updated（https://tnfd.global/publication/guidance-on-engagement-with-indigenous-peoples-local-communities-and-affected-stakeholders/）

6　Taskforce on Nature-related Financial Disclosures（TNFD）Recommendations（https://tnfd.global/publication/recommendations-of-the-taskforce-on-nature-related-financial-disclosures/）

図表2-5 TNFD's recommended disclosures

ガバナンス	戦略	リスク管理	指標と目標
自然関連の依存，影響，リスクと機会について，組織内における監視・統制のしくみを開示する	自然関連の依存，影響，リスクと機会についての情報が，当該組織のビジネスモデル，戦略，財務計画において重要である場合，当該情報が及ぼす影響について開示する	当該組織が，自然関連の依存，影響，リスクと機会について特定し，評価し，優先順位を設定し監視するために用いる手順について説明する	重要な自然関連の依存，影響，リスクと機会を評価し，管理するために用いる指標と目標を開示する
A　自然関連の依存，影響，リスクと機会に対する取締役会の監視について説明する	A　当該組織が短期，中期，長期にわたって特定した，自然関連の依存，影響，リスクと機会を説明する	A(i)　当該組織の直接的な業務における自然関連の依存，影響，リスクと機会を特定し，評価し，優先順位を設定する為の当該組織の手順を説明する	A　当該組織が，その戦略およびリスクマネジメント過程に沿って，重要な自然関連リスクと機会を評価し，管理するために用いる指標を開示する
B　自然関連の依存，影響，リスクと機会に対する評価および管理における経営陣の役割を説明する	B　自然関連の依存，影響，リスクと機会が，当該組織のビジネスモデル，バリューチェーン，戦略，財務計画に与える影響，および移行計画や分析について説明する	A(ii)　上流・下流のバリューチェーンにおける自然関連の依存，影響，リスクと機会を特定し，評価し，優先順位を設定するための当該組織の手順を説明する	B　当該組織が，自然への依存と影響を評価し，管理するために用いる指標を開示する
C　自然関連の依存，影響，リスクと機会に対する組織の評価および対応における，先住民，地域社会，影響を受ける利害関係者とその他利害関係者に関しての組織の人権方針，関	C　様々なシナリオを想定して，自然関連のリスクと機会についての組織戦略のレジリエンスについて説明する	B　当該組織の，自然関連の依存，影響，リスクと機会を管理するための手順を説明する	C　当該組織が，自然関連の依存，影響，リスクと機会を管理するために用いる目標とゴール，およびそれらに対する行動について説明する

与する活動，取締役会と経営陣による監視について説明する		
	D　当該組織の直接的な業務において，また可能であれば上流・下流のバリューチェーンにおいて，優先地域の基準を満たす資産／または活動の場所を開示する	C　自然関連リスクの特定，評価，優先順位の設定および監視の手順が，どのように当該組織全体のリスクマネジメント過程に統合され，反映されているかを説明する

3　参考となる資料

　上記のとおり，複数のソフトローの前提となる考え方の枠組みが散在しているが，枠組みの統合が検討されている等，ソフトローであるがゆえの不安定さも否めない。もっとも，実務においては，外資系や上場企業を中心に，取引先に対して，前記のCDPをはじめとするNPO法人による各種枠組みのスコアリングにおける一定の点数獲得を取引条件として求めることも発生している。ここでは，外資系や上場企業にとどまらず，非上場企業においても役に立つ資料を以下のとおり紹介する。

- ・日本取引所グループ・東京証券取引所「ESG情報開示実践ハンドブック」（2020年3月）
- ・環境省「中小規模事業者のための脱炭素経営ハンドブック－温室効果ガス削減目標を達成するために－ver.1.1」（令和3年度策定）
- ・「気候関連財務情報開示タスクフォースの提言の実施」および「指標，目標，移行計画に関するガイダンス」（2021年10月刊行，2022年4月28日日本語版公表）
- ・気候関連財務情報開示に関するガイダンス3.0（2022年10月）

4　サプライチェーン・バリューチェーンリスクマッピングに落とし込んだ場合

今回の設例でいえば，【図表2−6】のようなマッピングが可能である。以上を踏まえて，設例の問いに答えるならば，回答をするべきであるし，実体のない回答はできないことから全社的な対応が求められることとなろう。

図表2−6 ▶ ESG対応のサプライチェーン・バリューチェーンリスクマッピング

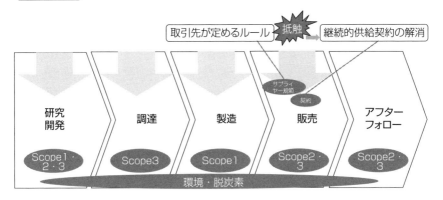

5　まとめ

このように，ESGの枠組みは，早期に実施すればコストがリターンとなり得るが，出遅れれば出遅れるほど，リスクが増大する一方で投下資本を回収できない可能性が高まる。もっとも，上記のとおり環境に関する指標については完全に固まっているとはいえないことから，継続した情報収集および対応が肝要となる。また，直接的に自社が上場企業や金融機関ではないからこのような分野の対応はまだ先送りでよいと考えているとソフトローな仕組みから始まる契約実務の変化で取引先を失いかねないという事態に発展していることは十二分に注意する必要がある。

もっとも，第2章第9節で触れることとするが，近時ESGには反ESGの流れとESGを表面的に取り扱い中身や実態のない取り組みも生じてきている。また，

ソフトローな枠組み自体にも反省や改訂をすべきではないかという議論も存在している。米国では，2023年現在，共和党政権を中心に反ESGを選挙の争点とした政治活動が活発化しており，世界各国でもグリーン・ウォッシュ対策の法規制ないし法的サンクションの議論が加速しており，表面的な対応でESG対応をすればよいという考え方は非常に危険である。

とりわけ近時，開示や対外的な説明の場でとりあえずESGの取り組みの抽象的な方針のみを提示することでとどまってしまっている企業は特に海外市場を中心に注意が必要である。CSVの考え方に立ち戻り，ステークホルダーと連携しながら，実態のある取り組みを行わなければ，諸外国のグリーン・ウォッシュ対策の開示規制や表示規制のサンクションを受けることになりかねない。

この点，日本においても冒頭の第1章第1節で紹介したように環境対応の実務の標準化が進み国際サステナビリティ基準審議会が定めたISSB基準を踏まえ，日本のサステナビリティ基準委員会（SSBJ）が検討した具体的開示内容（開示基準）を，2024年3月末までに公開草案としてまとめ，2025年3月末までに決定する予定になっており，2023年1月31日付けの企業内容等の開示に関する内閣府令等の改正により有価証券報告書の「サステナビリティに関する考え方及び取組」の記載欄が新設された。任意の取り組みから法的に一段上の規制下に置かれた報告義務に格上げされる動向を踏まえておく必要がある。

現在，検討されている具体的開示内容は，サステナビリティに関する考え方および取り組みとして「ガバナンス」と「リスク管理」はすべての企業が開示を求められ，「戦略」と「指標と目標」については，各企業が重要性を判断して開示を求められることが検討されている。

□有価証券報告書にて，すべての企業が求められる具体的開示内容

【ガバナンス】サステナビリティ関連のリスクおよび機会に対するガバナンス体制の開示

【リスク管理】サステナビリティ関連のリスクおよび機会を識別・評価する方法や報告・管理するために用いるプロセスの開示

□有価証券報告書にて，各企業が重要性を判断して開示が求められる具体的開示内容

【戦略】企業が識別したサステナビリティ関連のリスクおよび機会の項目とその対応策

※人材育成方針や社内環境整備方針などの人的資本についての戦略は，すべての企業が開示を求められる。

【指標と目標】GHG排出量の削減目標と実績値等，各企業が重要性が高いと判断したサステナビリティ関連のリスクおよび機会の実績を評価・管理するために用いる情報

※人材育成方針や社内環境整備方針に関する指標の内容，当該指標による目標・実績については，すべての企業が開示を求められる。例えば，女性管理職比率，男性育児休業等取得率，男女間賃金格差について「従業員の状況」の項目での記載になる。

※詳細な内容の概略は，金融庁のサステナビリティ情報の開示に関する特集ページ参照

第2節　人権侵害リスクと企業対応

1　はじめに

　前節では，企業経営におけるESGの要素を概説した上で，環境分野（E）の枠組み（ソフトロー）について気候変動分野の枠組みを中心に解説した。ここでは，社会的背景の課題解決のために，サプライチェーン・バリューチェーンにおいて，人権保障をより実効性をもって実現していくための法制度・規制について，より具体的にその枠組みと，企業における対応の方向性について述べる。

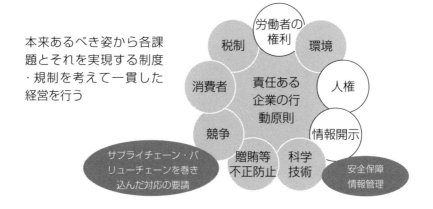

図表2－7　全体構造から見る人権保障における法的リスクの位置づけ

　この点においても，個別の労働法規や人権問題に拘泥するのではなく，TNFD等の対象となる人権問題を含め立体的に理解した上で，本来あるべき企業の行動責任原則に立ち返り全体像の理解を踏まえて取り組むべき課題であることを失念しないように注意する必要がある。

> 【設例】
> 部品メーカーである当社（Ｘ社）に，取引先の外資系の大手家電メーカー（Ｙ社）から，Ｙ社のサプライチェーン憲章に基づいて，⑴取引先に対して人権尊重の観点から監査・アセスメントを行っているか，⑵Ｘ社自体として人権尊重のためにいかなる取り組みを行っているかということについて質問書が届いた。これに対してどのように対応すべきか。

2　企業経営における「人権」の要素

　企業が持続的に成長するためにはESGの観点が重要であり，人権は，ESGの「Ｓ（Society）」と強い関連性を有する要素である。2011年に，国連人権理事会において，人権の保護・尊重・救済の枠組みである「国連によるビジネスと人権に関する指導原則（UNGPs）」（以下「指導原則」という）が全会一致で支持されたことをきっかけに，多くの国々が「ビジネスと人権」に関する行動計画（NAP）を策定・公表することとなった。

　また，OECDは，1976年に，OECD多国籍企業行動指針を策定し，2011年の同指針改定においては，人権デューデリジェンスに関する規定が追加されている。指導原則と多国籍企業行動指針は，企業活動を直接的に拘束する規範ではないが，各国はこれらを踏まえてソフトロー・ハードローの両面から，人権を尊重する企業の責任の内容を具体化する動きを加速させている。以下は欧米主要各国における法令整備の例である[7]。このような全体構造の中で各国において法整備も議論されている。

7　経済産業省「企業のサプライチェーンと人権を巡る国際動向」（2022年3月）

図表2−8 人権関連法令・ガイドラインの整備

国名	法令・ガイドラインの整備状況
米国	米国議会において，ウイグル産品の輸入を原則禁止する「ウイグル強制労働防止法」が成立。2022年6月21日には，同法に基づく輸入禁止措置が施行された。
フランス	2001年に制定された「新経済規制法」で，上場企業に対して，社会・環境・労働環境への取り組みを年次報告書に記載することを義務づけた。また，2017年には，親会社および発注企業の注意義務に関する法律が制定され，フランス国籍の一定の規模の企業に対し，注意義務に関する計画書の作成と同計画の実施を義務づけている。
ドイツ	人権侵害リスクの管理体制構築などを法的に義務づける「サプライチェーンにおける人権侵害を回避するための企業家的注意義務に関する法律」（以下「サプライチェーンDD法」という）が2021年7月16日に公布，2023年1月1日に施行された。
英国	2015年に「現代奴隷法」を制定し，英国で一定規模以上の事業を行う企業に対し，奴隷労働と人身取引に関する取り組みの開示を義務化した。

　わが国においても，2020年10月には「ビジネスと人権」に関する行動計画が策定された。また，経済産業省下においてはサプライチェーンにおける人権尊重のためのガイドライン検討会が設置され，2022年9月13日，「責任あるサプライチェーン等における人権尊重のためのガイドライン」が策定されている[8]。

　なお，欧州委員会は，2022年2月23日に，一定規模の企業に対して人権等に関するデューデリジェンスを義務化する「企業持続可能性デューデリジェンス指令案」を公表しており，EU加盟各国の法整備は今後さらに進んでいくことが予想される。この点，2024年2月末にEU理事会で同指令案が不採択となった。加盟国の反対も多かったため修正案が議論され対象企業の対象を限定するなどして同年4月に採択された。

　このような流れを受けつつも，各国の機関投資家・上場企業が上記の枠組み

---

[8] 経済産業省「日本政府は「責任あるサプライチェーン等における人権尊重のためのガイドライン」を策定しました」のウェブサイト参照。

にコミットする姿勢を明らかにしており，さらにそれらのサプライチェーン・バリューチェーンに組み込まれた非上場企業についても，これらの枠組みへの準拠が要請されることとなる。

3　人権侵害が企業活動にもたらすリスク

　以上に述べたとおり，企業は，各国が「ビジネスと人権」の観点から定めるガイドライン・法令に準拠しなければならない状況となっている。では，これらに違反した場合，企業にはどのようなリスクがあるのか。

　前節に述べたとおり，人権侵害に関与していたことを理由として，大手企業から取引規模の縮小や取引の終了を求められるというリスクが想定される。また，第1章で述べたとおり，当局による直接的な制裁が加えられるリスクもある。

　例えば，新疆ウイグル自治区においては，従来から，綿製品の製造現場で強制労働が行われていることが問題視され，米国をはじめとする各国で，同自治区が関与する製品の輸入を原則禁止する法律の整備が行われてきた。日本企業もこの影響を受け，2021年1月には，ファーストリテイリンググループが米国に輸入しようとした綿製の衣料製品の製造に，強制労働を行ったと疑われる事業者が関わっているとされ，輸入を保留される事態が生じた。また，インドネシア・マレーシアにおいても同様に，パーム油の生産に関わる児童労働・強制労働が問題視されており，2022年3月には，米税関・国境警備局（CBP：United States Customs and Border Protection）が，マレーシアから輸出されたパーム油が強制労働によって製造されていたとして，差押えを行っている。これらは，サプライチェーン上の事業者が人権侵害に関与していたことによって，事業活動が制約を受けることとなった典型例である。

　さらに，人権侵害のリスクは，サプライチェーン上の事業者が関与している場合のみならず，自社，すなわち設例でいうX社自体においても問題となり得る。

　例えば，わが国における技能実習制度について，米国国務省の人身取引報告書（2021年）において，当該制度の下で強制労働が行われており，わが国当局がこれに対して適切な対処ができていないことが指摘されている[9]。上記の

新疆ウイグル自治区の事例などに鑑みれば，これを理由とした輸入の保留や差押えが行われる可能性は否定できない。すなわち，人権侵害がもたらす事業活動への影響は，サプライチェーンに組み込まれた発展途上国の事業者においてのみ生じるものではなく，わが国企業の事業活動そのものに影響を与え得るのである。

　以下，4ではこれらの点も踏まえて，企業がいかなる観点から人権侵害のリスクに対応する必要があるのかを述べる。

4　企業に求められる対応

　3で挙げた事例は，いずれも労働関係に関する事例であるが「ビジネスと人権」の観点から着目すべき人権侵害リスクは，強制労働，低賃金，長時間労働，労働環境整備など労働関係のみならず，人種・ジェンダーを理由とする差別的取り扱い，知的財産権の侵害，政治的自由の制限など多岐にわたる[10]。さらに，技能実習制度が示唆するように，単に国内的な基準に準拠していれば十分というわけではなく，国際的な基準への準拠が求められるようなケースも今後増えていくことが予想される。このような状況の中で，企業は，自社を取り巻く事業環境において，着目すべき人権侵害リスクを特定した上で，国内外の基準を参照しながら，自社およびサプライチェーン上のリスクをコントロールするための方法を検討する必要があるだろう。

　このような観点から，2でも言及した，ドイツのサプライチェーンDD法は注目すべき枠組みである。同法は，人権リスク（および環境リスク）の内容を定義づけた上で，企業の注意義務の内容として，リスク管理システムの構築，リスク分析の実施，防止措置の設定および是正措置を具体的に規定しており，人権侵害のリスクを仕組みとして管理することを法令上義務づけている[11]。米国におけるウイグル強制労働防止法や，英国における現代奴隷法は，具体的な人権侵害そのものにフォーカスした法令であるが，サプライチェーンDD法は，

9　米国国務省“2021 Trafficking in Persons Report：Japan”参照。

10　法務省「今企業に求められる『ビジネスと人権』への対応（概要版）」参照。

11　同法の和訳について，舩津浩司＝後藤彰子「ドイツのサプライチェーン注意義務法」国際商事法務（2022年），V721号，809-821頁参照。

いわばリスクマネジメントの観点から，企業が人権リスクについて遵守すべき注意義務の内容を規定しているところにその特徴がある。さらに注目すべきであるのは，是正措置の内容として，直接供給者（直接の取引先）における人権侵害が極めて深刻であったり，是正措置の効果がなかったりする場合には，取引関係の打ち切りが必要とされていること（同法7条3項），さらに間接的供給者の人権侵害を認識した場合には防止措置，回避計画，場合によってはポリシーステートメントの更新が求められる（同法9条3項）点にある。これは，自社がドイツ企業を元請けとするサプライチェーンに組み込まれている場合に，自社において人権侵害がある場合に，そのサプライチェーンの系列から切り離される可能性があることを意味する。自社に人権侵害がないとしても，自社の下請先に納期の短縮や低コストを要請し下請先労働者の人権侵害を誘発させている場合にも，サプライチェーンの系列から外される可能性がある。

　ドイツのサプライチェーンDD法をはじめとした欧州各国の法制化の動きは，サプライチェーンの組み換えを合法的かつ半強制的に促す仕組みと評価することもできる。わが国において，「人権擁護」という言葉は，理念的かつイデオロギー的に捉えられる向きもあるが，グローバル取引の観点からはサプライチェーンから外される要因にもなることから，今後は，この人権リスクに対して真剣に取り組んでいく必要がある。

5　サプライチェーン・バリューチェーンリスクマッピングに落とし込んだ場合

　今回の設例でいえば【図表2−9】のようなマッピングが可能である。すなわち，人権侵害リスクは，自社も含めたサプライチェーン・バリューチェーンのあらゆる段階において存在し，それが現実化した場合には，輸出入の留保・差止めや継続的供給契約の終了等の結果が生じ得るのである。したがって，X社は，Y社に対して回答を行うとともに，自社のリスク管理体制について全社的な取り組みを行う必要がある。

図表2－9　人権侵害リスクのマッピング

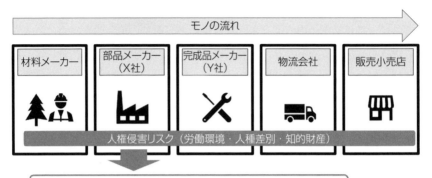

6　まとめ

　本節では，企業経営において「人権」の要素がいかなる形で事業活動に影響を及ぼすか，また，いかなる観点から人権侵害リスクをコントロールする必要があるのかということを述べてきた。人権侵害は，その判断基準が環境配慮などと比較すると相対的に明確であることから，当局や大手企業の対応は峻厳な内容になる傾向が強い。これらの点を踏まえて，各種の法令・ガイドラインや大手企業の取り組みを参考にしながら，自社にフィットしたリスクマネジメントの方策を検討する必要があるだろう。

　また，前述のとおり，TNFD[12]においても，先住民族や地域コミュニティの他，水利用や土地利用などで影響を受けると考えられるその他のステークホルダーの人権についても検討が求められるため，この観点の対応も忘れてはならない。

　次節は，環境や人権等のESGに関する法令・ガイドライン，あるいは取引先のサプライヤー選定基準の違反を理由として，契約の縮小・終了などの措置を生じさせる，競争法上の論点について述べる。

12　前掲注5と同じ

Column ^{コラム}

人権サプライチェーン対応とセクハラ・パワハラ問題の注意点

　この点，特に注意を要するのが，パワハラ・セクハラのような類の行為で
あっても，米国では公民権法で人権・差別禁止の文脈で扱われたり，フランス
などをはじめ諸外国でもそういった行為を法律で禁止し，処罰規定を設けてい
る国もある。日本では，防止の措置を定める法律はあるものの直接的に踏み込
んだ規制はないが，この問題が大きく先鋭化すると，サプライチェーン上の人
権の法制とリンクしてしまう可能性は否定できないという点である。
　社内での個別事象としての処理のみならず問題を放置すると取引を解除され
るリスク要因となり得るため，これまでの意識と異なるレベルでのリスク管理
が必要となる可能性がある。

第3節　企業の行動責任から見た国際的な動き

1　はじめに

　人権や環境，生物多様性についての各論の動きを前節までに解説してきた。この点，本書で繰り返し指摘しているように，社会的役割の重要性を担っている企業は，ビジネスにおける行動指針が問われており，自社の事業だけにとどまらず，サプライチェーン・バリューチェーンおよびその他ビジネス上の関係と関連する可能性のある労働者，人権，環境，賄賂，消費者およびコーポレート・ガバナンスにおいて，「責任ある企業行動」（RBC）が求められている。

　この点，欧米をはじめとする諸外国では，国際秩序を踏まえたRBCの実装に向けて，政策指針を打ち出し，規制やルールを施行してきている。本節では諸外国の動きの観点をより詳細に論じたい。

　これまで論じた環境・人権の問題の内容とも重複するところがあるが，企業の行動責任という観点から改めて整理して検討していくことが望ましい。

図表2−10　企業の行動責任から見た全体像

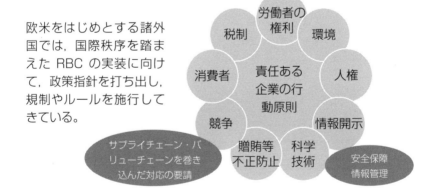

欧米をはじめとする諸外国では，国際秩序を踏まえた RBC の実装に向けて，政策指針を打ち出し，規制やルールを施行してきている。

2　OECDによる責任ある企業行動指針

　OECDでは，1976年の「国際投資と多国籍企業に関する宣言」以降，OECD行動指針を勧告してきており，オープンで透明な国際投資環境を保証し，多国籍企業に対し経済，環境および社会の発展への積極的な貢献を促すことにより，同宣言の施行から半世紀近くを経て，35のOECD加盟国と11の非加盟国を含めた50カ国以上の政府が多国籍企業に向けた勧告として「責任ある事業行動に関する多国籍企業のためのOECDガイドライン」[13]が2023年に改定されている。本ガイドラインでは，多国籍企業がサプライチェーンにおいて，経済的，社会的，環境的に国際投資するための透明性のある環境と，企業の運営，製品，サービスに関連する対象事項への悪影響を最小限に抑えることを目的に，人権，労働者の権利，環境，贈収賄と汚職，消費者の利益，情報開示，科学技術，競争，税制など，企業責任の主要分野を網羅している。

図表2-11　「責任ある事業行動に関する多国籍企業のためのOECDガイドライン」の範囲

情報開示	人権	労働者の権利
環境	消費者の利益	科学技術 イノベーション
贈収賄および その他の汚職との闘い	税制	競争

　また，本ガイドラインは，適用される法律および国際的に認められた基準に準拠した責任あるビジネス行動のための自主的な原則と基準を提供している。本ガイドラインの対象となる事項は，国内法および国際約束の対象となる場合がある。さらに，本ガイドラインは，政府からの勧告として，企業が法的に遵守しなければならない内容を超える可能性のある，責任あるビジネス行動に関する推奨事項を概説している。企業が本ガイドラインを遵守することは，法的責任や執行の問題とは異なる。

13　https://mneguidelines.oecd.org/mneguidelines/

　なお，「責任ある事業行動に関する多国籍企業のためのOECDガイドライン」は，2023年に以下の8点が変更・更新されている[14]。

図表2－12　「責任ある事業行動に関する多国籍企業のためのOECDガイドライン」変更項目

🌳	気候変動と生物多様性に関する国際的に合意された目標に沿うための推奨事項
🖥	データの収集と使用を含む，テクノロジーの開発，資金調達，販売，ライセンス供与，取引および使用に関するリスクベースのデューデリジェンスの推奨事項
🤝	自社の製品やサービスの使用に関連する影響やビジネス関係についてデューデリジェンスを行うことが期待される方法に関する推奨事項
👥	危険にさらされている人々に対するよりよい保護および事業運営に関して懸念を表明する団体を含む団体
☑	責任ある業務遂行情報の開示に関する最新の推奨事項
💵	あらゆる形態の汚職に対するデューデリジェンスの推奨事項を拡大
👥	ロビー活動がガイドラインに準拠していることを確認するための企業への推奨事項
🏛	責任ある事業活動に関する国内連絡窓口の可視性，有効性，機能的同等性を確保するための手順の強化

　同宣言に批准する国々は，企業の運営において「責任ある企業行動」（RBC）の問題が発生した場合，企業と利害関係者を支援できる紛争解決および調停リソースとして，国家連絡窓口（National Contact Points）を設置しており，多国籍企業が経済的，社会的，環境的に国際投資するための透明性のある環境と，企業の運営，製品，サービスに関連する対象事項への悪影響を最小限に抑える

14　https://mneguidelines.oecd.org/mneguidelines/

ことに貢献している。

3　欧州における責任ある企業行動の取り組み

　企業は，持続可能で公正な経済社会を構築する上で重要な役割と社会的な責任を果たしている。欧州の企業，特に大企業は，複雑なグローバルサプライチェーン・バリューチェーンに依存している。欧州圏内と第三国の両方に多数のサプライヤーが存在し，サプライチェーン・バリューチェーン全体が複雑であることを考慮すると，欧州の大企業は，人権分野での義務を果たすことに関連するサプライチェーン・バリューチェーン内のリスクを特定し，軽減することが困難になる可能性が懸念されてきた。

　企業は，自社の行動が人権や環境に及ぼす悪影響に対処するために行動し，措置を講じる必要性を認識しているが，対応が遅く，不十分になっている。サプライチェーン・バリューチェーンの複雑化とグローバル化により，企業がサプライヤーの業務に関する信頼できる情報を入手することが困難になっている。企業の持続可能性関連のデューデリジェンス義務に関する国内規則の断片化により，優れた慣行の導入がさらに遅れている。一部の加盟国による単独の措置だけでは，企業がその可能性を最大限に活用し，持続可能な行動をするには十分ではないことが課題になっている。

　企業が持続可能な企業行動と責任ある企業統治を促進する必要があるのか，これまで欧州委員会は，市民社会の代表者，EU国民，企業，ビジネス団体を含む幅広い利害関係者グループによって公開協議を重ねてきた。その結果，公開協議に応じた企業の7割が「企業の持続可能性に関するデューデリジェンスに関するEUの行動が必要である」という明確なメッセージを打ち出したことで，デューデリジェンス義務化の規則が策定された。

　企業が欧州圏内外のサプライチェーン・バリューチェーンを含め，自らの行動による悪影響に確実に対処できるように，持続可能で「責任ある企業行動」（RBC）を促進し，企業の運営とコーポレート・ガバナンスにおいて人権と環境への配慮を定着させるため，欧州委員会は，2022年，一定規模の企業に対して人権等に関するデューデリジェンスを義務化する「企業の持続可能性デューデリジェンス指令案」[15]を公表した。

　この指令案は企業のデューデリジェンス義務を定めている。自社の事業，子会社，サプライチェーン・バリューチェーンにおける人権と環境へのマイナスの影響を特定し，終結させ，予防し，軽減し，説明することになっている。さらに，特定の大企業は，持続可能性と気候変動緩和の目標に貢献するよう奨励されており，パリ協定に沿って地球温暖化を1.5℃に制限することに自社のビジネス戦略が適合していることを確認する計画立案を求めている。

　この指令案により，間接的に影響を受ける可能性のある中小企業に対しては，支援策が検討されている。

　また，社会的責任のある公共調達を機能させるため，SRPP（Socially responsible public procurement）[16]についても力を入れており，公共調達において前向きな社会的成果を達成することを目的として，直接的な影響を受ける企業だけでなく，需要と供給の両方でより広範な市場に影響を与える調達に対して，公共サービスの利用者，生産や配送に携わる人々，購買組織関係者など，広範囲な影響を与えることで，共通価値を反映したレジリエントなサプライチェーン・バリューチェーンの構築を目指している。

4　米国における責任ある企業行動の取り組み

　米国では，OECDによる「多国籍企業ガイドライン」と，国連による「ビジネスと人権に関する国連指導原則」に基づき，2016年に策定した「責任ある企業行動に関する国家行動計画（RBC：National Action Plan on Responsible Business Conduct）」を更新して，2022年，「責任ある企業行動に関する国家行動計画（NAP：National Action Plan on Responsible Business Conduct）」[17]が公表された。

　更新されたNAPには，「ESG投資」，「開発金融」，「採取物，先住民問題，安全保障」，「人権擁護者と市民空間の促進における企業の役割」，「テクノロジー」，「性別」，「調達」，「ミネラル」，「人権と環境デューデリジェンス」などが含ま

15　https://eur-lex.europa.eu/legal-content/EN/TXT/?uri=CELEX%3A52022PC0071

16　https://smart-cities-marketplace.ec.europa.eu/news-and-events/news/2020/new-eu-publication-making-socially-responsible-public-procurement-work

17　https://www.state.gov/responsible-business-conduct-national-action-plan/

れている。

　責任ある投資とビジネス慣行を企業の経営方針と意思決定プロセスに統合し，米国および現地の法律および国際基準に準拠することを目的としている。あわせて，効果的な人権および環境デューデリジェンスの実施を通じて，サプライチェーン・バリューチェーンの監視と検証を通じ，人権および労働虐待を軽減し，利害関係者の支援を通じて，透明性と責任あるビジネス慣行を強化することを目的としている。

　NAPは，国務省の経済商務局と民主・人権・労働局が，国家安全保障会議および米国政府の省庁と緊密に連携して主導している。

　米国国務省経済商務局では，1999年以降，優秀な企業に対する国務長官賞（ACE：Award for Corporate Excellence）の受賞者を発表し，米国と多国籍企業がビジネス行動のより高い基準を高める上で重要な役割を果たしていることを奨励している[18]。一方で，大企業と比べて中小企業は，例えばデューデリジェンスの実施にかかるコストを満たしたり，政策コミットメントを関連する運用上のデューデリジェンス手順に具体的に変換する方法を理解したりするなど，コンプライアンス要件を満たすのが難しいと感じることが多々ある。サプライチェーン・バリューチェーンにおけるビジネスや調達モデルなどの他の要因も，企業がデューデリジェンスを実施する方法に大きく影響する可能性がある。

5　国際的な指標・ガイドラインの実装に向けた国際基準の整備・標準化

　国際機関が牽引して，諸外国で合意形成された「国連によるビジネスと人権に関する指導原則（UNGPs）」，「国際労働機関（ILO）による条約と宣言」，「OECDによる多国籍企業向けガイドライン」を実装させるべく，国際基準の整備・標準化等が推進されている。これら国際的な指標・ガイドラインは，2020年以降，国際秩序の不安定化を受け，新たに刷新されている。

　そして，主要経済国では，自国内において，前述してきた政策指針を掲げ，

18　https://www.state.gov/secretary-of-states-award-for-corporate-excellence/

規制やルールが策定され，指標やガイドラインの実装に向けた取り組みが進められている。

図表2-13 国際的な指標・ガイドラインの実装に向けて整備されている国際基準・標準化

国際的な指標・ガイドラインとの関係		標準化		概要
OECDによる多国籍企業向けガイドライン	情報開示 環境 科学技術 消費者の利益 競争 税制 贈収賄と汚職 人権 労働者の権利	責任ある企業行動（RBC）	SA8000認証	企業の社会的説明責任に関する国際規格として，ISO9001やBSCI規格と連動している
			ISO9001	サプライチェーンを含めた品質マネジメントシステム
国連によるビジネスと人権に関する指導原則			BSCI規格	BSCI(Business Social Compliance Initiative)規格は，主にサプライチェーンを監査する規格
		サステナビリティマネジメント	ISO 14001	環境管理基準
国際労働機関による条約と宣言			ISO 45001	労働安全性基準
			ISO 50001	エネルギーマネジメントシステム基準

※国際的な指標・ガイドラインは，気候変動，生物多様性に関するもの

6 まとめ

2020年以降，国際秩序の不安定化を受け，国際的な指標・ガイドラインは，新たに刷新され，社会的役割の重要性を担っている企業は，ビジネスにおける行動指針が問われている。

主要経済国では，すべての企業が，環境や人々への負の影響を特定，防止，軽減し，責任を負うことを義務づけるデューデリジェンス規範を採用し，指導原則を具現化していく動きになりつつある。

自社の事業だけにとどまらず，サプライチェーン・バリューチェーンおよびその他ビジネス上の関係と関連する可能性のある労働者，人権，環境，賄賂，消費者およびコーポレート・ガバナンスにおいて，「責任ある企業行動」（RBC）

が求められている。この点，欧米をはじめとする諸外国では，国際秩序を踏まえたRBCの実装に向けて，政策指針を打ち出し，規制やルールを施行してきている。

　このように，「責任ある企業行動」（RBC）の取り組みは，企業のサプライチェーン・バリューチェーンリスクマッピングにも大きく関与しており，気候変動，生物多様性，テクノロジー，ビジネスの完全性，サプライチェーン・バリューチェーンのデューデリジェンスなどの主要分野にわたって，「責任ある企業行動」（RBC）に関する推奨事項が提示されている。

　企業のビジネスは，国際秩序に準拠した個社だけで推進していくものではなく，ステークホルダーを巻き込み，それぞれの立場を理解したCSVの考え方によって見出した共通価値を反映したレジリエントなサプライチェーン・バリューチェーンの構築が重要となってきている。

第4節　ESGへの取り組みと独禁法(上)

　ESGの取り組みのうち，持続的低炭素社会の実現に向けた環境分野および人権問題を検討した。この要素を実現するにあたり，契約実務における継続的取引の解消のリスクや新たなサプライチェーン・バリューチェーン上の規制リスクがあることを概観した。

　それでは，この文脈で大企業から一方的に契約を解消されるような事態に陥った場合に，独占禁止法などの法令で対抗し得るのであろうか。

【設例1】
設例1－1：部品メーカーである当社（X社）に，取引先の大手家電メーカー（Y社）から，同社のサプライヤー規範と承諾書が送られてきた。同規範には「人権・労働」や「環境」などの項目にハラスメント禁止，労働時間ルールへの遵守やGHG排出削減などに取り組むこと，そして適切に取り組まない場合には取引を停止する旨が明記されている。承諾書には，同規範を遵守すること，規範の内容に変更を加えないこと，監査を求められた場合は誠実に協力することなどが記載されていた。
設例1－2：X社は，現役従業員や元従業員が投稿する「会社評価サイト」で，ハラスメント，サービス残業，長時間労働が横行している旨の書き込みが複数なされていた。そうしたところ，Y社から労働実態について質問表が送付されてきたので，回答をして返送した。その後，回答内容について実地監査したいとY社から申入れがあったが，X社は事業運営に支障を来たすとしてこれを拒否した。Y社は，正当な理由なく監査を拒否する場合は，サプライヤー規範に基づき取引を停止する可能性があると通知し，再度監査の申入れをした。
設例1－3：設例1－2のケースで，X社は再度の監査も拒否したため，Y社から取引を停止する旨通知された。

【設例2】
取引先から，納入製品に関連する工場および施設等に関し，再生可能エネルギー100％で生産するようなことを義務づけられ，従うことができない場合には取引を中止すると通知された。なお，これによる電力料金の負担増は自社負担となる[19]。

【設例3】
取引先から，取引継続の条件として，海外の私的機関が発行するESG関連の認
証を取得するよう求められた。その認証取得には，トータルで数千万円近い費
用がかかる。

【設例4】
サプライヤー規範の適用が統一されていなかった場合（例えば，調達が困難な
部材については，当該調達先に関してサプライヤー規範を厳格に適用しない）

1　問題の所在

　自社が，取引先からESGへの取り組みが不十分であることを理由に，契約を
解消されるリスクが生じつつあることは，これまでの連載で触れてきた。では，
実際にそのような理由で契約を解消されてしまった場合，契約を解消された側
（被解消者）は何か反論を主張する余地はあるだろうか。本節では，独禁法の
観点，継続的契約の解消の観点から検討を加える。

2　独禁法

2−1　ESGの取り組みと独禁法の抵触

　独禁法は，自由で公正な競争を促進し，事業活動を盛んにし，一般消費者の
利益を確保するとともに，国民経済の発達を促進することを目的とする（同法
1条）。他方で，ESGの目的は，人間社会と地球環境の持続可能性を確保しつ
つ企業の中長期的成長を図る点にある。このように，国民経済の発展のために
企業の自由な経済活動を確保しようとする独禁法の目的は，企業活動に社会・
地球環境の持続可能性の確保を求めようとするESGの理念と矛盾衝突する場面

19　クラウディア・フェンデル＝高塚一「ポルシェ，再生可能エネルギー100％での生産を
　部品供給メーカーに義務化」（2021年7月13日ジェトロビジネス短信）https://www.jetro.
　go.jp/biznews/2021/07/202bdfa607f9b30f.html
　日本における発電コストについて，https://www.enecho.meti.go.jp/about/special/
　johoteikyo/denki_cost.htmlを参照。

があることは容易に想像がつく。例えば，長時間安い人件費で労働者を稼働させることができれば企業の経済活動にとってはプラスであるが，当該稼働が児童労働や強制労働の下でなされている場合には人権侵害に当たりESGの観点からは許されない。また，環境への配慮の観点から自社で利用するエネルギーを再生可能エネルギー由来の電源に切り替える場合には，電力コストが高くなる可能性がある[20]。

　自発的にESGの取り組みを行うのではなく，取引先がESGへの取り組みを求めてきた場合において，それが自社にとって過剰な負担となるようなケースの場合には会社としてはその取り組みを回避したいところではあるが，それにより契約が解消される可能性があるといったケースにおいて，取引先の要求は独禁法上の問題を生じないだろうか。

2－2　優越的地位の濫用

(1)　判断の枠組み

　独禁法は水平関係と垂直関係における公正な競争を阻害する行為を規制する。ESGと独禁法の抵触の問題は，水平関係，すなわち事業者間での共同行為に関して議論・検討される例が多いといわれる[21]が，垂直関係，すなわち対象行為者と取引先との関係においても問題となる場合もある。本設例のケースはいずれも垂直関係における問題に当たる。

　本設例において，取引先が自社に対して優越的地位[22]にあるとした場合，ESG対応を求められる側（契約を解消された側）の反論として，設例の1ないし3については優越的地位の濫用（独禁法2条9項5号）に該当しないかを検

20　https://www.enecho.meti.go.jp/about/special/johoteikyo/denki_cost.html
21　渥美雅之＝所悠人「競争法規制とESG」NBL1223号89頁
22　取引の一方当事者（甲）が他方当事者（乙）に対して優越的地位（独占禁止法2条9項5号）にある場合とは，「乙にとって甲との取引の継続が困難になることが事業経営上大きな支障を来たすため，甲が乙にとって著しく不利益な要請等を行っても，乙がこれを受け入れざるを得ないような場合」をいう。そして，甲が乙に対して優越した地位にあるといえるか否かは，①乙の甲に対する取引依存度，②甲の市場における地位，③乙にとっての取引先変更の可能性，④その他甲と取引することの必要性・重要性を示す具体的事実を総合的に考慮して判断する（公正取引委員会「優越的地位の濫用に関する独占禁止法上の考え方」（平成22年11月30日，平成29年6月16日改正）・第2の1，東京高判令和3年3月3日LEX/DB25569362（ラルズ事件））。

討する余地がある[23]。というのも，優越的地位の濫用に当たる契約条項につい
ては公序良俗に反し無効とされるのが現在では通例とされている[24]し，優越的
地位の濫用に当たる行為については民法上の不法行為に該当し得るため，損害
賠償請求訴訟を提起することも可能だからである[25]。

(2)　事例の検討

　それでは，各設例について検討をしてみよう。公正取引委員会の優越的地位
に関するガイドラインなどによれば，優越的地位の濫用に当たる行為の類型に
は，①購入・利用強制，②協賛金の収受，③取引先の従業員等の不当使用，④
受領拒否，⑤不当な返品，⑥支払遅延，⑦不当な値引き，⑧買いたたきなどが
ある[26]。しかし，設例の1ないし3はいずれの類型の濫用行為にもただちに該
当するとはいえない[27]。これは，各設例のような取引の拒絶や継続的な取引を
将来に向けて解消すること（以下「取引拒絶等」という）を，優越的地位の濫
用に当たるとして規制することに対して，自由競争の基盤である取引先選択の
自由を制約することになるため，その規制は慎重になされるべきだとの配慮が
あるように思われる。

　ただし，取引解消を手段として不利益を受け入れさせる場合には，独禁法2
条9項5号ハの「その他取引の相手方に不利益となるように取引の条件を設定
し，若しくは変更し，又は取引を実施すること」に該当し得るとの解釈はあり
得ると考えられる[28]。この解釈による場合，設例1の2および3は，いずれも

23　なお，取引拒絶等の問題は，「その他の取引拒絶」（一般指定2項）や「取引条件等の差
　　別取扱い」（一般指定4項）に当たる可能性もあるが，本節では優越的地位の濫用に絞っ
　　て検討を行う。
24　札幌地判平成31年3月14日金判1567号36頁など。また，白石忠志『独占禁止法講義（第
　　8版）』（有斐閣，2008年）25頁，青谷賢一郎「独禁法違反行為の私法上の効力を巡る裁判
　　例と契約書起案・審査における留意点」（https://www.businesslawyers.jp/articles/1065）
25　最判平成元年12月8日民集43巻11号1259頁（鶴岡灯油訴訟）
26　濫用行為の類型について，「優越的地位の濫用に関する独占禁止法上の考え方」（前掲注
　　22），菅久修一編・品川武ほか著『独占禁止法（第5版）』（商事法務，2024年）を参照。
27　そもそも，このような取引拒絶や継続的な取引を将来に向けて解消することは，取引を
　　しないという不作為であり，「（濫用）行為をすること」（独禁法2条9項5号柱書）を要
　　件とする優越的地位濫用規制に該当しないのではないかとの解釈もある（長澤哲也『優越
　　的地位の濫用規制と下請法の解説と分析（第4版）』（商事法務，2021年））。

契約解消を手段に具体的な不利益を受け入れさせるものであるから，同号ハにいう不利益行為に該当すると考える余地はある。なお，設例1の1は，規範への承諾がただちに不利益をもたらすものとはいえないため，この解釈に立ったとしても，同号ハにいう不利益行為に該当するとはいえないものと解される。

　しかし，上記の解釈に立ったとしても，優越的地位の濫用に当たるというためには，「正常な商慣習に照らして不当に」当該不利益行為をしたと認められる必要がある[29]。

　設例の1の2および3におけるX社の不利益は，実地監査の実施であるが，Y社が実地監査をする目的はX社における労働実態が適法かを把握する点にあるから，実地監査を行うことについて社会通念上正当化できる合理的理由があるし，不利益の程度も社会通念上受忍限度内だと評価され得る。

　他方で，X社に，形式的に対応をしているかの表示や活動が見られ実態のない環境対策の実施を行っていたなどグリーン・ウォッシュに当たるような事実が認められる場合には，内容によるが，契約解消の合理性を肯定する方向に働くことがあるかもしれない。しかしながら，そのようなケースは稀であるだろうし立証も困難であることが想定される。それゆえ，ESG目的のサプライヤー規範の不遵守を理由とする契約の解消が，優越的地位の濫用の問題を生じさせることは，多くはないと考えられる。

　一方で，特に日本企業の一部には，TCFDの進捗についてサプライチェーン上の取引先からCDPのスコア獲得を求められ，形式的にスコアを獲得している企業も散見されることから，本来の実態に合わない取り組みを行っていたとしても，契約を解除しようとする側においては解除が形式的には否定される方向となろう。ただし，契約解除を阻止しようとする側が環境対策においてグリーン・ウォッシュに当たるような行動を行っていることが判明すれば，契約

28　前掲注27・長澤。

29　この判断にあたっては，①行為内容が合理的範囲を超える不利益を与えるものであることと，②行為者が相手方に対してあらかじめ計算できない不利益を与えるものであることを相関関係的に考慮して判断されると考えられている。①については，不利益の程度，合理的理由の有無，不利益負担の経済的合理性などを検討し，②については，不利益の予測困難性の程度，十分な協議プロセスを経ているか，要請に応じなければ不利益な取扱いをする旨を示唆しているかなどを検討する（前掲注27・長澤）。

解消を肯定するリスク要因となる。

　やはり，CSVの観点から，責任ある企業の行動原則に則って，企業活動による影響が関係するステークホルダーと共に実態のある社会課題の解決と産業実装を心がける必要があることは言うまでもない。

第5節　ESGへの取り組みと独禁法㊦

1　はじめに

　第4節の設例2におけるX社の不利益は，契約継続のために再生可能エネルギー100％で製造することによるコスト増を負担しなければならない点にある。このケースにおいて，事前にY社との間で協議や調整などを経ずに一方的に再生可能エネルギー100％での製造を義務化した場合には，適正なプロセスを経ていないという点が問題になり得る。他方，再生可能エネルギー100％で製品を製造することは，化石由来のエネルギー利用した場合に比べてCO_2排出量が削減されるため地球温暖化を抑制するという合理的理由を認めやすいだろう。また，再生可能エネルギー100％で製品を製造することは，環境対策を講じている企業であることをアピールできる点で不利益に対する経済的合理性も一定程度認められるかもしれない。もっとも，コスト増加の程度が大きい場合や再生可能エネルギー100％での製品製造が著しく困難な場合などには，自社にとって経済合理性を認めがたい場合もあり得る。

　第4節の設例3におけるX社の不利益は，私的機関による認証[30]取得のコスト負担である。欧州では，認証ビジネスが盛んであり，また自国企業が取得しやすい形で認証取得要件が組み立てられることもある[31]。最近では1件数千万円といった認証サービスも存在する。例えば，ある認証が，欧州ではビジネス上の通用力があるものの，日本やアジアでは通用力を有しないという場合，日本企業にとって当該認証を取得することに経済合理性がない場合もあるだろう。また，海外の認証は，海外の経済・社会・文化を前提としている場合もある。そのため，例えば，ESG関連の海外の認証を取得することがわが国におけるESGの問題解決につながっていないことも想定される。その場合，当該認証の取得要請に合理的理由があるかが問われることもあるだろう。

30　認証の通用力を調べる必要はある。
31　https://www.meti.go.jp/meti_lib/report/H30FY/000737.pdf

　さらに第4節の設例4のような事情がある場合はどうか。自社製品の代替困難な部品について，その調達先が限定されているようなケースの場合，その調達先に対して厳格にサプライヤー規範を適用して契約を解消するわけにはいかない。他方で，比較的調達が容易な部材の調達先に対しては厳格にサプライヤー規範を適用することは可能である。このように，調達先ごとにサプライヤー規範の適用の厳格性に差異を設けている場合，サプライヤー規範の正当性・合理性に疑義が生じる可能性があるだろう。社会や環境の持続可能性といった美名を隠れ蓑にして，結局は自己のビジネスのためにサプライヤー規範を適用していると捉えられても仕方がないからである。特に，サプライヤー規範の厳格な適用は調達先の乗り換えを行うもっともらしい根拠になる。これまで述べてきたとおり，ESG達成のためのサプライヤー規範の適用や各種要請などの不利益行為が優越的地位の濫用に当たらない理由には，その不利益行為に合理性が存在することが挙げられるが，サプライヤー規範の適用や各種要請が調達先ごとに不統一であることは，その合理性を揺るがすものになるおそれがある。

2　各国の環境・人権法令がもたらす影響

2-1　EU

　近時，諸外国において企業に対し人権・環境への対応を促す法案の整備が進んでいる。その中でも，EUの人権・環境デューデリジェンス指令案（以下本項では「指令案」という）は，EU域内およびEU域外の大企業や一定規模・業種の企業を対象（以下本項では「対象企業」という）に，特定の人権条約および環境条約が定める権利の侵害や禁止事項について，デューデリジェンスポリシーの策定（指令案5条），実際および潜在的な悪影響の特定，防止，是正（指令案6～8条），苦情処理（指令案9条），モニタリング（指令案10条），公表（指令案11条）などの義務が課され，これら各種義務の実効性を担保する手段として，監督当局による金銭賦課などのサンクション（指令案18条），対象企業の民事損害賠償責任（指令案22条），取締役の善管注意義務（指令案25条）などが定められている。本指令案における義務の射程には，自社（子会社含

む）の事業活動のみならず，<u>上流および下流のサプライチェーン・バリュー</u><u>チェーン内の事業活動が含まれる</u>（指令案3条（g））。そして，直接取引先に契約上の保証を求め，上記義務の遵守を確保しなければならず，これによっては潜在的悪影響を防止できない場合には，<u>二次サプライヤーにも契約上の保証</u><u>を求めることができる</u>とされている（指令案7条2項・3項）。なお，かかる契約に従っているか否かの判断にあたっては，業界のイニシアティブなどを参照することができるとされており，欧州における私的認証などを介したルールメイキングを見て取ることができる（指令案7条4項）[32]。また，中小企業に対して契約上の保証を求める場合には差別的でないことなども求められており，中小企業への手当ても施されている[33]。その上で，<u>取引先が義務を遵守しない</u><u>場合，取引先等との新規契約やビジネス拡大を行わないほか，取引関係の一時</u><u>停止，さらに，潜在的な悪影響が深刻な場合には取引関係を終了させなければ</u><u>ならない</u>，とされている（指令案7条5項）[34]。

　上記のとおり，本指令案は欧州企業が国際的に承認された人権や環境に関する義務について自己のみならずそのサプライヤーも従うことを求めており，その義務に従わない者についてはサプライチェーン・バリューチェーンから排除することを容認している。これは，法令によって契約の解消が正当化されるものであるから，上述した優越的地位の濫用に関する正当化事由の議論に影響を与えることも予想される。すなわち，本指令案の対象企業がESG目的のサプライヤー規範などに基づき契約を解消する場合には，正当化事由の主張が補強される余地がある[35]。

32　この契約上の保証には，準拠を検証するための適切な手段を伴わなければならず，コンプライアンスを検証するために，対象企業は，適切な業界のイニシアティブや独立した第三者による検証を参照することができるとされている（指令案7条4項）。ここにおいて私的認証やデジュール規格，フォーラム規格などの利用が想定されていると解される。

33　中小企業から契約上の保証を得る場合，または契約を締結する場合，使用される条件は公正，合理的，かつ非差別的でなければならないとされ，中小企業が独立した第三者による検証を受ける場合の費用は，対象企業が負担するものとされている（指令案7条4項）。

34　かかる指令案の建付けをみると，契約解消の第一義的な対象者は大企業であると解される。

35　2024年2月末日において，EU理事会で指令案は不採択となったため今後の動向は不透明ではある。

2-2　日本

　日本では,「責任あるサプライチェーン等における人権尊重のためのガイドライン」が策定された[36]。当該ガイドラインは日本で事業活動を行うすべての企業（個人事業主を含む）を対象に,国際的に認められた人権を対象として,自社およびサプライヤーがそれら人権尊重の取り組みに最大限努めることを内容としたものであるが,法的拘束力を有するものではない。サプライヤーにおける人権侵害状況の是正措置・防止措置としては,<u>ただちにビジネス上の関係を停止するのではなく,まずは,サプライヤー等との関係を維持しながら負の影響を防止・軽減するよう努めるべきであるとされ,取引停止は,最後の手段として検討され,適切と考えられる場合に限って実施されるべき</u>であるとされている。よって,わが国における法令の状況下では,ESG目的のサプライヤー規範などに基づき契約を解消する場合における正当化事由の補強はさほど期待できない。もっとも,近時法制化の議論は超党派の議員により続いている。

2-3　今後の展望

　欧州と日本の法令を比較した場合,EUを本拠地とする大企業は,ESGに関するサプライヤー規範の適用により自らのサプライチェーンを大胆に変更させることが可能な仕組みが整いつつあるが,わが国においてはそのような状況にはない。すなわち,EUにおいては大企業がESG目的のサプライヤー規範を遵守しない取引先との契約を解消することを法的拘束力ある法令によってバックアップする体制が整いつつあるが,日本においてはそのようなバックアップ体制が整備される状況にはない。よって,EUを本拠地とする大企業のTier 1やTier 2に当たる日本企業は,自らはESGに配慮した事業運営をしていたとしても,自己のサプライチェーンにある企業がESGに配慮した事業運営をしていない場合には,EUの大企業から契約解消を迫られる可能性がある反面,自己のサプライチェーンにある企業に対しては契約を維持する方向で改善を求めなければならず,難しい状況に立たされる可能性がある。

36　https://www.meti.go.jp/press/2022/09/20220913003/20220913003.html

3　継続的契約の解消に関する判例法理との関係

3－1　継続的契約と継続的契約の解消に関する議論

　継続的契約とは，一定の期間にわたり契約関係の存在が前提とされている契約のこと[37]を指す。企業間の継続的契約の解消に関して，多くの裁判例は，契約解消のために「やむを得ない事由」が必要であるとするか，または，一般条項（信義則，権利濫用，公序良俗など）に違反しないことを求める傾向にあるとされる[38]。

　そして，裁判例では，個別事案の事実関係に応じて，契約期間の長短ないし自動更新の回数，在庫量または投下資本額の大小，契約解消による経済的打撃の大小，契約解消理由の正当性・合理性の有無・程度，予告期間の有無，代償的措置の有無などにより契約解消に「やむを得ない事由」または一般条項違反があるか否かが判断されている。

　もっとも，裁判例において継続的契約の解消が無効ないしは債務不履行とされた事例は多くない[39]。その背景には，（特に契約期間の定めがある場合について）企業間の継続的契約における合意を尊重するという裁判所の基本的な姿勢が存在すると解される。他方，継続的契約の解消が無効とされた事例[40]を見ると，約16年間にわたり契約が継続し契約期間条項の趣旨は自動延長に主眼があって契約条項見直し期間の意味程度しかない，甲は乙との契約のために現在約1億2,000万円に上る買取農機具等の在庫を保有していた，甲は乙以外の農

37　加藤新太郎編『判例Check　継続的契約の解除・解約（改訂版）』（新日本法規，2014年）2頁

38　前掲注2・清水＝相澤・34頁以下

39　本文掲記のもの以外に，名古屋高判昭和46年3月29日下民22巻3・4号334頁，東京地判平成22年7月30日金判1352号59頁，札幌高判平成23年7月29日判時2133号13頁など。

40　甲（農機具等の販売業者・被供給者）が乙（農機具メーカー・供給者）の製造する農機具を買い取って販売する独占的販売総代理店契約において，有効期間を1年とし，期間満了3カ月前に当事者の申出がない限りさらに1年延長する旨の条項が定められていたことから，乙が甲に対して期間満了の3カ月以上前に契約終了の通知をしたが，当該解約条項は，「契約を存続させることが当事者にとって酷であり，契約を終了させてもやむを得ない事情がある場合に契約を告知し得る旨を定めた規定と解すべき」と判断されて，結論として契約終了が認められなかった事例（札幌高決昭和62年9月30日判時1258号76頁）

機具メーカーと販売代理店契約を締結することは極めて困難であった，甲は乙との契約が事業の重要な比重を占め契約終了によりその存立に重大な影響が生じる，乙は何らの犠牲を払うことなく甲がこれまで開拓してきた販売権益を確保することになり不合理，などの事情が考慮されており，契約解消により被解消者が受けるダメージが看過できないようなケースに限定されている。

3－2　責任ある企業の行動としてのESG未達を理由とする契約解消

　継続的契約の解消に関する裁判例を前提にした場合，ESG未達を理由とする継続的契約の解消が無効となるケースはあまり多くないように思われる。なお，上記札幌高決の事案（継続的契約の解消が無効とされた事案）のように，解消者が被解消者に対して優越的な地位にある場合には，優越的地位の濫用に関する判断枠組みと大きな違いはないように解される。

　この点においても，CSVの観点からしっかりと関係者と連携した上で，責任ある企業の行動原則として中身のあるESG対応をしなければ，契約解消につながることになる一方で，具体的に連携した上での共通価値を見出せる具体的な施策を打ち出せれば，ESG対応に実態が伴うことからも反論できる可能性はより高まるものと思われる。

第6節 CSV・ESG/サイバーセキュリティと安全保障

1 サイバーセキュリティ

1-1 はじめに

　今回は，ESGの文脈におけるサプライチェーン・バリューチェーン上のサイバーセキュリティとの関係性について言及しつつ，サプライチェーン・バリューチェーン上を行き来する情報の安全保障の観点も加味した上で，米国のサイバーセキュリティの枠組みを概説する。

【設例】

当社（X社）に，取引先の日系の大手メーカー（Y社）から，ESGの文脈でサプライチェーンを保護していくために，米国の各種サイバーセキュリティの枠組みに準拠するように求められた。サイバーセキュリティの枠組みには，どのようなものがあるのか。

1-2 CSV・ESGとサイバーセキュリティとの関係

　冒頭で述べたとおり，CSVの考え方によれば，持続可能な社会の実現に向け，特に欧米の政策や指針においては，すべてのステークホルダーを巻き込まなくてはならないとして，各ステークホルダーの活動（原材料の調達・製造・物流・品質管理・人材管理等）を同時並行で正しく把握する必要があり，そのためにはデータの活用の重要性が高まっている。そして，バリューチェーンの強靱化にはサプライチェーン・バリューチェーンに潜むリスクへの対処が不可欠であることから，サイバーセキュリティについてもCSVの実行には必要不可欠であるといえる。

　また，ESG対応では，昨今，一例を挙げれば，カーボンニュートラルを実現するために，サプライチェーン全体において温室効果ガスの排出量の算定および評価が求められてきており，ESGへの貢献度を客観的に測定するためには，

複数社にまたがった関係性をデータによって見える化し，評価する必要がある。そして，評価対象となるデータは，温室効果ガスの排出量にとどまらず，サプライチェーン・バリューチェーンを形成する取引によって創出される重要な研究データや知財，企業秘密，安全保障上重要なデータ等も含まれる。また，正確に評価・判断するためには，データが改ざんされていないことが当然の前提である。一方で，サイバー攻撃は，サプライチェーン・バリューチェーン上で脆弱なところが狙われることから，企業の大小に関係なく，サプライチェーン全体におけるサイバーセキュリティの観点・取り組みが重要となる。近時，ハーバード・ロースクールのウェブサイトにおいても，サイバーセキュリティがESGの取り組みにもたらすリスクを管理するために重要である旨を指摘しており[41]，今後ますます注目されるものと思われる。

1-3　近時のサイバーセキュリティインシデント

(1)　小島プレス工業に対するサイバー攻撃

　2022年2月，小島プレス工業株式会社に対して行われたサイバー攻撃によって，システムを一部統合していた取引先であるトヨタ自動車工場のラインがストップしたほか，グループ企業にも影響が出たケースは記憶に新しい。このケースは，サプライチェーン上の会社を攻撃することによって，攻撃された会社とは別の取引先である大きな会社にもダメージを与えることが可能となることから，サプライチェーン上に位置づけられる会社全体の問題として把握することの重要性を示唆している。

(2)　欧州医薬品庁（EMA）に対するサイバー攻撃

　2020年12月，ファイザー（米）およびビオンテック（独）は，欧州医薬品庁（EMA：European Medicines Agency）に対して，COVID-19ワクチンの条件付き緊急使用許可を取得するための申請をしたところ，当該申請資料に対してサイバー攻撃が仕掛けられた。このケースは，創薬開発のプロセスの中で，価

41　Harvard Law School Forum on Corporate Governance "Cybersecurity + ESG for the Global Capital Markets" Posted by Jonathan Everhart

値ある研究開発データとなって社外に出るところを標的として狙われたものであり，これは，社内だけなく，公的機関の承認手続などのプロセスチェーンも含めて狙われることを端的に示すものである。

１－４　米国のサイバーセキュリティの枠組みの紹介

　米国におけるサイバーセキュリティの枠組みについて紹介する[42]。同枠組みは，すでに総論部分の策定から各技術的分野の課題や産業ごとの各論部分の検討へと移行しているが，本稿では総論部分を示すにとどめる[43]。

図表２－14　NISTが定義するサイバーセキュリティ対策のアプローチ

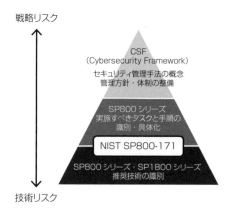

戦略リスク

CSF
(Cybersecurity Framework)
セキュリティ管理手法の概念
管理方針・体制の整備

SP800 シリーズ
実施すべきタスクと手順の
識別・具体化

NIST SP800-171

SP800 シリーズ・SP1800 シリーズ
推奨技術の識別

技術リスク

42　なお，医療機器の分野ではあるが，アメリカ食品医薬品局（FDA：Food and Drug Administration）は，2023年10月１日から，FDAが要求するサイバーセキュリティの具体的対応が含まれていない医療機器の市販前申請については，「自動的」に拒絶する旨を説明しており，医療機器とサイバーセキュリティは不可分一体となっている。

43　この点，欧州では，欧州委員会がネットワーク・情報セキュリティ指令（NIS指令）を改定した「NIS２」を提案し，中小企業・大企業に課すセキュリティ要件の強化，サプライチェーンにおけるセキュリティへの取り組み実施，報告義務の合理化，加盟国における監視体制の強化等を進めている。

⑴　NIST「重要インフラのサイバーセキュリティを改善するためのフ
　　レームワーク（NISTサイバーセキュリティフレームワーク）〔1.1版〕」
　　（2018年4月16日）[44]

　NIST（National Institute of Standards and Technology）とは，米国商務省
において科学技術分野の計測や標準に関する研究を行う機関である米国国立標
準技術研究所を指し，NISTサイバーセキュリティフレームワーク（CSF：
Framework for Improving Critical Infrastructure Cybersecurity）とは，重
要インフラのサイバーセキュリティを高度かつ戦略的に捉えるための枠組みを
いう。

　日本での普及率が高いISMS（ISO/IEC 27001）と比較すると，それぞれメ
リット・デメリットがある。ISMSが情報セキュリティリスクを対象として，
主にサイバー攻撃前の仕組みであり第三者認証が必要となっている一方で，
CSFは，サイバーセキュリティリスクを対象として，インシデント発生後の対
応（検知・対応・復旧）も含めて定められていることのほか，認証が不要であ
ること，会社の規模等に応じた段階的な採用が可能である点等に違いがある[45]。
なお，CSFの日本語版が，情報処理推進機構（IPA）のウェブサイトにおいて
公開されている[46,47,48]。

44　なお，本書執筆時においてNISTサイバーセキュリティフレームワーク〔2.0版〕の草案
　　が公開されており，2024年を目途に改訂される予定である。1.1版では識別，防御，検知，
　　対応，復旧がコアの5機能であったが，2.0版では，「統治」が追加されている。
　　https://csrc.nist.gov/pubs/cswp/29/the-nist-cybersecurity-framework-20/ipd
45　なお，システムにおいても，境界の内部が侵害されることも想定した上で設計するとい
　　うゼロトラストアーキテクチャが主流となってきており，デジタル庁は，2022年6月に
　　「ゼロトラストアーキテクチャ適用方針」を公表した。
46　NIST「SP 800-53：情報システムおよび組織のためのセキュリティ管理策とプライバ
　　シー管理策〔第5版〕」（2021年9月）
　　SP800シリーズとは，NISTのCSD（Computer Security Division）が発行するコンピュー
　　タセキュリティ関係のレポートをいう。同シリーズは，米国政府セキュリティ対策を実施
　　する際に利用することを前提としてまとめられた文書であるが，リスクマネジメント，セ
　　キュリティの対策状況を評価する指標，セキュリティ教育，インシデント対応など，幅広
　　く網羅しており，民間企業においても参考となる。
　　なお，米国政府がクラウドサービスを調達するにあたってはFedRAMP（ Federal Risk
　　and Authorization Management Program ）のセキュリティ基準を満たす必要があり，同
　　基準には，機密情報（CI：Classified Information）を保護するためにNIST SP800-53を基
　　準としたセキュリティガイドラインを用いることとされている。

図表２−15 米国NIST800シリーズとCyber security frameworkとの関係

NISTは，情報システムや組織そのものの
サイバーセキュリティを向上させるフレー
ムワークとして「CSF（Cyber security
Framework）」を公表。特徴としては，
サイバーセキュリティを「特定（Identify）」
「防御（Protect）」「検知（Detect）」「対
応（Respond）」「復旧（Recover）」の
5段階で考える枠組みとなっている。

ISO27000シリーズとの違いは，①「検
知」「対応」「復旧」の概念の定めと，②
それぞれの要求項目に対して技術的な推
奨事項が存在する点。SP800-161や
SP800-53では，5段階それぞれにつ
いて，「アクセスコントロール」や「イン
シデントレスポンス」など，技術的な項目
のみならず非技術的な要件も含む多くの
対策が規定。

「特定」は攻撃される可能性のあるアセットや攻撃され
たこと自体を特定すること

「防御」は特定したアセットを攻撃から守るために防衛
手段を講じること

「検知」とは内部ネットワークへの侵入を何らかの方法
で許したことを検知すること

「対応」とは検知した事象に対していかに被害を最小限
に抑えるか，「復旧」とは実際に被害が出てしまった場
合にいかに早急にシステムを復旧させるかが定義

　また，補足であるが，CSFはNISTのプライバシーフレームワークとも補完関
係にあるため，サイバーセキュリティとデータプライバシーの保護は一体とし
て考える必要がある。

47　NIST「SP 800-161：連邦政府システムおよび組織のためのサイバーセキュリティサプ
　　ライチェーンリスクマネジメント・プラクティス〔改定第１版〕」（2022年５月５日）
　　SP 800-161は，米国政府に対する，サプライチェーンリスク管理の実践のためのガイドラ
　　インをいい，サプライチェーンを強靭化するべくサプライチェーン全体のサイバーセキュ
　　リティリスクを管理するため，企業全体でのリスク管理プロセスおよび緩和策の特定，評
　　価，選択，実施方法についての指針を示している。
　　米国のほかのサプライチェーン規制として，米国医療・公衆衛生セクター調整委員会
　　（HSCC）「保健医療産業サプライチェーンリスクマネジメントガイド（HIC-SCRiM）第2.0
　　版」（2020年９月22日），NIST「ソフトウェアサプライチェーンセキュリティ強化に向け
　　た標準化・ガイドラインに関するワークショップとポジションペーパー募集」（2022年５月
　　13日）等が挙げられる。
48　なお，外国からの投資に関してもチェックを厳格化することを目的とし，米国大統領行
　　政府「対米外国投資委員会による国家安全保障リスクの進展に対する堅牢性の考慮の確保
　　に関する大統領令」（2022年９月15日）もあわせて発出している。これは，サイバーセ
　　キュリティの直接の規制ではないものの，対米外国投資委員会（CFIUS）が，国家安全保
　　障の基盤となる技術（例えば，AI，バイオ製造，量子コンピュータ，先進的クリーンエネ
　　ルギー，気候変動技術等）において，防衛産業基盤の内部および外部の双方にわたるサプ
　　ライチェーンの適応能力と安全保障に及ぼす効果を考慮すべきだとしており，参考に値す
　　る。日本では，2022年５月18日に「経済施策を一体的に講ずることによる安全保障の確保
　　の推進に関する法律」（経済安全保障推進法）が公布され，その後同年６月から２年以内
　　に段階的に施行される予定となっている。

図表2－16 サイバーセキュリティとプライバシー対応は一体：NIST CSFとPF の両者の関係

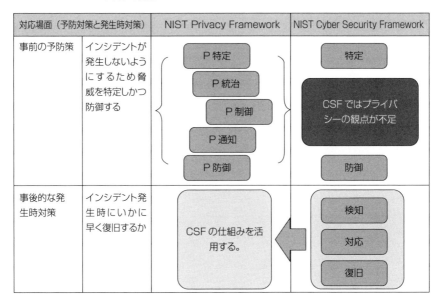

対応場面（予防対策と発生時対策）		NIST Privacy Framework	NIST Cyber Security Framework
事前の予防策	インシデントが発生しないようにするため脅威を特定しかつ防御する	P 特定 P 統治 P 制御 P 通知 P 防御	特定 CSF ではプライバシーの観点が不足 防御
事後的な発生時対策	インシデント発生時にいかに早く復旧するか	CSF の仕組みを活用する。	検知 対応 復旧

(2)　業界横断型のセキュリティ対応機関

　米国では，業界ごとに，脅威情報等の分析・共有を行う組織として，ISAOs （Information Sharing and Analysis Organizations）や，重要インフラごとに，ISACs（Information Sharing and Analysis Centers）という組織がある[49]。これらの組織の存在からもわかるように，セキュリティ対応にあたっては，1社で対応するには限界であり，業界を横断した対応が求められていることがわかる。一方，日本の場合，情報通信分野や金融でのISACが構成されるにとどまる。医療やバイオ分野はまだ業界横断的な団体が組成されていない。

---

[49] この点，欧州でも，関連業界団体や企業の代表者で構成されるステークホルダー・サイバーセキュリティ認証グループ（SCCG：Stakeholder Cybersecurity Certification Group）および加盟国代表で構成される欧州サイバーセキュリティ認証グループ（ECCG：The European Cybersecurity Certification Group）が，欧州サイバーセキュリティ庁（ENISA：European Network and Information Security Agency）の施策の策定に協力する等しており，業界団体単位での対応が見てとれる。

⑶　委託先等へのモニタリング

　米国のSOX法では，財務報告のほかにサイバーセキュリティに関する報告書であるSOC 2報告書がある。同報告書は，米国公認会計士協会（AICPA）が定めたトラストサービス規準（Trust Service Criteria）に従って，委託先（クラウドサービス等のアウトソーシング事業者）が記述したセキュリティ，機密性，可用性，プライバシー，処理の完全性に関連する内部統制に対して，監査法人が手続を実施した結果と意見を表明した報告書である。日本のように財務報告だけに限られない点に特徴があるが後述のように日本でもこの制度との整合性に向けた改定の動きがある。

1－5　日本の現状

　日本政府は，2022年4月，防衛装備品の管理・調達を担う防衛装備庁がNIST SP 800-171と同水準の「防衛産業サイバーセキュリティ基準」を発表し，2023年度から同基準が適用されている。SP 800-171は，米国でサプライチェーンにおけるサイバー脅威に対抗するために策定されたガイドラインであり，国防総省と直接やりとりする事業会社のほか，下請企業であっても，国家機密ではないが重要な情報（CUI：Controlled Unclassified Information）を取り扱う場合には，SP 800-171のセキュリティ要件の実装が必須となる。これを受けて，Zホールディングス株式会社は，防衛産業ではないものの，2022年8月，国民のデータを保護する観点から，SP 800-171に準拠する旨を公表しており，このような企業対応の流れはこれからも続くように思われる。

　日本においては，2000年に高度情報通信ネットワーク社会形成基本法（IT基本法）が制定され，2014年にはサイバーセキュリティ基本法が制定（2016，2018年に改正）されたものの，国・地方公共団体の責務が規定されるにとどまる。また，内閣サイバーセキュリティセンター（NISC：National center of Incident readiness and Strategy for Cybersecurity）が，「重要インフラのサイバーセキュリティに係る安全基準等策定指針」（2023年7月4日）および「重要インフラのサイバーセキュリティ部門におけるリスクマネジメント等手引書」（2023年7月4日）を公表したが指針にとどまる。

　さらに，近時の動きとして，以下も米国のIT統制に含まれる内容の後追い

的な性格を有する。

　日本の特に上場企業にとっても影響があるのが，金融庁が2023年4月7日に「内部統制報告制度（J-SOX）」の改訂を発表したことである。この改訂の内容は，「リスクの評価と対応」「情報と伝達」「ITへの対応」における重要事項の追加として，

---

① リスクの評価と対応：不正に関するリスクについて考慮すること
② 情報と伝達：大量の情報を扱う場合はシステムが有効に機能することが重要である
③ ITへの対応：ITの委託業務に係る統制，<u>情報システムに係るセキュリティの確保</u>

の視点が追加された。具体的な項目は以下のとおりである。

　①リスクの評価と対応では

　リスクの評価の対象となるリスクには，不正に関するリスクも含まれる。不正に関するリスクの検討においては，様々な不正及び違法行為の結果発生し得る不適切な報告，資産の流用及び汚職について検討が必要である。不正に関するリスクの評価においては，不正に関する，動機とプレッシャー，機会，姿勢と正当化について考慮することが重要である。

　また，リスクの変化に応じてリスクを再評価し，リスクへの対応を適時に見直すことが重要である。

との記述が追記された。

　②情報と伝達の項目では

　大量の情報を扱い，業務が高度に自動化されたシステムに依存している状況においては，情報の信頼性が重要である。信頼性のない情報は，経営者の誤った判断等につながる可能性がある。情報の信頼性を確保するためには，情報の処理プロセスにおいてシステムが有効に機能していることが求められる。

との記述が追記された。

　③IT（情報技術）への対応の項目では

> 　情報システムの開発・運用・保守などITに関する業務の全て又は一部を，外部組織に委託するケースもあり，かかるITの委託業務に係る統制の重要性が増している。さらに，クラウドやリモートアクセス等の様々な技術を活用するに当たっては，サイバーリスクの高まり等を踏まえ，情報システムに係るセキュリティの確保が重要である。

との記述が追記された。

　改訂後に，内部統制の評価対象となる委託業務の例示として「情報システムの開発・運用・保守などITに関する業務を外部の専門会社に委託する場合」が明記された。会計システムの運用保守をシステムベンダーが行う場合，業務委託先であるシステムベンダーは間接的に財務情報の正確性を担保する関係があることに鑑みればあるべき姿の改訂といえる。さらには，クラウドやリモートアクセス等の様々な技術を活用するにあたっては，情報漏えいによるインシデントが増加するなどのサイバーリスクの高まり等が背景となり，ITの業務委託の統制とサイバーセキュリティが明記され，今後は業務を委託するベンダーとの業務の内容・サイバーセキュリティ対応が必要となった。ベンダーに丸投げ，サイバーセキュリティも任せきりでよい時代は終了したといえ，自社のシステムのサプライチェーン上の委託先までのセキュリティの確保の観点で統制が重要かつ必要となる。そのため，上場企業側にも統制に必要なサイバーセキュリティ管理に精通した人材の確保が要請される。

2　設例の検討

　ESG対応の一部であるサイバーセキュリティ基準を遵守しなかった場合に想定される不利益としては，端的には契約関係の解消であり，これに対する反論の可能性については，第2章第1，2および4節を参照していただきたい。仮に，海外との取引において自社ないし自社の下請企業から情報が漏えいした場合，相手方企業との関係では秘密保持義務違反になる可能性があるほか，第一

次対応として，フォレンジック調査をかけ，どのような情報が漏えいしたか（個人情報や知的財産に係る情報が含まれるか等）の分析のほか，それがサプライチェーン・バリューチェーンを形成する取引先との関係やサイバーセキュリティに関わるリーガルリスクの分析，調達・営業も含めたサプライチェーン・バリューチェーン上に与える影響等を分析しなければならず，システム部門に担当させるだけで足りる問題ではない。

　結局のところ，"ESG対応による良い効果の発現には時間がかかる反面，リスクは突然顕在化する" という特徴を踏まえ（本章第1節参照），将来を見据えた取捨選択・対応が求められると考えられる。

3　まとめ

　ESG対応による効果の実現のため，知的財産やノウハウ等の自社のリソースを守りつつ，一方で，サプライチェーン全体をシステムで管理する時代である（となりつつある）ことからすれば，ESGとサイバーセキュリティの問題を避けてとおることはできない。したがって，業界が一気通貫で対処することが求められ，各企業は，自社リソースの保護のほか，連携先企業と契約上の責任分界点を明確にした上で相互に協力していくことが重要である。

第7節　事案からみるサプライチェーン・バリューチェーンリスクへの組織的対応／知財系・情報管理

1　はじめに

　これまで，企業のサプライチェーン・バリューチェーン上に潜むリスクを各節のテーマに沿って具体的に示した上で，リスクへの対応と事業機会の創出の方法について述べてきた。これまで述べてきたサプライチェーン・バリューチェーン上のリスクは，リスクが現実化した段階で法務部門に相談して対応を検討するという形ではすでに手遅れになるものがほとんどであったが，本節では，上場企業・非上場企業のいずれにおいても，これらの論点に対して早期かつ組織的な対応が必要となることを具体的に論じる。

【設例】
電子部品メーカーであるX社は，取締役会において，全社的なリスク管理の観点から，サプライチェーン・バリューチェーン上のリスクを洗い出して評価を行った上で，リスクコントロールのために必要な対応を検討し，優先度を付して随時対応を実施するという方針を固めた。X社は，具体的にどのようなリスクに備える必要があるか。

　以下では，企業に求められる対応として，特に環境の論点を，また，前節までに十分に述べることのできなかった知的財産権の管理に関する論点を例に，大企業・中小企業においてサプライチェーン・バリューチェーン上に潜むリスクに対して，早期かつ組織的な対応が必要となることを具体的に述べる。

2　環境

　環境配慮（第2章第1節参照）については，気候関連財務情報開示タスクフォース（TCFD），SBT（Science Based Targets）等，様々な枠組みが策定されている。例えば，東京証券取引所は令和4年4月に市場区分を再編し，プ

ライム市場の上場企業においては，TCFDまたはこれと同等の枠組みに基づく開示が必要とされることになった（コーポレートガバナンス・コード補充原則3－1③）。そして，TCFDにおいてはシナリオ分析，GHG（温室効果ガス，Greenhouse Gas）の排出削減に向けた目標設定および取り組みの状況に関する開示等が定められているが，これに対応するためには，法務部門や調達部門による短期的な取り組みでは不十分である。すなわち，TCFDの枠組みに準拠するためには，気候変動リスクの特定・評価，複数のシナリオとそれに応じた対応策の検討，ガバナンスの見直し等を行う必要があり，中長期経営計画単位で全社的に対応策を検討・実施することが必要不可欠なのである（【図表2－17】）。そして，こうした全社的な取り組みを行うためには，TCFDの枠組みが上場企業の開示事項の基準となり，拘束力が生じるよりも相当早い段階で検討を開始しないと手遅れになってしまうのである[50]。逆に，早期に対応することができれば，同じ枠組みに準拠する他の企業との間における取引拡大の契機となり，また，投資家によるポジティブな評価の材料となるといった効果が期待できる。

図表2－17 TCFDへの取り組みの要素

50　令和4年11月8日には，IFRS財団と国際評価機関CDPが，CDPの環境開示プラットフォームにおいて，TCFDよりもさらに厳格な枠組みを定めたISSBの「気候関連開示（IFRS S 2号）」を反映する旨を公表するなど，目まぐるしく状況が変化している。一度対応が後手に回ると，このような状況の変化に一気に取り残されることにもなりかねない。

　また，上場企業は，環境配慮の枠組みに準拠するという文脈で，取引先の非上場企業に対しても環境に配慮した対応を求め，当該非上場企業がこれに対応できない場合には取引規模を縮小し，あるいは取引を終了するといった措置を行う可能性があることから，非上場企業においても間接的にこのような枠組みへの準拠が求められることになる。そのような事態を想定していない非上場企業が，上場企業から何らかの報告・対応を求められてから具体的な措置を速やかに実施することは極めて困難であり，また，適切な措置を検討するためには，法務部門のみならず調達部門や品質管理部門との連携を図る必要がある。すなわち，非上場企業においても，早期かつ組織的な取り組みが必要になることは上場企業と何ら変わりはないのである。

図表2-18　ESGに関する時間軸～ESGは中長期的な財務情報の基盤～（図表2-2の再掲）

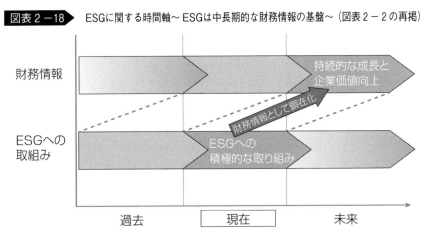

（出所）アセットマネジメントOne「加速されるESG経営」（2020年12月）をもとに筆者作成

3　人権

　人権配慮の枠組みへの対応においても早期かつ組織的な取り組みは重要であるが，対応内容に一定の裁量の余地がある環境配慮の枠組みとは異なり，人権配慮の枠組みに関しては，遵守すべき規範の内容が明確であるものがあり（例えば各国労働法規の遵守等），企業の裁量が許容されないカテゴリーが存在する。したがって，人権侵害の発生を防止するためには，所与のルールを遵守す

るための体制整備と継続的なモニタリングが必要になり，また，実際に人権侵害が生じている場合には即座にその状態を解消しなければならないという意味において対応の即時性が要求される場面があり得る。すなわち，環境配慮への対応がプリンシプル・ベース中心であるとすると，人権配慮の枠組みへの取り組みにはルール・ベースでの対応が求められる範囲が相当程度存在するということになる。

4　研究情報・知的財産

　次に，研究情報および知的財産に関するサプライチェーン・バリューチェーン上のリスク対応について，中国の専利法といわゆるデータ三法への対応を例に述べる。

4－1　中国専利法と専利出願

　まず，中国専利法19条では，中国国内で行われた開発・発明について，外国で特許等を出願する場合，事前に中国知財局の秘密審査を受けなければならないことが定められ，当該手続を経ずに外国で出願された特許等については，中国では専利権が付与されないとの定めが置かれている。したがって，中国国内で知的財産を取り扱う企業は，まず中国で秘密審査を受けることを前提として，技術開発を行わなければならない。このこと自体は，従前より多くの企業が認識してきたところである。しかしながら，以下に述べるいわゆるデータ三法の整備によって，企業は，より早い段階でデータ・知的財産の集積戦略を検討せざるを得なくなった。

4－2　データ三法

　中国は，国家安全保障の観点から，サイバーセキュリティ法，データセキュリティ法，個人情報保護法の3つの法律（以下「データ三法」という）を制定し，中国においてデータを取り扱う事業者に対して，これらの法令およびその下位規範への厳格なコンプライアンスを要求している[51]。そして，データ三法には，データの国外移転にも相当の制限を課す内容が含まれている。すなわち，中国域内で研究・開発を行う企業は，中国域内で取り扱ったデータを利用して

技術開発を行った場合に，そもそも外国で特許出願等ができないばかりでなく，その基礎となるデータすら外国に移転することが困難となる問題に直面することになり，場合によっては自社の知的財産を中国域外で利活用することができないという事態も生じ得る。

図表2-19　研究・開発・製造・販売のプロセスから見るリスクマッピング

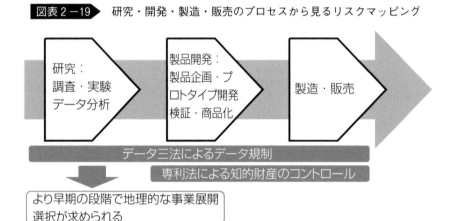

4-3　小括

　以上を要するに，グローバルに事業を展開する企業は，開発の前提となる研究・データ収集を検討する段階で，データや知的財産に関する各国の制度を比較分析した上で，どこに拠点を設置するのか，また，どのようにデータをマネジメントするのかという戦略的な意思決定を行わなければならないということである。このように，知的財産の観点からもESG対応と同様に，サプライチェーン・バリューチェーン上におけるリスクコントロールは早期かつ組織的に実施しなければならないのである。

51　例えば，サイバーセキュリティ法21条は，中国域内のネットワーク運営者，重要インフラ施設運営者，インターネット製品およびサービス提供者等に対して，サイバーセキュリティ等級保護の実施を義務づけ，また，同法31条は，重要データの国外移転について同法およびその下位規範に違反した場合の罰則を定めている。
　　https://www.jetro.go.jp/ext_images/_Reports/01/580a6448fa87f0bb/20210056_04.pdf

Column コラム

中華人民共和国におけるデータ域外移転規制のリスク

　データの域外移転に関して，中国のデータセキュリティ法は第24条において国家安全保障に影響を与え，またその可能性のあるデータ処理活動に対して国家安全審査を実施することができるとし，第25条においては，国家の安全と利益の保護および国際的な義務の履行に関連する規制品目に属するデータについて本法に従って輸出管理を実施するとの定めを置いている。これは，安全保障上の理由からデータの域外移転が制限されるということを意味しているが，どのような情報が安全保障上の問題となり得る情報であるのかは明確ではなく，理論的に規制の対象となり得る情報の範囲は極めて広いと言わざるを得ない。

　仮に，データが一度中国国内に保管され，あるいは中国を経由して第三国に移転されるような体制をとっていた場合（例えばドキュメントソリューション分野の事業においてIoT機器を中国に設置し第三国にデータを移転していた場合等），中国当局が当該データを移転規制の対象であると判断した場合，当該データを保有している企業の身動きが取れなくなるという事態は容易に想定される。

　本文でも述べたように，中国において事業展開を行う企業が中国で拠点を設置したり，データを保管したりする場合には，このようなデータ移転の規制を念頭に置いて，中国国内において自社および取引先が果たす機能を戦略的に決定する必要がある。

Column　コラム

中華人民共和国における技術輸出入管理条例上の品質保証

　知的財産・研究資産のリスクマネジメントとはやや異なる観点ではあるが，中国における技術輸出入管理条例上の品質保証についても，中国で事業を展開する上で注意すべきポイントであり，ここで言及することとする。

　2001年12月10日に公布された技術輸出入管理条例は，中国への技術の輸入および中国からの技術の輸出を規制することを目的とする法令である。この点，同条例24条3項にライセンサーに対する権利担保責任条項が定められており，従来，日本企業から中国企業に技術供与やライセンスを行うときは，権利の完全性を保証する必要があったが，当該条項は2019年3月の当該条例の改正により削除された。しかしながら，現在でも，法的課題がなくなったわけではなく，中国の契約法353条の規定によりライセンサーの責任は原則として規定されていることから，同条のただし書きの「別途契約で定めた場合を除く」に該当するように責任限定を契約で定めることでリスクを低減する必要がある。

5　まとめ

　以上に述べたとおり，サプライチェーン・バリューチェーン上のリスク管理は，単一の部門が短期間に対応することができるというようなものではなく，中長期経営計画単位で早期かつ全社的に取り組む必要がある。裏を返せば，役員は，内部統制構築の観点から，このような取り組みに対して責任を持たなければならず，必要な対応を怠った場合には善管注意義務違反を問われる可能性があるということになる（さらに言えば，サプライチェーン・バリューチェーン上のリスク管理は，どのような専門性を持った役員を選任して管理の責任を持たせるかという人事戦略とも密接に関連しているともいえる[52]）。

　以上，リーガルリスクを中心としてサプライチェーン・バリューチェーン上

---

[52]　コーポレートガバナンス・コードの補充原則4-11①は，取締役会は，経営戦略に照らして自らが備えるべきスキル等を特定した上で，いかなるスキルを有する役員を選任するかという方針・手続を開示すべきであるとしている。

のリスクへの対処および事業機会の創出について述べてきたが，これに対する対応は法務部門だけでは困難であり，全社的な取り組みが不可欠であるという点は，改めて強調したい。また，企業のリスクを取り巻く環境は，刻一刻と変化しており，取り扱った論点についても次々にアップデートが生じている。このようなリスク状況の変化に取り残されることなく，全社的な対応を実施し，事業機会の創出につなげるために，サプライチェーン・バリューチェーンリスクマッピングは極めて重要な検討ツールとなるだろう。

Column コラム

システム開発のサプライチェーンと人権問題

　近時話題のGenerative AIのうちLLMのプロバイダーにおいて，外部委託された低賃金のケニア人労働者を利用したとの話題がある。AIのシステムはケニアを拠点とするデータラベル付けチームの協力を得て構築されているが，彼らの時給収入は2ドル未満だったという。アウトソーシングされたケニア人労働者が，暴力やヘイトスピーチのプラットフォームを一掃するために，生々しい性的コンテンツを対象とした選別業務を行った際に，彼らのメンタルヘルスへの配慮やリスクある業務を低賃金で搾取的に行うことに倫理的な議論がある。

　システムの開発は様々な国々のエンジニアの協力を得る形は増えているものの，開発のサプライチェーン上の人権問題も今後議論を呼び起こす可能性があるかもしれない。

第8節　経済安全保障

1　概要

　世界情勢が混とんとする中，経済安全保障に関する各国の規制（輸出規制，輸入規制，投資規制等）が企業のサプライチェーン・バリューチェーンにも影響を及ぼし始めている。そこで，日米の経済安全保障に関する規制で，企業のサプライチェーン・バリューチェーンに影響を及ぼし得るものについて概観する。

2　米国

2−1　米国の輸出規制の概要

(1)　はじめに

　米国の安全保障関連の輸出規制には，大きく商務省産業安全保障局（BIS：The Bureau of Industry and Security at U.S. Department of State）による規制と，国務省防衛取引管理局（DDTC：The Directorate of Defense Trade Controls at U.S. Department of State）による規制が存在する[53]。

　前者は，商務省管轄の下，輸出管理改革法（ECRA：Export Control Reform Act of 2018）および輸出管理規則（EAR：The Export Administration Regulation）に基づき，軍事転用可能なデュアルユース品およびデュアルユース技術の輸出を規制する。後者は，具体的には，国務省管轄の下，武器輸出管理法（AECA：The Arms Export Control Act of 1976）に基づき，武器・軍事品や武器・軍事技術の輸出を規制する。

---

[53]　そのほか，核関連資材については原子力規制委員会（NRC：Nuclear Regulatory Commission），核関連技術移転についてはエネルギー省，さらに，特定の国や個人に対する禁輸措置や金融制裁の規制は財務省が行っている。

図表 2 −20 ▶　米国の輸出規制品目，法令，監査機関

	デュアルユース品	軍事品
監督官庁	商務省産業安全保障局（BIS）	国務省防衛取引管理局（DDTC）
根拠法	輸出管理改革法（ECRA）	武器輸出管理法（AECA）
規則	輸出管理規則（EAR）	国際武器取引規則（ITAR）
規制リスト	商務省規制品リスト（CCL）	米国軍需品目リスト（USML）

　企業のサプライチェーンおよびバリューチェーン分析の観点からは，デュアルユース品目に関する規制の理解が重要となるため，（ECRAおよび）EARによる輸出規制について概観する。

　米国のデュアルユース品目の規制の特徴は，①域外適用，②デミニミス規制，③みなし再輸出規制，④米国独自の制裁国指定，であるといわれる。

(2)　EARに基づく輸出許可規制の概要

　EARに基づく輸出許可の要否は，【図表 2 −21】のデシジョンツリーに従い判定するが，まずは，デシジョンツリーの冒頭 "Subject to the EAR?"（EARの対象か？）を判定することになる。これは，【図表 2 −21】に基づき判断を行うことになる。

図表2−21　SUPPLEMENT NO. 2 TO PART 732 – SUBJECT TO THE EAR?

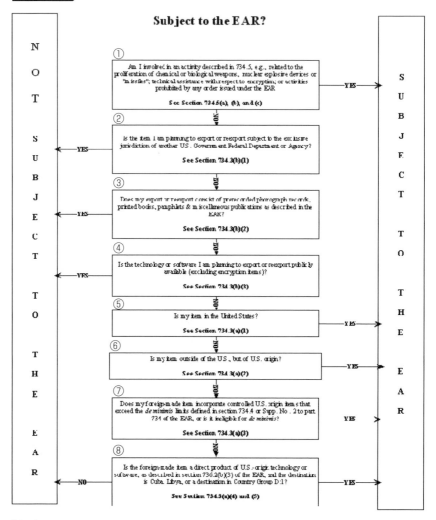

（出典）EAR Supplement No. 2 to Part 732
https://vpr.tamu.edu/wp-content/uploads/2021/08/Subject-to-the-EAR.pdf

【図表2−21】の①の質問は，自己が生物化学兵器，核爆発装置や暗号技術援助等の禁止行為を行っているか，②〜④の各質問は，自己が「輸出（export）」「再輸出（re-export）」「国内移転（transfer（in-country）」しようとする品目の属性や特性に関する質問であり，⑤〜⑧はEARの適用対象品目に関する質問である。

(ア)　EAR対象行為〜みなし輸出，再輸出

このうち，まず重要であるのが「輸出」に含まれる「みなし輸出」の概念と，「再輸出」に関する規制である。

「みなし輸出」とは，米国内で外国人に対し技術またはソースコードを提供しまたは移転することをいう。「輸出」が，米国内から米国外に品目を移すことを指すのに対して，「みなし輸出」は，米国内であっても，例えば米国人から日本人に対して，技術またはソースコードを提供または移転することを規制対象に含めるものである。

また，「再輸出」とは，EAR規制対象品目を米国以外の国から，別の米国以外の国に出荷または移送することをいう。

図表2−22　米国再輸出規制のイメージ[54]

再輸出

輸出

外為法に基づく輸出審査
＋
米国法に基づく再輸出のための審査

米国法に基づく輸出審査

（出所）一般財団法人安全保障貿易情報センター「EAR超入門—米国の輸出規制を学ぼう—2023年度版」を引用

さらに，みなし輸出規制と再輸出規制を足し合わせた概念として「みなし再輸出」という概念があり，これは，米国以外の国において，当該国とは別の外国人に対してEAR対象の技術またはソースコードを提供しまたは移転するこ

54　https://www.cistec.or.jp/service/webseminar/open/data/houjin/5005_ear.pdf

とをいう。

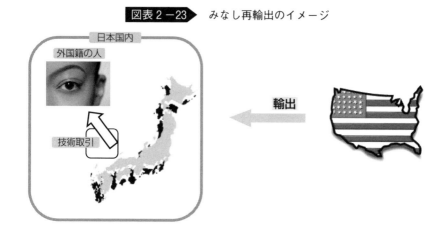

図表2－23　みなし再輸出のイメージ

　以上の（みなし）再輸出規制により，米国外であっても，米国法の規制が及ぶことになる（これを「域外適用」という）。そのため，日本企業においても，米国の再輸出規制について注意をする必要がある。特に，EAR対象品目を取り扱う会社のみならず，EAR対象技術・ソースコードを取り扱う会社も，自社従業員による技術管理については注意を要する。

（イ）　EAR対象品目
　EARの対象品目は，

---

① 米国内に所在するすべての品目（貨物，技術，ソフトウェア）（原産地問わない）
② すべての米国原産品目（所在地問わない）
③ 規制対象米国原産品目を組み込んだ外国産品目であってデミニミス値を超えるもの
④ 米国原産技術またはソフトウェアを用いて製造された外国製の直接製品
⑤ 米国原産技術またはソフトウェアを用いて製造された直接製品である，米国外に所在する工場またはその主要部分により製造された貨物であって，EAR736.2(b)(3)に規定されるもの

をいう。

　このうち，③は，デミニミス・ルールと呼ばれる。外国産品目に組み込まれ
ている米国産品目（規制対象であるもの）の価値が一定の値を超える場合に，
EAR規制対象となるルールである。具体的には，原則として，外国産品目に
組み込まれている米国産品目の価値が25％を超える場合にはEARの適用対象
となる。また，仕向地がカントリーグループＥ：１の国（テロ支援国家）また
はカントリーグループＥ：２の国（通商停止国家 Unilateral Embargo）であ
るときは，10％を超える場合に，当該外国産品目がEAR適用対象となる。

　また，④の規制は，例えば，米国の技術を輸入して日本で製造された製品が
自由に第三国へ輸出されてしまうと米国の輸出規制が空洞化されてしまうため，
これを防ぐ趣旨の規制である。この直接製品の規制に再輸出規制を組み合わせ
て，米国の輸出規制に抜け穴がないように整備されている。

　【図表２−21】の"Subject to the EAR?"の判定で，Yesとなった場合には，
次に，対象品目が商務省規制品目リスト（CCL：Commerce Control List）にお
いて，ECCN（Export Control Classification Number）を付されているかを確
認する。ECCNが付されていない場合は，便宜上EAR99という番号が付される。
EAR99は，低技術の一般消費財が多く通常は輸出許可が不要とされるが，一般
禁止事項（EAR 736.2(b)）４から10に該当する場合には輸出許可が必要となる。
最終需要者および用途において輸出許可が必要となることで有名な，エンティ
ティ・リスト（Entity List），Denied Person List（DPL），Specially Designated
National（SDN）List，国防権限法1999に基づくリスト，軍事エンドユーザー
リストは，一般禁止事項の５に規定されている。例えば，ZTE Corp.およびそ
の子会社３社への輸出規制（現在はEntity List不掲載），Huwaweiおよびその
関連会社，ハイクビジョン（Hikvision），新疆ウイグル自治区公安局およびそ
の傘下の政府機関等は，Entity Listに掲載されているために，米国の輸出規制
がかけられている（許可がなければ輸出等ができない）。他方で，ECCN番号
が付されている場合は，一般禁止事項４から10に該当しない場合は，
Commerce Country Chart（EAR Supplement No.1 to Part 738）を確認し，
CCLにおける対象品目の規制理由と，仕向地とが交差する欄に×が記載されて
いれば，原則，輸出許可が必要となり，×が記載されていなければ，輸出許可

は不要である。【図表 2 −24】でカナダは×2 カ所のみであるのに対し，中国は 4 カ所を除きすべて×が付いているのが確認できる。

図表 2 −24　Commerce Country Chart

Commerce Control List Overview and the Country Chart　Supplement No. 1 to Part 738 page 3

Commerce Country Chart

Reason for Control

Countries	Chemical & Biological Weapons			Nuclear Nonproliferation		National Security		Missile Tech	Regional Stability		Firearms Convention	Crime Control			Anti-Terrorism	
	CB 1	CB 2	CB 3	NP 1	NP 2	NS 1	NS 2	MT 1	RS 1	RS 2	FC 1	CC 1	CC 2	CC 3	AT 1	AT 2
Brunei	X	X		X		X	X	X	X	X		X		X		
Bulgaria³	X					X		X	X							
Burkina Faso	X	X		X		X	X	X	X	X		X		X		
Burma	X	X	X	X		X	X	X	X	X		X		X		
Burundi	X	X		X		X	X	X	X	X		X		X		
Cambodia	X	X		X		X	X	X	X	X		X	X			
Cameroon	X	X		X		X	X	X	X	X		X		X		
Canada	X										X					
Cape Verde	X	X		X		X	X	X	X	X		X		X		
Central African Republic	X	X		X		X	X	X	X	X		X		X		
Chad	X	X		X		X	X	X	X	X		X		X		
Chile	X	X		X		X	X	X	X	X	X	X		X		
China	X	X	X	X	X	X	X	X	X	X		X		X		

Export Administration Regulations　Bureau of Industry and Security　August 11, 2023

図表2−25 SUPPLEMENT NO. 1 TO PART 732 – EXPORT CONTROL DECISION TREE

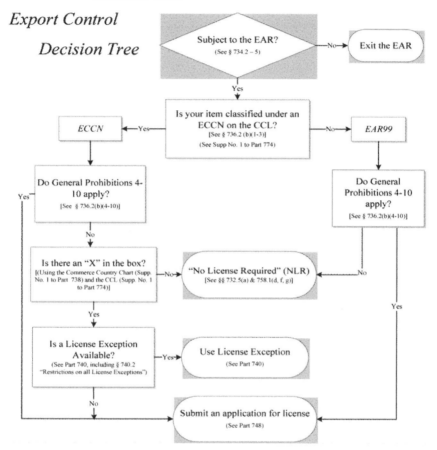

(出典）EAR Supplement No.1 to Part 732

2−2　米国の輸入規制の概要

　米国の経済安全保障の観点からの輸入規制については，対中政策の観点で，対中追加関税措置（1974年通商法301条），Huawei社およびZTE社製等の通信機器の輸入の禁止（※人権環境経済安保144頁），米国関税法307条に基づく強制労働産品等の輸入規制およびウイグル強制労働防止法（UFLPA：The Uyghur

Forced Labor Prevention Act）による規制に留意を要する。

　このうち，1974年通商法301条に基づく対中追加関税措置は，トランプ政権下の2018年3月22日に大統領令への署名により成立したものである。これは，リスト1～4から成り，リスト1が340億ドル相当，リスト2が160億ドル相当，リスト3が2,000億ドル相当，リスト4Aが1,200億ドル相当の内容である。4年ごとに見直しが行われることとされているが，リスト1およびリスト2については，2022年9月8日に当面継続することが決定された。

図表2－26　米国の対中通商関連政策に係る主な品目[55]

	総額/品目数	税率	発効日	主な品目
List 1	340億ドル/818品目	25%	2018.7.6	乗用車，磁気ディスクドライブなどのストレージ，液体ポンプ部品，プリンター用部品等
List 2	160億ドル/279品目	25%	2018.8.23	プラスチック，半導体，鉄道車両・部品，トラクター，化学品など
List 3	2,000億ドル/5745品目	10%	2018.9.24	コンピュータ，電気機器，化学品，食料品，鉄鋼，卑金属，その他原料糖
		25%	2019.5.10	
List 4A	1,200億ドル/3243品目	15%	2019.9.1	PC等一般機器，携帯電話，食料品，化学品，アパレル，鉄鋼，雑製品，卑金属等
		7.5%	2020.2.14	

　日本企業の中には，中国子会社から米国へ製品を輸出することを検討するものもいるが，中国製品の米国への輸出にあたっては，かかる追加関税の対象となるかについての検討が欠かせないといえよう。

　なお，米国では，中国製品を米国に輸入する多数の業者が，リスト3およびリスト4Aに関しての国際貿易裁判所（CIT：Court of International Trade）に対してその適法性を争う訴訟を提起しているとのことだが，CITは，2023年3月17日，当該関税措置を維持することを認める裁定を下した[56]。

55　JETRO「米国の対中通商関連政策」を参考に筆者作成
　https://www.jetro.go.jp/world/n_america/us/us-china/timeline_us.html
56　JETRO「米国際貿易裁判所，301条対中追加関税の維持を認定，輸入者側は上訴の構え」
　https://www.jetro.go.jp/biznews/2023/03/bef1c4b1e09d644c.html

　また，米国連邦通信委員会（FCC：Federal Communications Commission）は，2022年11月25日，安全保障上の脅威となり得る通信機器について，米国内への輸入や販売に関する認証を禁止する行政命令を発表した。対象は，中国のHuawei，ZTEが製造または提供する通信機器や監視カメラのほか，ハイテラ，ハイクビジョン，ダーファが製造または提供する監視カメラや通信機器のうち，国家安全保障上の用途となるものが含まれ，これらの輸入や販売に関する認証の禁止で，実質的に米国内での販売が禁止された[57]。

　さらに，米国関税法307条に基づく強制労働産品等の輸入規制は，米国税関国境警備局（CBP：Customs and Border Protection）が，各種情報から輸入される物が強制労働産品であることを合理的に認定した場合，貨物引渡留保命令（WRO：Withhold Release Orders）が発出され，当該貨物は税関で留め置かれる。輸入日から3カ月以内に再輸出または強制労働産品等に該当しないことの異議申立てが認められないと，当該物品の輸入は許されない。この輸入規制は，輸入対象品に規制対象となる原材料，部品等が組み込まれている場合には規制対象となる。

　また，ウイグル強制労働防止法（UFLPA）による輸入規制は，2021年12月に成立したもので，新疆ウイグル自治区にて製造された製品や強制労働に関与していると米国政府に指定された事業者により製造等された製品について，強制労働産品と推定し，その輸入を原則として禁止する。対象製品が強制労働により製造等されていないことを明白かつ説得的な証拠により反証しない限り輸入は認められない。UFLPA戦略では，優先的に法執行すべき分野として，アパレル製品，綿・綿製品，ポリシリコンを含むシリカ系製品，トマトおよびその派生製品を特定している。とりわけ，シリカ系製品について，自動車や電子機器，太陽光パネルなど幅広い製品に使われるため，米国への輸入品に禁止対象物が含まれていないように慎重に確認する必要がある。UFLPAの施行に伴い，企業の間ではサプライチェーンを見直す動きもある。例えば，サプライヤーを中国から他国に変更したり，中国のサプライヤーを買収してサプライチェーンの管理体制を強化したりする動きがあるといわれる（ウォールスト

57　https://www.jetro.go.jp/biznews/2022/11/4562568a4f4ca042.html

リート・ジャーナル電子版2022年7月4日）。また，米国太陽エネルギー産業協会（SEIA：Solar Energy Industries Association）は，新疆ウイグル自治区での人権侵害の報道を受け，UFLPAの成立前から太陽光発電に関わる企業に対し，自社のサプライチェーンを同自治区外に移すよう強く促している[58]。

2－3　対米投資規制

米国は，対米外国投資委員会（CFIUS）が対米投資を規制しており，安全保障上懸念のある対米投資もここで規制される。トランプ政権下で，対内投資リスク審査現代化法（FIRRMA：Foreign Investment Risk Review Modernization Act）により，CFIUSによる審査対象範囲が大幅に拡大された。具体的には，重要技術，重要インフラ，米国市民のセンシティブデータのいずれかを扱う企業への投資が審査対象に含まれ，また，外国人による特定の不動産（ハブ空港や戦略的港湾等に所在する不動産や政府ないし軍施設の近隣の不動産）の取引も審査対象に含まれた。さらに，2022年9月15日大統領令により，CFIUSが重点的にフォローすべき分野が定められた。それによれば，重点分野として，①防衛産業以外も含めた重要製品の国内サプライチェーンの強靭（きょうじん）性，②マイクロエレクトロニクス，人工知能（AI），バイオ技術・製造，量子コンピューティング，先端クリーンエネルギー，気候適応技術など米国の安全保障に影響を与える分野の米国の技術的リーダーシップへの影響，③単一分野または関連分野の複数の買収や投資による安全保障への影響，④安全保障に損害をもたらす可能性のあるサイバーセキュリティ上のリスク，⑤米国人の機微なデータに対するリスク，が指定されており，これらに関連する対米投資については厳格な審査が行われることが予想される。

58　甲斐野裕之「米国のウイグル強制労働防止法への対応は企業のサプライチェーンに影響も」（Jetro地域分析レポート）
　　https://www.jetro.go.jp/biz/areareports/2022/42665c0ac0e7cd05.html

図表2−27　輸出規制の仕組みの概念図〜 CFIUS（対米外国投資委員会）による米国の対内投資審査のイメージ

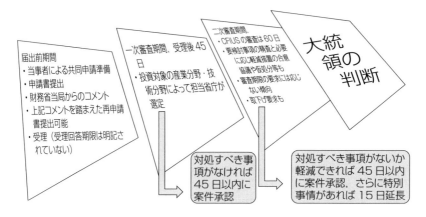

届出前期間
・当事者による共同申請準備
・申請書提出
・財務省当局からのコメント
・上記コメントを踏まえた再申請書提出可能
・受理（受理回答期限は明記されていない）

一次審査期間，受理後45日
・投資対象の産業分野・技術分野によって担当省庁が選定

対処すべき事項がなければ45日以内に案件承認

二次審査期間，CFIUSの審査は60日
・要検討事項の精査と必要に応じ軽減措置の合意・協議や仮処分等も
・審査期限の要求には応じない傾向
・取下げ要求も

対処すべき事項がないか軽減できれば45日以内に案件承認，さらに特別事情があれば15日延長

大統領の判断

　なお，安全保障の観点のみならず，産業振興の観点から，産業分野ごとの強靭化のためバイデン米国大統領は2022年9月12日，国内バイオ産業振興に関する大統領令に署名した。外国産の材料やバイオプロダクションに過度に依存しているとされるバイオテクノロジー関連産業の国内回帰を促し，国内サプライチェーン・バリューチェーンの強化などを目的としている。

　ホワイトハウスが同日に発表した同大統領令実行のための具体的な取り組みとして，(1)国内バイオ製造能力の拡大，(2)バイオ製品の市場機会拡大，(3)研究開発の推進，(4)専門人材育成，(5)バイオ産業製品に対する規制合理化などを掲げている。また，バイオ産業の国内投資の成功例として，新型コロナウイルスに対抗するmRNAワクチン開発を挙げ，同ワクチン開発に際して政府による集中的なサポートが迅速な生産・普及につながったとして米国内のサプライチェーン・バリューチェーンの強靭化を志向している。

3　日本

3－1　概要

　日本における経済安全保障については，2019年の対内直投規制に関する外為法改正，2021年6月に重要土地等調査法の成立，同年12月にみなし輸出管理の明確化に関する省令等の改正，2022年5月に経済安全保障推進法の成立など，経済安全保障に関する規制が相次いで成立している。この中でも，企業のサプライチェーン・バリューチェーンの観点から留意すべき規制に焦点を絞って説明を行う。

3－2　経済安全保障推進法

　まず，経済安全保障推進法であるが，同法は①重要物資の安定的な供給確保に関する制度，②基幹インフラ役務の安定的な提供の確保に関する制度，③先端的な重要技術の開発支援に関する制度，④特許出願の非公開化に関する制度，の4つの施策から構成されている。

図表 2 −28　経済安全保障推進法の概要

経済安全保障推進法の概要
（経済施策を一体的に講ずることによる安全保障の確保の推進に関する法律）

法律の趣旨

国際情勢の複雑化、社会経済構造の変化等に伴い、安全保障を確保するためには、経済活動に関して行われる国家及び国民の安全を害する行為を未然に防止する重要性が増大していることに鑑み、安全保障の確保に関する経済施策を総合的かつ効果的に推進するため、基本方針を策定するとともに、安全保障の確保に関する経済施策として、所要の制度を創設する。

法律の概要

1．基本方針の策定 等（第1章）
・経済施策を一体的に講ずることによる安全保障の確保の推進に関する基本方針を策定。
・規制措置は、経済活動に与える影響を考慮し、安全保障を確保するため合理的に必要と認められる限度において行わなければならない。

2．重要物資の安定的な供給の確保に関する制度（第2章）
国民の生存や、国民生活・経済活動に甚大な影響のある物資の安定供給の確保を図るため、特定重要物資の指定、民間事業者の計画の認定・支援措置、特別の対策としての政府による取組 等を措置。

特定重要物資の指定	事業者の計画認定・支援措置	政府による取組	その他
・国民の生存に必要不可欠又は国民生活・経済活動が依拠している物資で、安定供給確保が特に必要な物資を指定	・民間事業者は、特定重要物資等の供給確保計画を作成し、主務大臣が認定 ・認定事業者に対し、安定供給確保支援法人等による助成やツーステップローン等の支援	・特別の対策を講ずる必要がある場合に、所管大臣による備蓄等の必要な措置	・所管大臣による事業者への調査

3．基幹インフラ役務の安定的な提供の確保に関する制度（第3章）
基幹インフラの重要設備が我が国の外部から行われる役務の安定的な提供を妨害する行為の手段として使用されることを防止するため、重要設備の導入・維持管理等の委託の事前審査、勧告・命令 等を措置。

審査対象	事前届出・審査	勧告・命令
・対象事業：法律で対象事業の外縁（例：電気事業）を示した上で、政令で絞り込み ・対象事業者：対象事業を行う者のうち、主務省令で定める基準に該当する者を指定	・重要設備の導入・維持管理等の委託に関する計画書の事前届出 ・事前審査期間：原則30日（場合により、短縮・延長が可能）	・審査の結果に基づき、妨害行為を防止するため必要な措置（重要設備の導入・維持管理等の内容の変更・中止等）を勧告・命令

4．先端的な重要技術の開発支援に関する制度（第4章）
先端的な重要技術の研究開発の促進とその成果の適切な活用のため、資金支援、官民伴走支援のための協議会設置、調査研究業務の委託（シンクタンク）等を措置。

国による支援	官民パートナーシップ（協議会）	調査研究業務の委託 （シンクタンク）
・重要技術の研究開発等に対する必要な情報提供・資金支援等	・個別プロジェクトごとに、研究代表者の同意を得て設置 ・構成員：関係行政機関の長、研究代表者/従事者 等 ・相互了解の下で共有される機微情報は構成員に守秘義務	・重要技術の調査研究を一定の能力を有する者に委託、守秘義務を求める

5．特許出願の非公開に関する制度（第5章）
安全保障上機微な発明の特許出願につき、公開や流出を防止するとともに、安全保障を損なわずに特許法上の権利を得られるようにするため、保全指定をして公開を留保する仕組みや、外国出願制限 等を措置。

技術分野等によるスクリーニング （第一次審査）	保全審査（第二次審査）	保全指定	外国出願制限
・特許庁は、特定の技術分野に属する発明の特許出願を内閣府に送付	①国家及び国民の安全を損なう事態を生ずるおそれの程度 ②発明を非公開とした場合に産業の発達に及ぼす影響 等を考慮	・指定の効果：出願の取下げ禁止、実施の許可制、開示の禁止、情報の適正管理 等	補償

施行期日
・公布（令和4年5月18日）後6月以内〜2年以内 ※段階的に施行

（出所）内閣府「経済安全保障推進法の概要」
https://www.cao.go.jp/keizai_anzen_hosho/index.html

　このうち，①は，政府が指定した特定重要物資[59]について，民間事業者が，その安定供給確保のための取組方針を策定し，所管大臣の認定を受けた場合には，助成金の交付などの各種支援措置を受けることができるとする内容である。特定重要物資を扱う会社は，自社のサプライチェーン・バリューチェーンの強靱化を図るにあたり，この制度の利用を検討することがあり得る。

特定重要物資：
抗菌性物質製剤，肥料，永久磁石，工作機械・産業用ロボット，航空機の部品，半導体，蓄電池，クラウドプログラム，天然ガス，重要鉱物および船舶の部品
※なお，特定重要物質の詳細は，経済安全保障推進法施行令に定められる。

　また，②基幹インフラ役務の安定的な提供の確保に関しては，基幹インフラとして指定される対象分野のうち，主務大臣が対象事業者[60]として指定した者は，(1)重要設備の導入・維持管理等の委託を行う場合には計画書を事前に届け出て，(2)その事前審査を経る必要があるものとする規制である。審査の結果，重要設備がわが国の外部から行われる役務の安定的な提供を妨害する行為の手段として使用されるおそれが大きいと認めるときは，妨害行為を防止するための必要な措置（重要設備の導入・維持管理等の内容の変更中止等）を勧告し，正当な理由なく勧告に従わない場合は当該是正措置を命令することができ，命令に違反した場合には最高2年の懲役刑が科される。基幹インフラ役務を提供する会社は，自社が本規制の適用対象となるかを確かめた上，適用対象となる場合には，あらかじめ，重要設備の導入の場合にはその供給業者，重要設備の部品等の仕入先，維持管理の委託の場合には委託先や再委託先などのサプライ

59　国民の生存に必要不可欠または広く国民生活・経済活動が依拠している重要な物資で，当該物資またはその原材料等を外部に過度に依存し，または依存するおそれがある場合において，外部の行為により国家および国民の安全を損なう事態を未然に防止するため，安定供給の確保を図ることが特に必要と認められる物資（内閣府「経済安全保障推進法の概要」2頁）。
60　対象分野の対象事業を行う者のうち，1．重要設備（主務省令で指定）の機能が停止・低下した場合に，2．役務の安定的な提供に支障が生じ，3．国家・国民の安全（国民の生存・社会経済秩序の平穏）を損なうおそれが大きいものとして主務省令で定める基準に該当する者。

チェーンに問題がないかを確認する必要がある。

3-3 みなし輸出の明確化

日本における機微技術提供の管理については，

① 国境を越える技術提供の場合（ボーダー管理）
② 国内において居住者から非居住者に対して技術提供が行われる場合（みなし輸出管理）

について，経済産業省への許可申請を義務づけるという形で行われている。

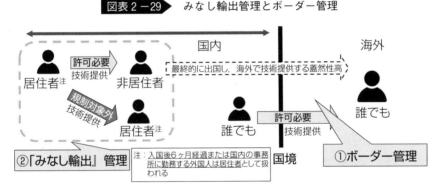

図表2－29 みなし輸出管理とボーダー管理

（出所）経済産業省貿易管理部「『みなし輸出』管理の明確化について」（令和3年11月）5頁

このうち，みなし輸出管理について，外国人であっても，日本に入国後6カ月以上を経過した場合には居住者として扱われるため，かかるみなし輸出管理規制によっては機微技術提供の実効的管理に問題があると指摘されていた。

そこで，居住者への機微技術の提供であっても，当該居住者が，非居住者から強い影響を受けており非居住者への技術提供と事実上同一と考えられる場合（特定類型。【図表2－30】参照）には，非居住者への技術提供であるものとしてみなし輸出管理規制の対象とする改正が行われた（2021年11月）。

図表2－30 みなし輸出管理の明確化

契約に基づき，外国政府・大学等の支配下にある者への提供

類型①
例①：日本の大学の教授であり，**外国大学と雇用契約を結び教授職を兼職している者**への提供
例②：外国大学からサバティカル制度で我が国の大学に研究等に来ている大学教授への提供

経済的利益に基づき，外国政府等の実質的な支配下にある者への提供

類型②
例①：外国政府から**留学資金の提供**を受けている外国人留学生への提供
例②：**外国政府の理工系人材獲得プログラムに参加**し，多額の研究資金や生活費の提供を受けている研究者への提供

上記の他，国内において外国政府等の指示の下で行動する者への提供

類型③
例：日本における行動に関し外国政府等の指示や依頼を受けている留学生への提供
（類型③該当が疑われる者については，経済産業省が大学・研究機関に連絡することを主に想定）

3つの類型に該当すれば，**居住者への技術提供であっても外為法の管理対象**となる

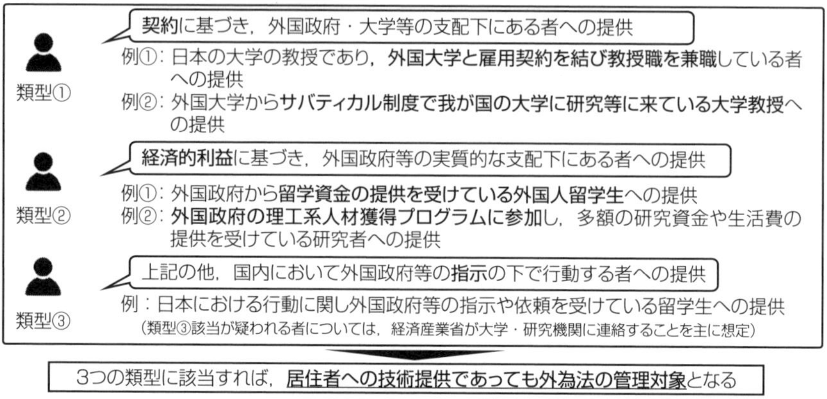

（出所）経済産業省貿易管理部「『みなし輸出』管理の明確化について」（令和3年11月）9頁

　これにより，企業・大学等は，機微技術の提供を受ける可能性がある者に関して特定類型該当性について，対象者から誓約書（次頁参照）を提出させて確認することが求められる。この手続を履践しない場合には，企業・大学等が通常果たすべき注意義務を果たしていないと判断される可能性がある。そのため，今後は，自社の扱う技術が機微技術に該当するどうか，該当する場合にはその情報管理を徹底することが重要となる。

図表2-31　外国為替及び外国貿易法第25条第1項及び外国為替令第17条第2項の規定に基づき許可を要する技術を提供する取引又は行為について（役務通達）・別紙1-4

別紙1-4　誓約書の例
外国為替及び外国貿易法第25条第1項及び第2項の遵守のための
特定類型該当性に関する誓約書

_____御中

　　　　　　　　　　　　　　　　_____年___月___日

　　　　　　　住所_____
　　　　　　　氏名_____

　私は，【貴社／貴法人】が「外国為替及び外国貿易法第25条第1項及び外国為替令第17条第2項の規定に基づき許可を要する技術を提供する取引又は行為について」（平成4年12月21日付け4貿局第492号。以下「役務通達」という。）の1（3）サ①又は②に該当する居住者に対して技術の提供を行う場合は，外国為替及び外国貿易法第25条第1項及び第2項に基づき経済産業大臣の許可が必要になる可能性があることを理解し，【貴社／貴法人】の法令遵守のため，役務通達の1（3）サ①又は②に該当するか否かについて，下記のとおり誓約いたします。

　　　　　　　　　　　　　　　記
私は，
　□　以下の①に該当します。
　□　以下の②に該当します。
　□　以下の①及び②に該当します。
　□　以下のいずれにも該当しませんので，誓約は不要です。

①　外国法令に基づいて設立された法人その他の団体（その本邦内の支店，出張所その他の事務所を除く。以下「外国法人等」という。）又は外国の政府，外国の政府機関，外国の地方公共団体，外国の中央銀行若しくは外国の政党その他の政治団体（以下「外国政府等」という。）との間で雇用契約，委任契約，請負契約その他の契約を締結しており，当該契約に基づき当該外国法人等若しくは当該外国政府等の指揮命令に服する又は当該外国法人等若しくは当該外国政府等に対して善管注意義務を負う者（次に掲げる場合を除く。）
（イ）当該者が本邦法人との間で雇用契約，委任契約，請負契約その他の契約を締結しており，当該契約に基づき当該本邦法人の指揮命令に服する又は当該本邦法人に対して善管注意義務を負う場合において，当該本邦法人又は当該者が，当該外国法人等又は当該外国政府等との間で，当該本邦法人による当該者に対する指揮命令又は当該本邦法人に対して当該者が負う善管注意義務が，当該外国法人等若しくは当該外国政府等による当該者に対する指揮命令又は当該外国法人等若しくは当該外国政府等に対して当該者が負う善管注意義務よりも優先すると合意している場合
（ロ）当該者が本邦法人との間で雇用契約，委任契約，請負契約その他の契約を締結しており，当該契約に基づき当該本邦法人の指揮命令に服する又は当該本邦法人に対して善管注意義務を負う場合において，グループ外国法人等（当該本邦法人の議決権の50％以上を直接若しくは間接に保有する外国法人等又は当該本邦法人により議決権の50％以上を直接若しくは間接に保有される外国法人等をいう。以下同じ。）との間で雇用契約，委任契約，請負契約その他の契約を締結しており，当該契約に基づき当該グループ外国法人等の指揮命令に服する又は当該グループ外国法人等に対して善管注意義務を負う場合
②　外国政府等から多額の金銭その他の重大な利益（金銭換算する場合に当該者の年間所得のうち25％以上を占める金銭その他の利益をいう。）を得ている者又は得ることを約している者

3-4　対内直投規制

　2019年の外為法改正により，対内直投規制が改正された。主なものとして，①外国投資家の定義の拡大，②外国投資家による，外為法令により指定された一定の業種（「指定業種」）を営む国内上場会社の株式（議決権）取得に係る事前届出（「取得時事前届出」）に係る⑴基準値の引き下げ（10%→1%）および⑵届出免除制度の導入，③指定業種を営む国内上場会社の株式（議決権）を1%以上保有する外国投資家による，⑴役員選任，⑵指定業種該当事業の売却・廃止等の提案に係る事前届出（「行為時事前届出」）の制度の導入，④コア業種の指定，などがある。

　いずれも外国投資家に係る規制であり，日本法人への直接的な規制ではないが，外国投資家から投資を受けようとするベンチャー企業などは規制の概要[61]について留意をしておくに越したことはないだろう。

61　ウェブ上で閲覧できるものとしては，飛岡和明＝新城友哉＝小玉留衣「外為法（対内直接投資規制）改正のM&A取引への影響」（アンダーソン・毛利・友常法律事務所ニュースレター2020年9月）が改正概要を理解するのに役立つ（https://www.amt-law.com/asset/pdf/bulletins1_pdf/200917.pdf）。

ウクライナ侵攻における欧米の制裁に対する
中国・ロシアの対抗措置

　2022年2月にロシアがウクライナに侵攻して以来，米国は，大規模にロシアに対する制裁を拡大している。米国の対ロシア制裁強化のポイントとしては，①ウクライナ東部二州に対する包括的制裁，②多数のロシアの個人・企業・金融機関等を制裁対象者として指定し，取引禁止・資産凍結等を要求，③ロシアに対する新規投資を原則禁止，④ロシアに対する一部の製品・サービスの輸出入の制限を実施している。この点，日本も，欧米の動きに同調し，外為法に基づき，ロシアに対し前例のない規模の経済制裁を実施している。なお，日本と欧米の制裁は類似しているものの，様々な点で相違がある。

　上記の欧米の制裁に対し，ロシア・中国も対抗措置を実施している。

　まず，中国の対抗措置としては，2021年1月，不当な域外適用を行う外国制裁法令に従うことを禁止する「外国法令不当域外適用阻止規則」を採択。同年6月には，中国に対する差別的規制措置に関与した関係者に制裁を科す「反外国制裁法」を採択。さらに，2023年4月には，反スパイ法を改正し，取締対象のスパイ活動の範囲の拡大などを実施している。

　次に，ロシアの対抗措置として，ウクライナ侵攻以降，日本を含む西側諸国を敵対国として指定し，敵対国との間の様々な取引を制限している。

　このように両陣営にわたるサプライチェーン・バリューチェーンに関わるビジネスを行っている企業が板挟みになっていないかは注意を要する。

第9節　グリーン・ウォッシュ規制

1　グリーン・ウォッシュ規制の概要

　ESG対応のビジネス戦略の一環として環境問題に真摯に取り組んでいること
を対外的に発信しなければならないことの要請を受けて，実態が伴わない「グ
リーン・ウォッシュ」を行う企業も増加している。上場企業であれば開示規制，
また，消費者保護，その他の表示規制や投資先の選別の観点からの働きかけを
目的とした法規制の整備が進んでいる。

　2021年にイギリスグラスゴー開催のCOP26にあわせて開催された「Green
Horizon Summit@COP26」では，グローバル企業に多く投資している米国投
資会社ブラックロックのLarry Fink最高経営責任者（CEO）が，「過去に前例
がないほどの炭化水素（事業）が上場企業から非上場企業に売却されており，
資本市場で最大の裁定取引になっている」として，非上場企業の情報開示が不
透明なことから資産を不透明にするグリーン・ウォッシュにつながる動きを指
摘している[62]。今後，ネット・ゼロ目標や気候変動の開示は，上場企業や銀行，
金融機関だけでなく，サプライチェーン・バリューチェーン上の非上場企業に
も広がっていく可能性が高いとされている[63]。

2　欧州の動き

　欧州銀行監督機構（EBA：European Banking Authority）や欧州証券市場監督
機構（ESMA：European Securities and Markets Authority），欧州保険・企業年
金監督局（EIOPA：European Insurance and Occupational Pensions Authority）
は2022年11月から2023年1月にかけて，金融機関や個人投資家，消費者団体な
ど様々な利害関係人に，グリーン・ウォッシュと考えられる事例について情報
提供を求める活動を行っている。

62　https://www.blackrock.com/corporate/investor-relations/larry-fink-ceo-letter
63　https://www.blackrock.com/corporate/literature/publication/blk-commentary-climate-
　　risk-and-energy-transition.pdf

　さらに，欧州委員会は，2023年3月22日付で「グリーンクレーム指令（案）」を公表している。この法制が実施されると自社製品・サービスに関して「カーボンニュートラル」「ネットゼロ」「環境にやさしい（エコフレンドリー）」などの表現を宣伝・ソーシャルメディア・包装に用いる企業は，外部機関により検証されたエビデンスを公表することが義務づけられることとなる。当該EU指令は18カ月以内の国内法化が必要であることから，議論が順調に進んだ場合，2026年頃に加盟各国において上記の義務が施行されることとなる。フランスでは，すでに同じ趣旨の法規制が整備され，2023年1月から環境配慮を謳う製品やサービスの宣伝広告規制が実施されている。この規制においては，ライフサイクル全体にわたる温室効果ガス排出の年次収支報告書を作成し，かつカーボンフットプリントに関する概要書，および，温室効果ガス排出削減やオフセットまでのプロセスに関する概要書をネット上で公表しなければならず，サプライチェーンおよびバリューチェーン上の分析とその中のプロセスの分析がしっかりできていないと対応できないことを意味しており，表面的な対応をしている企業は困難に直面することは間違いない。また，英国では，グリーン・ウォッシュ規制が投資の観点から進んでいる。サステナブルを標榜する年金基金がいまだに石油・ガス会社の財源となっていることから，英国金融行為規制機構（FCA：Financial Conduct Authority）が投資ファンドのESGラベリングを見直す反グリーン・ウォッシュの規則を公表するなど動きが始まっている。

3　米国の動き

　米国では中間選挙を経て，ESGへの相次ぐ政治的批判が活発化しており，共和党が主導する複数の州で法律変更が起こってきている。米国でのインパクト投資が「制限」されるおそれがあると指摘されている[64]。現在すでに共和党側から18の州で反ESGの法案が提出されてきており，民主党もこれに対抗するが今後どのような動きとなって決着するかは正直なところ不透明である。

　2022年，米国証券取引委員会（SEC：Securities and Exchange Commission）は，企業がESG原則，特に環境原則を遵守していると主張しているにもかかわ

64　https://www.bloomberg.co.jp/news/articles/2022-10-10/RJ4K7MT0AFB401

らず，実際には遵守していないこと[65]を受け，「投資会社名（名前規則）」[66]と
「投資顧問および投資会社のための環境，社会，およびガバナンスに関する開
示（ESG開示規則）」[67]の2つの規則案を発行した。

　これにより，投資ファンド等は，これらの規則を遵守する場合にのみ，自ら
をESG準拠と表示することができ，付随する開示によりそのステータスの確認
が可能になる。なお，これら規則はまだ最終的なものではなく，通知期間中の
コメント等により，最終版の規則に影響を与えることは言うまでもない。

　いずれにしても，SECでは，気候変動リスク開示における重大なギャップや
虚偽表示，グリーンウォッシングに対抗するため，潜在的な違反を特定・評価
する気候・ESGタスクフォース（The Climate and ESG Task Force）が，す
でに機能している。

　例えば，米国テキサス州議会では，保険会社が料金設定でESG基準を考慮す
ることを禁止する法案を可決した。これにより，テキサス州の保険会社は，議
会を通過した法案に基づき，ほぼすべての形態の保険の料金を設定する際に，
環境，社会，ガバナンスの基準を考慮することが難しくなった[68]。もっとも，
この法案には罰則はなく，たとえリスクに ESG 要素が含まれていたとしても，
企業が「保険対象のリスクに関連し関係する」要素を考慮することは認められ
ているが，この法案について証言した保険会社は，これは行き過ぎだと発言し
た。州および国の保険市場にマイナスの影響を与える懸念もされている。

　このような流れにおいて特に機関投資家としては，短期的ではなく長期的な
視野をもって，CSVの考え方に基づき基盤整備の観点からリターンの再度化に
もESGの取り組みが役に立つことをより明確に説明する必要に迫られる可能性
がある。今後，米国の大統領選に向けて，反ESGが政治的な争点と化している
傾向があることからも，形式的・表面的ESG対応は批判にさらされる可能性は
極めて高く，しっかりと具体的プロジェクトに落とし込んだステークホルダー

65　https://www.sec.gov/securities-topics/enforcement-task-force-focused-climate-esg-
　　issues
66　https://www.sec.gov/rules/promoted/2022/33-11067.pdf
67　https://www.sec.gov/rules/promoted/2022/33-11068.pdf
68　https://www.texastribune.org/2023/06/12/texas-legislature-insurance-esg-rates/

を巻き込んだ上での共通価値を生み出す対応が強く求められる可能性が高いと
思われる。

4　日本の動き

　日本でも，2022年12月に，金融庁が「ESG評価・データ提供機関に係る行動
規範」を公表するなどしており議論が進んでいる。もちろん，消費者保護の観
点からは，景表法・金融商品取引法の開示の観点と抵触しないよう，商品・
サービスの表示や，投資家への説明責任を問われる以上，CSVの視点から実態
のあるESG対応が求められるのは言うまでもない。

　この点，本章第1節で触れているとおり，有価証券報告書の記載事項につい
ての改正の議論があることも忘れてはならない。

　国内企業でも海外企業や取引先企業からCDPのスコアを求められることも
あるが，その形だけに囚われると実態が軽視され，将来の具体的なプロジェク
トと紐づいた対策が不十分なマネジメントに陥っている会社も少なくない。そ
れでも形式的な取り組みを表示し続けるとかえってグリーン・ウォッシュ案件
として会社の信頼を毀損する可能性があることに留意しつつ行動していく必要
があるものと思われる。

第3章

産業構造の違いに現れるサプライチェーン上のリスク

　従来のサプライチェーンでは，関連する企業との間で，コスト競争を中心とした いわゆるバリューチェーンの構築に注力することが重要とされていた。

　世界的な混乱に直面し，不確実性の高い情勢の中で，複雑でグローバル化された サプライチェーンを構築し，市場を形成していくためには，すべてのステークホルダーを含めた産業構造を踏まえ，互いの立ち位置を理解，尊重した 上で，共通のビジョンを描き，協調していいかなければ，サプライチェーン上 のリスク回避は困難を極めることになる。また，同時に，「責任ある企業行動」 （RBC）の原則に基づき，人権，労働者の権利，環境，贈収賄と汚職，消費者 の利益，情報開示，科学技術，競争，税制等の観点を踏まえた上で，社会的課 題の解決に向けた取り組みが求められている。

　大手企業が個社の力だけで打開し，「責任ある企業行動」（RBC）の原則に 基づいて，企業が社会的責任を果たした上で，サプライチェーン上のリスク回 避を進めていくことは，非常に難しい時代になりつつある。

　ここでは，企業が自社だけにとどまらず，ステークホルダーを含めたサプラ イチェーン全体について，産業構造の違いから考察し，企業が求められている 社会的課題の解決の取り組み状況を，国の政策や国家プロジェクトから考察す る。

　なお，サプライチェーン・バリューチェーンといってもその構造は産業ごと に大きく異なる。すべてを網羅することはできないが，特に，「製造・ものづ くり分野におけるサプライチェーン」と「医薬品分野のサプライチェーン」を 中心に考察し，それぞれの業界の構造的な特徴からくる変化やリスク，社会的 課題の取り組みといった観点から分析してみることとしたい。

第1節　製造・ものづくり分野のサプライチェーンにおける産業構造上の課題

本節では，製造・ものづくり分野のサプライチェーンにおける，産業構造上の課題を中心に考察する。

1　概　要

製造・ものづくり分野において，代表的な産業セクターである化学工業では，原油を精製しナフサを原材料として，石油化学基礎製品，産業ガス，ソーダなどを生産する「川上の化学産業」，さらに石油化学基礎製品などからプラスチックや化学繊維，合成ゴムなどの誘導品に加工する「川中の化学産業」，誘導品から油脂加工製品・石けん・合成洗剤製造業，農薬・化学肥料製造業，医薬品製造業，プラスチック製造業，合成ゴム製造業，その他の化学工業製品を製造する「川下の化学産業」に大きく分けられる。

「川上の化学産業」から「川中の化学産業」，「川下の化学産業」では，原材料，製品，製品を加工するための設備等が，製造・ものづくり分野のサプライチェーンに，大きく依存している。サプライチェーンの主題は，コストを最小限に抑えながら，いつでも適切な量の在庫を必要な場所に届けることに重きを置いている。

製造・ものづくり分野のサプライチェーンの現状として，化学工業における素材の製造・供給に関わるバリューチェーンの関係者は，化学品製造・販売，化学エンジニアリング，化学品流通の大きく3つの部門に分類される。

これら化学工業による素材の製造・供給を通じて，製造・ものづくり分野では，自動車産業，航空機産業，建設・土木産業，電機・電子機器産業，化粧品・医薬品産業，エネルギー産業，印刷・出版産業，一般消費材等の産業を支えている。

図表 3 － 1 　製造・ものづくり分野における代表的な産業である化学工業の原材料から最終製品まで

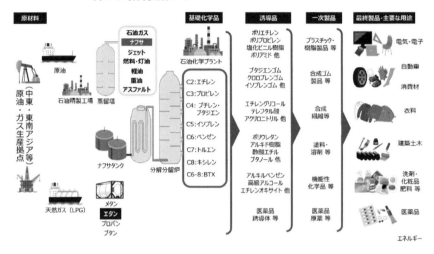

　化学産業の市場は，世界最大規模の産業セクターの 1 つとして，全製造品の96％が何らかの形で化学物質に依存しており，化学メーカーは毎年 4 兆ドル相当の化学物質を生産しているとされている。多様な製品ポートフォリオを持つ競争の激しいグローバル産業セクターとなっており，原材料からリサイクルまで，カーボンニュートラル[1] 1 の取り組みを背景とした産業転換が進められている。

　また，カーボンニュートラルの取り組みの中で，注目されている技術分野の 1 つに化石資源に依存せずに，バイオマス等を利用して化学製品を生産する産業用バイオテクノロジーがある。

　欧州化学産業における産業用バイオテクノロジーの利用価値は，およそ250億ドルとされており，世界の化学市場全体の売上高のわずか 6 ％にしかすぎない。しかし，年間20％という驚異的な成長率で，化学市場全体の成長率を大幅

1 　温室効果ガスの排出を全体としてゼロにするため，排出した温室効果ガスの分量について，同量を吸収または除去することで，温室効果ガスの合計を差し引きゼロ（ニュートラル）にする考え方。

に上回っている[2]。

　将来的に化学業界の産業転換技術の1つとして，BASF，DSM，Total等をはじめとする大手化学企業は，持続可能なバイオ由来化学物質の生産プロセス開発に取り組んでいる。

　新型コロナウイルス感染症による世界的なパンデミックは，原材料の入手可能性，価格設定，および製品を市場に投入する能力に悪影響を及ぼした。このため，複雑でグローバル化されたサプライチェーンは，世界的な混乱に直面し脆弱なままとなっており，原材料の入手可能性を改善し，サプライチェーンの不確実性を軽減する機会を探すことが求められている。

　以下，製造・ものづくり分野のサプライチェーンにおいて，産業セクター別に一般的な特徴を示す。

【石油化学製品産業】

　石油化学製品の産業セクターでは，石油およびその他の化石燃料（ガス等）または再生可能燃料（パーム油等）から精製プロセスを経て，化学反応により得られる化学製品が生産されている。

　特に，コモディティケミカル（バルクケミカル）は，主に工業目的で使用されるゴム，プラスチック，ポリマー，化学繊維，洗剤，溶剤，接着剤，洗浄剤などが生産されている。この産業セクターは，原材料からリサイクルまで，カーボンニュートラルの取り組みを背景として近年，繊維，カーペット，ストッキング等の化学素材である1,3-プロパンジオールをはじめ，多くのバイオ由来製品が開発されている。

【特殊化学品産業】

　特殊化学品の産業セクターでは，塗料，コーティング，着色料，化粧品添加物，香料，食品添加物など，特定の機能または産業に使用される化学製品でこの作業分野も石油化学製品産業と同様に，バイオマス由来の特殊化学製品が生産されている。

2　https://www.europabio.org/efib-2021-delivering-the-eu-green-deal-industrial-biotechnology
　-into-business-registration-is-open/

【農業および肥料産業】

　農薬および肥料の産業セクターでは，植物の成長維持（肥料）または安全性（農薬）を目的として，農業および園芸で使用される化学製品が生産されている。

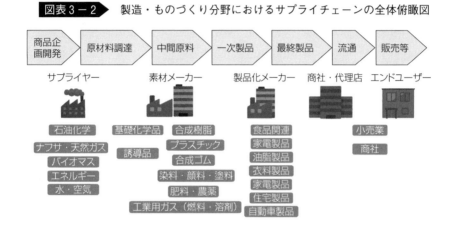

図表3-2 製造・ものづくり分野におけるサプライチェーンの全体俯瞰図

　製造・ものづくり分野のサプライチェーンの関係者は，原料供給者－ビルディングブロック製造業者－（中間体製造業者）－加工業者－ブランド製造業者－小売業者－消費者となっている。

　世界的な混乱に直面し，不確実性の高い情勢の中で，複雑でグローバル化されたサプライチェーンを構築し，市場を形成していくためには，まず企業間同士のバリューチェーン内での密接な関係構築だけでなく，受発注のような慣例に囚われず，川上産業から川下産業まで協調して製品開発を推進していくパートナーシップやコンソーシアムのような協力体制が不可欠である。そのためには，ビルディングブロック製造業者や製品開発業者は，原料供給者だけでのバリューチェーンにおける連携だけにとどまらず，小売業者，国や自治体とも連携したサプライチェーンを構築していく必要がある。

　一般的に，製造・ものづくり分野において，商品化する製品にもよるが，技術を前面に押し出した商品開発だけでは，競合企業が多く厳しい戦略になるため，市場ニーズに合った商品の開発戦略が求められており，既存の化学品を利

用した商品とのコスト競争となることが多い。そのため，商品開発を担うグローバル企業は，消費者の市場ニーズに対して，コストだけではないサステナビリティ等をはじめとする新たな付加価値を醸成していくアドボカシー活動が重要になってきている。

　化学産業は，様々な産業分野において多くの原材料・素材を生産供給し，プラスチック等の化学製品をはじめとする製品化を可能にしてきた。例えば，「テレビやスマートフォン等の家電製品には光安定剤と紫外線吸収剤の化学反応が必須になる」，「農薬と肥料が不足することにより作物の収量は低下する」，「食品保存や衛生には，フィルム等による包装が必要になる」，「断熱材がなければ厳冬を快適に過ごすことは難しくなる」，「電子機器は半導体用の特殊化学薬品なしでは成り立たない」，「洗剤等は，生活衛生環境の維持に貢献してきた」，このように化学産業は，様々な産業分野との関わりが深いことから，産業経済の一翼を担っているため，あらゆる製造・ものづくり分野の産業セクターにとって不可欠となっている。

【化学産業が直面している課題】

　現在，化学産業が直面している課題の1つに，世界が直面している地球温暖化問題に対して，持続可能な脱炭素社会形成に向けたカーボンニュートラルの取り組みがある。

　化学産業では，原油や天然ガスなどの化石原料に含まれる炭素分子を資源として，多くの化学製品が生産され使用されてきた。使用済み化学製品は廃棄され，または埋め立てられ，または焼却されることで大気中にCO_2が放出され，地球温暖化への影響が懸念されている。

　持続可能な脱炭素社会形成に向けたカーボンニュートラルの取り組みでは，プラスチック等の廃棄物再利用による「炭素資源の循環リサイクルの取り組み」や，「バイオマス資源の原材料の利用」や，「二酸化炭素の回収および原料化に向けた取り組み」等が推進されている。天然ガスおよび石油等の化石資源による原材料を，農業や林業の廃棄物残渣などの再生可能なバイオマス資源のもの，またはプラスチック廃棄物などのリサイクル材料に置き換えることにより，化石資源に含まれる炭素分子から生じる排出量のほとんどを削減することは，実行可能な方法として推進されている。

　温室効果ガス排出には，直接排出と間接排出がある。製造・ものづくり分野の産業において，多くはエネルギーとしての化石燃料の消費による直接排出になる。直接排出量の約3分の1は，プラスチック等の製造に使用される石油由来の製品や，化学薬品，金属，セメント等の製造時における化学反応など，天然ガスおよび石油を原材料とするものによるとされている。

　一方，温室効果ガスの間接排出はサイト外で発生するが，製造施設での電気の使用に関連しており，製造プロセスを稼働させる際には，かなりの温室効果ガスの間接排出量になる可能性がある。

　エネルギーコストならびに製造プロセスにおけるCO_2排出量の削減としてのカーボンニュートラルの取り組みでは，製造システムの最適化，既存プロセスの改善，新素材の導入等による「エネルギー効率の最適化の取り組み」，グリッドおよびオンサイトの再生可能発電源からの「低炭素電力等による産業用電化の取り組み」，グリーン水素および先進的バイオ燃料，炭素回収等の技術革新による「新たなエネルギー源の開発に向けた取り組み」等が推進されている。

図表3-3　製造・ものづくり分野の産業のサプライチェーンにおけるカーボンニュートラルの取り組み

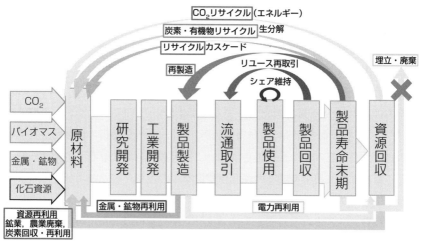

2　製造・ものづくり分野のサプライチェーンにおける社会的課題

2－1　気候変動，持続的循環型社会への対応

　2015年に採択されたパリ協定を受け，G20からの要請を受け，金融安定理事会（FSB）により気候関連財務情報開示タスクフォース（TCFD）が設置され，2017年に財務に影響のある気候関連情報の開示を推奨する報告書（いわゆるTCFD提言）が公表された[3]。

　その後，「国連環境計画金融イニシアチブ（UNEP FI）」は銀行，投資家，保険会社向けの一連の「TCFDパイロットプロジェクト」を開始している。

　このパイロットプロジェクト参加者は，物理的リスクと移行リスク（および保険会社の訴訟リスク）を調査し，気候シナリオ分析によるリスク評価をするための実用的なアプローチを開拓したことで，グローバル企業をはじめ，気候変動対策に関する情報開示を積極的に行う企業数が急増しており，現在に至っている。日本は2015年7月，温室効果ガスの排出量を2030年時点で2013年比26％減（EUが基準年としている1990年比では18％削減の目標）とする約束草案を正式決定し，国連の気候変動枠組条約を事務局に提出した[4]。この目標値は欧米諸国の目標に比べて決して高い目標ではなく，目標値をさらに高めるためには，原子力発電によるCO_2削減効果を見込むことができない国内状況に鑑みると，太陽光，小水力，風力，バイオマスの利用割合を増加させる必要がある。

　2019年度の日本全体のCO_2排出のうち，産業部門のCO_2排出は35％で，このうち約15％を，化学産業が占めていることから，CO_2排出量の削減は喫緊の課題となっている[5]。化学産業ではエネルギー排出に加え，ナフサ等の原材料の利用による潜在的なCO_2排出が課題とされており，ナフサの原材料利用によるCO_2排出と，ナフサ分解における製造プロセスの熱利用におけるカーボンニュートラルに向けた対応が進められている。

3　https://assets.bbhub.io/company/sites/60/2021/10/FINAL-2017-TCFD-Report.pdf
4　https://www.env.go.jp/press/101241.html
5　https://www.env.go.jp/press/108734.html

また，常温・常圧で進むバイオプロセスへの置換に伴うエネルギー削減だけでなく，バイオマス原料での化学品生産によるCO_2削減効果が期待できることから，そのための技術開発が求められている。さらに，光とCO_2から成長した木材が建材として都市で利用され，非可食原料から生産されたバイオプラスチック製品が都市で利用されること等により，都市に滞留するCO_2の削減効果も考えられることから，成長の早い，建材にしやすい樹木の開発や，耐久性があり，リサイクルしやすいプラスチックの開発等も進められている。

2－2　生物資源，生物多様性条約への対応

1992年にリオデジャネイロで開催された地球サミットの環境関連の成果の1つとして，生物多様性に関する国連条約（CBD：Convention on Biological Diversity）[6]が締結された。CBDは，アメリカ合衆国等を除く，世界の196カ国によって批准されている[7]。CBDは，バイオテクノロジーが開発と使用に適用された場合，適切な安全対策がその目的に応じて講じられることが認識されている[8]。その他，遺伝資源をめぐる国際条約として，名古屋議定書の対象外である食料および農業のための植物遺伝資源に関する国際条約（ITPGRFA：International Treaty on Plant Genetic Resources for Food and Agriculture, 2004）[9]では，遺伝資源の保全と持続可能な利用のための原則が提供されている。また，国連海洋法条約（UNCLOS：United Nations Convention on the Law of the Sea, 1994）に関連して，「国家管轄権外の海洋生物多様性の保全，持続可能な利用に関するUNCLOSの下の法的拘束力を有する国際文書に関する政府間会合」において実施協定文書の策定が検討されている。

その一方で，世界保健機関（WHO）によるパンデミックインフルエンザ事前対策枠組み（PIPF：Pandemic Influenza Preparedness Framework, 2011）[10]については，「遺伝資源の利用であって食料および農業のための植物遺伝資源に

6　https://www.cbd.int/
7　https://www.cbd.int/information/parties.shtml
8　https://www.cbd.int/abs/doc/protocol/nagoya-protocol-en.pdf
9　http://www.fao.org/plant-treaty/en/
10　https://apps.who.int/gb/pip/pdf_files/pandemic-influenza-preparedness-en.pdf

関する国際条約が適用されるものその他の議定書適用外遺伝資源利用」として，2017年にPIP生物素材（PIP biological materials）の利用は適用範囲外とされた。

　さらに，デジタル配列情報（DSI：digital sequence information on genetic resource）について，2014年，生物多様性条約第13回締約国会議（COP13）において，ナミビアおよびマレーシア政府代表により，遺伝情報を遺伝資源に含むべきという提案がなされた。この提案をきっかけに，遺伝資源の利用とDSIが同等かという議論において，先進国を中心に，これまで遺伝資源取得に伴い締結する契約の中でデータベースを含めた遺伝資源に関するDSIの利用に制限を課してきたとする一方，遺伝資源の取得を伴わない場合を検討する必要性を主張する開発途上国とで議論されてきており，CBDにおいて，DSIのアドホックテクニカルエキスパートグループ（AHTEG）が設置され，検討されてきた。

　医薬品の開発や農作物の品種改良等，遺伝資源の価値は拡大する一方，世界的には森林の減少や砂漠化の進行等により，多様な遺伝資源が減少・消失の危機に瀕しており，貴重な遺伝資源を収集・保存するとともに，これを積極的に活用していくことが重要となっている[11]。国内の遺伝資源利用だけでなく，海外の遺伝資源を円滑に取得するためには，これに必要な情報の収集・提供や，相手国等との意見調整の支援が政府主導で行われることが必要である。

　例えば，アブラヤシの実からは，果実部分のパーム油と種子部分のパーム核油の2種類の油が採れ，それぞれ用途に応じて使い分けられる[12]。約8割が食品油としてマーガリンや揚げ油，ショートニング，アイスクリームなど，様々な食品に用いられる。残りの約2割は，石鹸や洗剤，化粧品，インクなどの原料として用いられる。アブラヤシ・プランテーションの環境面で最大の問題は，開発時の天然林伐採にある。熱帯雨林は生物多様性の高い場所として世界的にも有名であり，貴重な野生動植物が数多く生息する。アブラヤシ・プランテーションも緑の植物が生い茂っていることから自然を維持していると思われがちだが，生物多様性は極めて低い。

11　https://www.env.go.jp/policy/hakusyo/h28/html/hj16020203.html#n2_2_3_6
12　https://www.jiid.or.jp/files/04public/02ardec/ardec37/key_note6.htm

　自然関連財務情報開示タスクフォース（TNFD）において，パーム油などの
バイオマス資源をはじめ，資源枯渇傾向にある国の政策および規制動向を把握
することで，脱炭素社会の実現に向けて，炭素循環や持続的経済成長に資する
産業促進，カーボンニュートラル・カーボンネガティブの動きにつながってい
る。

　生物多様性の損失は，主に，土地利用の変化，気候変動，汚染，乱獲，侵略
的外来種などを通じた人間の活動によって引き起こされている。諸外国では，
生物多様性条約の議定書と目標，およびその他の多国間環境協定の履行を通じ
て，広範な人権の履行が，生物多様性の繁栄と健全な生息地と生態系に依存し
ていることを踏まえ，これら諸問題に対処している。生物多様性と生息地の喪
失は，これらおよびその他の人権の侵害につながる可能性があるとされている。

2－3　枯渇資源，絶滅危惧種への対応

　タイヤの主原料となる天然ゴムは，ブラジル原産のパラゴムノキの樹液（ラ
テックス）から作られる[13]。現在，天然ゴムのほとんどが東南アジアで栽培さ
れるパラゴムノキから産出されており，将来にわたっても天然ゴム資源として
重要な役割を担うものと考えられている。

　もともとパラゴムノキはブラジル原産であったが，20世紀初頭に南米葉枯病
により壊滅的被害を受けブラジルではほとんど栽培されなくなり，現在，世界
のパラゴムノキ栽培面積の9割以上が東南アジアに集中している。しかしなが
ら東南アジアでは根白腐病の被害が深刻化しており，パラゴムノキの木の原料
確保，原料の多様化が課題となっている。

　サンダルウッドの木材は線香の香料原料として，また彫刻物や高級家具など
の調度品として使用される。また精油は主に香料として利用され，世界的な自
然回帰ブームの盛り上がりに伴い，アロマテラピーなどでサンダルウッドの精
油がそのまま使用されるようになり需要が飛躍的に伸びた[14]。さらにサウジア
ラビアなどの中東イスラム社会でもサンダルウッドは大きな需要があり，ラマ

13　https://www.bridgestone.co.jp/technology_innovation/natural_rubber/para_rubber_
　　tree/
14　https://www.azaban.com/f4/sandalwood/06.html

ダンなどの宗教儀式で使用される必須の香木として，また近年，アラブの富裕層の間でサンダルウッドの木材による家具や室内装飾がブームになっており，原油高騰で湧くオイルマネーがサンダルウッドの相場を引き上げている。

　大量の植物資源等を消費する場合には，生物多様性を遵守するだけでなく，資源再生への取り組み，原料の多様化への対応が必要である。

2－4　未利用資源の活用

　木質バイオマス燃料は，薪やチップ，ペレットなど種類も多く，さらには同一の種類でも，形状や水分含有量が様々で，品質にばらつきがある。また木質バイオマス燃料は，森林から直接産出する燃料と，木材加工から生じる端材・木屑，あるいは産業廃棄物由来の燃料に大きく二分される。コスト削減のためには生産性の向上が課題であるが，このため高性能林業機械の導入や，その活用のための路網の整備が不可欠である[15]。

　環境中に存在する99％以上の微生物は分離や培養が難しい微生物（難培養微生物）であることが知られている。環境中の微生物を分離・培養することなく，未知微生物集団の全核酸（全ゲノムならびに全RNA）から効率的かつ迅速に有用遺伝子情報を探索する新しい技術（メタゲノム・メタトランスクリプトーム）の開発により，再生可能エネルギーの利活用に役立つ酵素の探索や，健康産業への応用が期待できる遺伝子や酵素，生理活性物質の探索が可能となる[16]。

2－5　廃棄物の再利用／廃棄物を減らす取り組み（3R）

　各種の使用済製品などに含まれるレアメタルは「都市鉱山」となり，日本は世界でも有数の都市鉱山「埋蔵量」を誇っている。金属製造におけるCO_2発生量は，天然鉱石を製錬するよりも，都市鉱山からリサイクルするほうが大幅に少ないことから，天然資源のないわが国にとって，都市鉱山からレアメタルを効率的に分離・濃縮し，これを回収・再利用するための循環システムを研究開発することが必要である。都市鉱山からのレアメタル循環システムの構築は，

15　https://www.jwba.or.jp/faq/
16　https://unit.aist.go.jp/bpri/bpri-gene/research.html

低炭素社会の実現にも有効であり，社会ニーズの高い資源開発である[17]。

2－6　環境修復，環境保全

　バイオレメディエーションとは，微生物等の働きを利用して汚染物質を分解等することによって土壌地下水等の環境汚染の浄化を図る技術のことをいう。環境汚染浄化の技術的手法としては，物理的手法，化学的手法および微生物機能の活用等生物学的手法が存在するが，微生物を利用するバイオレメディエーションは，多様な汚染物質への適用可能性を有し，投入エネルギーが理論的には少なく，一般的に浄化費用も低く済む可能性があり，将来の主要技術の1つと考えられている[18]。バイオレメディエーションには，微生物を利用する技術として，外部で培養した微生物を導入することにより浄化を行う「バイオオーグメンテーション」と，栄養物質等または酸素を加えて浄化場所に生息している微生物を活性化することにより浄化を行う「バイオスティミュレーション」があるほか，植物を利用して土壌の浄化等を行う技術である「ファイトレメディエーション」が含まれる。しかし他の方法と比べ，非常に時間がかかるといった問題点があり，微生物による効率良い環境修復方法と環境評価方法を探索することが課題である。

＊　　＊　　＊

　ここまで，製造・ものづくり分野のサプライチェーンにおける社会的課題と解決に向けた取り組みについて述べてきた。

　社会的課題として，気候変動，大気汚染と水質汚染，生物多様性と生息地の喪失，人獣共通感染症の増加など，相互に関連する環境被害に対して，安全な環境に対する人権の実現と，自然に対する人間の関係を共生関係として再考する必要性に迫られている。

　製造・ものづくり分野のサプライチェーンに関わる企業は，これら社会的課題に対して，「責任ある企業行動」（RBC）の原則に基づき，国や市民とともに，様々な取り組みを推進している。

17　https://shingi.jst.go.jp/past_abst/abst/p/10/1035/osaka510.pdf
18　https://www.env.go.jp/water/dojo/bio-intro.html

諸外国では，バイオエコノミーやサーキュラーエコノミー等の政策を掲げ，国家プロジェクトを推進することで，新たな雇用を生み出し，経済波及効果に成功させている。ステークホルダーを巻き込み，持続可能な資源を循環させる製造・ものづくり分野のサプライチェーンの取り組みが進められてきた。さらに，様々

図表3－4　責任ある企業の行動原則（再掲）

な産業分野において実装化に向けて，バイオ製造に関連した政策に多くの国家予算がつぎ込まれており，さらなる雇用の創出と経済波及効果を見据えた規制や標準化の取り組みが推進されている。

　「責任ある企業行動」（RBC）の原則の観点では，製造・ものづくり分野のサプライチェーンに関わるすべてのステークホルダーがこれら社会的課題の解決に向かうように，RBCの各項目においてガイドラインや規制・標準化が見直されている。

　原材料調達では「人権」，「労働者の権利」，「環境」，「贈賄等不正防止」等について，販売促進では「消費者」，「競争」，「税制」等について，リサイクルやライフサイクルアセスメントでは「消費者」，「環境」，「情報開示」等について，特に注視していかなければならない。

　さらに産業基盤を支えるイノベーションや標準化においては「科学技術」，「情報開示」等について注視するだけでなく，国の安全保障上の観点から注視していくことが必要になる。

　RBCに基づいて社会的課題の解決に向けた取り組みが，官民連携やコンソーシアムにより推進されている。

Column　コラム

製造・ものづくり分野における社会的課題解決に向けた取り組み事例としての，産業用バイオテクノロジーの利用の拡大

　身近で代表的なバイオ産業技術としては，微生物等が本来持っている発酵等の生物機能を利用した製造・ものづくり分野では，酒・味噌・醤油・ヨーグルト等の製造が知られている。

　昨今のバイオ産業技術では，微生物等の生物機能を利用して，コハク酸をはじめとする化学品の生産技術であるバイオリファイナリー（Biorefinery）[19]が実装されており，持続可能な製造・ものづくり分野だけにとどまらず，医薬品分野，環境・エネルギー分野においても事業展開されている。

　一方でサトウキビからペットボトル，アザミからポリ袋，タンポポからタイヤ等を作り出すことは可能になっているが，化石資源由来の原材料から生み出される製品と比べると，製造価コストでの課題がクリアになっておらず，実用化までは至っていない。

図表3-5　製造・ものづくり分野のサプライチェーンによるバイオ産業技術の実用例

19　再生可能資源であるバイオマスを原料にバイオ燃料やバイオ由来製品などを製造する技術や産業の総称。

　バイオ産業技術による実用化は，微生物や細胞に目的の物質を生産させる
ため，対象となる微生物や細胞に，異なる生物機能を持つ生物種由来遺伝子
を人工的に導入して発現させることで，本来，目的の物質を生産する生物機
能を持たない微生物や細胞に，目的の物質を生産させるバイオリファイナ
リーが可能となる。医薬品，食品，飼料，香料，酵素，化成品，化粧品，バ
イオ燃料等の産業実装として，確実に広がっている。

図表3－6　生物機能を利用した持続可能な製造・ものづくり分野の産業セク
ターと製品の事例

産業セクター分野	製品および実現可能な課題解決
医薬品	抗体医薬品，遺伝子治療製品，細胞療法，ワクチン，薬用植物等からの抽出 他
パーソナルケア	エッセンシャルオイル，天然染料，石鹸，クリームとバター，化粧品 他
食品	フルーツパルプ，ジュース，ジャム，ビスケット，ソース，スパイス，ナッツ，塊茎，スナック，栄養補助食品，肉 他
花卉類	ヘリコニア，ラン，胡蝶蘭，園芸類 他
繊維	繊維等をベースにしたバッグ，靴，家具や装飾品 他
エネルギー	バイオエタノール，バイオジェット燃料 他
環境	林業ベースの炭素クレジット活動，森林破壊と森林劣化からの排出量の削減，保全，持続可能な森林の管理と森林炭素貯蔵量（REDD＋），温室効果ガス（GHG）の削減強化，特定のバリューチェーンなどの排出削減戦略

　近年，CRISPR遺伝子編集技術等を用いることで，特異的なターゲット遺伝
子の破壊や置換により，代謝経路の生成物の最終製品の収率を高めることで，
様々な産業セクターで求められるバイオ技術を利用した製品の効率的な製造が
可能になった。また，有用化合物を生産する微生物がその病原性のために，大
規模生産には望ましくない場合，遺伝子を破壊することにより病原性に関連す
る病原菌の病原性を低下させることが容易になった。バイオ燃料，アミノ酸・
脂肪酸，酵素，タンパク質，フラボノイド，抗体医薬品，遺伝子治療製品，細

胞療法，mRNAワクチンなどを生産する工業生産用菌株や宿主細胞において，CRISPR遺伝子編集技術をはじめとする合成生物学によるバイオ産業技術を適用させる検討が行われ，製造技術として実装されてきている。

図表3−7 生物機能を利用した持続可能な製造・ものづくり分野のサプライチェーンの事例

サプライチェーン	原材料合成	設計・検討	スケールアップ	生産	販売
	材料になる核酸合成	AI設計による微生物・細胞等の酵素エンジニアリング	製造ベースによる微生物・細胞エンジニアリング	製造プロセスによる生産の検討	市場展開規制対応
代表的な企業	TWIST BIOSCIENCE / Synbio Technologies Genes for Life	Arzeda. / CODEXIS	GINKGO BIOWORKS THE ORGANISM COMPANY / zymergen	AMYRIS / genomatica sustainable chemicals	BAYER / BASF We create chemistry / TATE&LYLE
事業	DNA合成	酵素最適化	細胞株改良	製造プロセス	医薬・化学品・食品等

　特に，バイオプラスチックでは，バイオ資源によって商品化された製品（以下「バイオ由来製品」という），生分解性，または両方の特性を組み合わせた特徴があるという点で，従来のプラスチックとは異なる様々な材料が開発されている。バイオ由来プラスチックは，トウモロコシ，サトウキビ/ビート，またはリグノセルロースなどの生物起源の原料源に由来する材料から部分的に，またはより適切には全体的に作られたプラスチックになる。

　バイオ化学品に施されるバイオ由来製品促進策を想定する場合，バリューチェーンを踏まえた内容にする必要がある。一般的に，バイオ化学品を市場に導入するかどうかを決めるのは化学企業か消費者のニーズに近いブランド製造業者のため，最終消費者から極めて遠いところにいるビルディングブロック等を供給する部材製造業者は，製品化されたバイオプラスチック製造者より，バイオ由来製品促進策等の恩恵を直接的に受ける機会が少なくなるため，大きな

産業施策にならないことが想定される。

　欧米では，バイオ由来製品促進策や規制は，基準を検討するプロジェクトの中で，プレマーケティングも同時に進めている。さらに，バイオ由来製品の公共調達を施すことで，初期投資を補助する仕組みを取り入れ，中小企業の新規参入を促すことで雇用を創出し，経済の活性化を目指している。

3　持続可能な製造・ものづくり分野のサプライチェーンに関する諸外国の政策動向

　ここでは，持続可能な製造・ものづくり分野のサプライチェーンにおいて，地球温暖化をはじめとする様々な社会的課題の解決に向けた諸外国の取り組みについて，政策動向，国家プロジェクトの観点から，目指すべき産業構造の形とその方向性を考察していく。

　持続可能な製造・ものづくり分野のサプライチェーンにおける社会的課題を解決するための取り組み事例として，前記で触れたマクロトレンドでもあるバイオ産業技術の実装化について取り上げる。

3－1　持続可能な製造・ものづくり分野における国際的な潮流

(1)　OECD（Organisation for Economic Co-operation and Development）

　経済協力開発機構（OECD）は，作業部会であるBNCT（Biotechnology, Nanotechnology and Converging Technologies）において，「Realising the Circular Bioeconomy」（2018）[20]の中で廃棄物の効率利用によるサーキュラーエコノミーの重要性を報告している。

　また，「Global Material Resources Outlook to 2060」（2019）[21]では，2060年までのグローバルマテリアルリソースにおける経済的推進力と環境への影響の見通しとして，バイオマス資源をはじめとする61種類の原材料（化石燃料，金

20　https://www.oecd-ilibrary.org/industry-and-services/realising-the-circular-bioeconomy_31bb2345-en

21　https://www.oecd.org/env/global-material-resources-outlook-to-2060-9789264307452-en.htm

属，非金属鉱物等）を定量化しており，特に一次原材料の倍増や金属および非金属鉱物の需要が急速に伸びるとしている。

　さらに，「Recommendation of the Council on Assessing the Sustainability of Bio-Based Products」の法律文書[22]によれば，OECDの科学技術政策委員会の提案に基づいて2012年に採択されたバイオ由来製品の持続可能性の評価に関する勧告は[23]，経済的，環境的，社会的に非常に重要なものであることから，その後の実装状況について2020年に調査したところ，バイオエコノミーを発展させることの必要性についての認識が高まっていることが明らかとなったとしている。

(2)　IEA（International Energy Agency）

　国際エネルギー機関（IEA）は，2020年に「IEA Bioenergy Task 42 report on bio based chemicals」(2011)[24]のアップデート版として「Bio Based Chemicals. A 2020 Update」を公表しており，化学製品製造のためのバイオリファイナリープラットフォームの1つとして，サプライチェーンを踏まえたマスバランスアプローチの重要性を提示している[25]。

(3)　エレンマッカーサー財団（Ellen MacArthur Foundation）

　国際慈善推進団体であるエレンマッカーサー財団は，サーキュラーエコノミーを推進し，「CE100（Circular Economy 100）」イニシアチブを掲げている[26]。「Enabling a circular economy for chemicals with the mass balance approach」(2019) の中では，企業のサプライチェーンの取り組みとしてマスバランスアプローチを推奨している[27]。

22　https://legalinstruments.oecd.org/public/doc/283/283.en.pdf
23　https://legalinstruments.oecd.org/en/instruments/OECD-LEGAL-0395
24　https://www.ieabioenergy.com/wp-content/uploads/2013/10/Task-42-Biobased-Chemicals-value- added-products-from-biorefineries.pdf
25　https://task42.ieabioenergy.com/publications/bio-based-chemicals-a-2020-update/
26　https://ellenmacarthurfoundation.org/topics/circular-economy-introduction/overview
27　https://emf.thirdlight.com/link/f1phopemqs36-8xgjzx/@/preview/1?o

3－2　米国の持続可能な製造・ものづくり分野の政策動向

　米国政府は「Federal Activities Report on the Bioeconomy」において，2030年に向け10億トンのバイオマスを用い，化石由来燃料の25％を代替し，2,300万トンのバイオ由来製品と850kwhの電力供給を目指し，170万人の雇用と2,000億ドルの市場の創出等を掲げている[28]。また，大規模な脱炭素化に向けて，「U.S. Mid-century Strategy」（2016）[29]では，温室効果ガス削減目標として，28％削減（2025/2005年比），80％以上削減（2050/2005年比）を掲げてきた。2020年には，米国化学工業協会がケミカルリサイクルにおけるサプライチェーンとして「Mass Balance Certification Principles for Advanced Recycling」を発表している[30]。

　2021年，バイデン大統領はパリ協定への再参加表明をするとともに2050年までのカーボンニュートラルに向けた対策を表明している。2兆ドルが投資された「The American Jobs Plan」（2021）[31]では，雇用創出だけでなく気候変動対策とインフラ整備の推進が掲げられている。

　米国政府は2050年までに航空部門（軍事・非軍事双方を含む）で使用される燃料を，すべて持続可能エネルギー由来の航空燃料（SAF：Sustainable Aviation Fuel）に置き換える目標を発表している。航空用低炭素の国内燃料源の利用可能性を促進するため，「補完的な規制の枠組み」について，政策と規制プロセスを把握することで，資源エネルギーのサプライチェーンを見据えている。

　2022年，サプライチェーンに大きな影響を与える法律として，CHIPSおよび科学法（CHIPSプラス法：CHIPS and Science Act），インフレ抑制法（IRA：

28　https://www.energy.gov/eere/bioenergy/downloads/federal-activities-report-bioeconomy

29　https://unfccc.int/files/focus/long-term_strategies/application/pdf/mid_century_strategy_ report-final_red.pdf

30　https://www.americanchemistry.com/chemistry-in-america/news-trends/press-release/2020/mass-balance-certification-principles-will-support-plastic-recycling-growth-and-accelerate-advanced-recycling-development

31　https://www.whitehouse.gov/briefing-room/statements-releases/2021/03/31/fact-sheet-the-american-jobs-plan/

Inflation Reduction Act）が成立した。CHIPSプラス法は，半導体産業保護に向けた法律だけでなく，バイオマニュファクチュアリング促進に向けた法律でもある。IRAについても，医薬品産業における薬価インセンティブと捉える見方があるが，化学産業としてグリーンケミストリーとしての企業の社会的責任を担っていない製薬企業は，薬価インセンティブを受けることが難しくなっていくことが想定される。

さらに，大統領令14081として，「Advancing Biotechnology and Biomanufacturing Innovation for a Sustainable, Safe, and Secure American Bioeconomy」の下，20億ドル以上の資金投入により，サプライチェーンを強化し，健康上の改善と二酸化炭素を削減するための国家バイオテクノロジー・バイオ製造イニシアチブ（National Biotechnology and Biomanufacturing Initiative）を立ち上げている。

大統領科学技術諮問委員会（PCAST：President's Council of Advisors on Science and Technology）は，バイオマニュファクチュアリングは，資源利用，気候変動，経済的安定，環境正義，健康増進など，国内および地球規模の多くの課題の解決策に不可欠であるとして，世界のバイオエコノミーにおける米国の競争力を維持するための措置を勧告している。

米国エネルギー庁（DOE）の「エネルギー高度研究プロジェクト（DOEARPA-E：Department of Energy, Advanced Research Projects Agency-Energy)」のファンディングプログラムでは，バイオ燃料やバイオ由来製品により脱炭素化するための技術開発に3,500万ドルを投資し，ECOSynBio（Energy and Carbon Optimized Synthesis for the Bioeconomy）が推進されている[32]。

バイオエコノミーの産業セクターについて，工業，医薬品，農業，安全保障などの分野が検討され，米国のイノベーション・エコシステムの全体活用として，産業界・学界を含む各セクター間の協力連携パートナーシップについて協議されている。

資本市場がバイオ原料のリスクをより正確に定量化し，バイオマス原料のリ

32　https://arpa-e.energy.gov/sites/default/files/documents/files/ECOSynBio%20Project%20Desc riptions_FINAL.pdf

スク評価プロトコルの確立に向けて，Biomass Supply Chain Risk Standards
（BSCRS）Frameworkによる標準化と，BSCRS基準に基づくバイオマスリス
ク格付けフレームワークについて，定義されている。

(1)　米国先進製造政策

　米国の先進製造政策の一環として2014年に「Manufacturing USA」を掲げ
て以降，先進製造関連の研究開発拠点として，製造イノベーション研究所
（MII：Manufacturing Innovation Institute）を設立し，官民パートナーシッ
プを推進してきた[33]。

図表 3 − 8　Manufacturing USAによって設立された先進製造関連の研究開発拠点

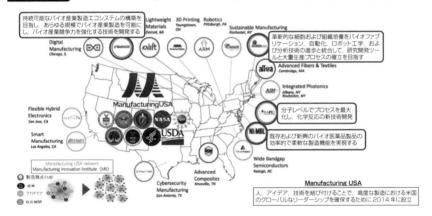

(2)　AGILE BIOFOUNDRY（ABF）[34]

　米国エネルギー省（DOE）は，所管であるバイオエネルギー技術局
（BETO：Bioenergy Technologies Office）を中心に，2016年から「機動的バ
イオファウンドリー（Agile BioFoundry：ABF）」による先進製造コンソーシ
アムを推進している。予算規模として，$4,120万（2016），$920万（2017），

33　https://www.manufacturingusa.com/about-us
34　https://agilebiofoundry.org/

$1,360万（2018），$1,570万（2019）が投資され，2020年以降は毎年$500万が投資されている。

　ABF Directed Funding Opportunityの各受賞者は，国立研究所の研究施設と協力して提案された研究を実施する。シード受賞では，最大2年間，ラボに最大$50万のDOE資金が提供される。フル受賞では，最大3年間，$200万のDOE資金が提供される。

　国立研究所による支援は，新しい微生物宿主とバイオ製品を開発し，合成生物学による最先端のAI機械学習が可能となり，産業微生物学での生産の不均一性の問題に対処することを目的としている。

図表3-9　ABFプロジェクトを支援するDOE傘下の研究機関のインフラ体制

　2020年の主なABFプロジェクトは以下のとおり[35]。

- ニューヨーク州 C16Biosciencesによるパーム油代替品製造に向け，SNLおよびPacific NorthwestとともにRhodosporidium toruloidesでの脂肪酸合成系の設計と育種

35　https://agilebiofoundry.org/agile-biofoundry-selects-new-projects-to-accelerate-biomanufacturing/

- サウスカロライナ州 クレムソン大学による工業用酵母発酵の信頼性向上
- デラウェア州 WhiteDog Labsによるイソプロパノール産生株（Clostridium ljungdahlii）の継続的細胞保持プロセスにおける影響の解明
- マサチューセッツ州 Kalionによるグルカル酸バイオ製造にてAI機械学習導入による生産性向上，コスト削減に向けた商業化
- ジョージア州 DanimerScientificによるABF Learnツールとシステム生物学機能を利用した異なる鎖長のポリヒドロキシアルカノエートの調整可能な組み合わせを見出したことによる新規生分解性プラスチックの開発
- マサチューセッツ州 Invaioによる抗菌ペプチド農業資材の工業生産に向けた効率的なバイオプロセスの開発
- デンマークコペンハーゲン EnduroGeneticsによる製品力価，速度，収量を改善する産業宿主生物の実証試験
- イリノイ州 LanzaTechによる低コストで生産ホストを効率的かつ迅速に設計するための合成生物学を利用したソリューション構築

2021年の主なABFプロジェクトは以下のとおり[36]。

- カリフォルニア州 Huueによる化石由来インディゴ染料の代替品として持続可能な生合成生産
- カリフォルニア州 Industrial Microbesによるガス原料使用に向けた発酵プロセスの堅牢性強化，生産性向上予測モデルの作成
- カリフォルニア州 Levadura Biotechnologyによるバイオ由来ビルディングブロック（トリ酢酸ラクトン）の効率的生産
- イリノイ州 LanzaTechによる次世代バイオ燃料や化合物探索プロセスの加速に向けた非モデル生物クロストリジウム属の遺伝子工学ツールボックスの拡張
- カリフォルニア州 TeselaGen Biotechnologyによるコミュニティ生成データにAIを導入することによる，リソースの節約，バイオ製造商業化タイムライン加速化の基盤構築
- ユタ州 Technology Holdingによるナイロン前駆体（アジピン酸）のバイオ由来代替品開発と衣料業界との連携による素材の最適化

36　https://agilebiofoundry.org/agile-biofoundry-new-collaborations-2021/

(3)　BioMADE[37]

　米国国防省（DOD）は，2020年，パンデミック等を踏まえ，安全保障の観点を見据えて，EBRC（Engineering Biology Research Consortium）[38]によって設立された官民パートナーシップの非営利団体「BioIndustrial Manufacturing and Design Ecosystem（BioMADE）」に対して，8,700万ドル／7年間の資金を提供し，民間からも約1億8,700万ドル以上が投資された[39]。

図表3-10　BioMADEによる官民パートナーシップの形成

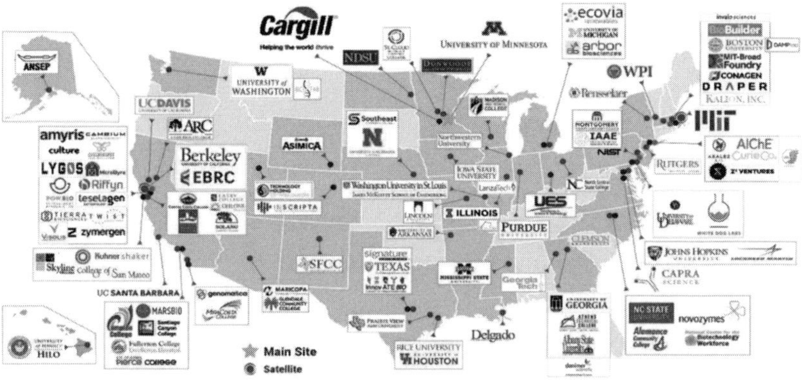

　BioMADEでは，従来の米国国防総省（DOD）が提唱してきた製造技術成熟度レベル（MRL：Manufacturing Readiness Level）と比べて，バイオ産業製造プロセスにおける商業化への道のりが異なることから，バイオ産業製造準備レベル（BioMRL）に定義を変換する試みが実施された。BioMADEは，エンドツーエンドのオペレーショナルエコシステム（OES：Operational EcoSystem）を作成している。初期製造成熟度レベルである初期研究開発段階の取り組みは「BioMRL1-3」として，中期製造成熟度レベルである概念実証の検証から実稼働のデモンストレーションまでの取り組みは「BioMRL4-7」として，後

37　https://biomade.org/
38　https://ebrc.org/
39　https://www.defense.gov/News/Releases/Release/Article/2388087/dod-approves-87-million-for-newest-bioindustrial-manufacturing-innovation-insti/

期製造成熟度レベルである製造ラインの実証からフルレート生産におけるリスクベースアプローチによる改善までの取り組みは「BioMRL 7 -10」として位置づけられている。

　BioMADEは，実験室環境レベルである概念実証段階（BioMRL3 ）から商業準備段階（BioMRL 8 -10）までにバイオ製造プロセスを引き上げることを目指しており，キーサプライチェーン要素が特定され，サプライチェーンリスク軽減が検討され，最終的にサプライチェーンの品質保証が実施された上で，長期リード部品調達の計画が実現されている[40]。

　OESは，バイオ製造プロセスの技術開発において，BioMADE（Manipulate, Accumulate, De-Risk, Execute）の４つの個別モジュールを構成している。

1．Manipulateモジュール：DBTLサイクルを製造デジタル環境へと拡張させる。
2．Accumulateモジュール：大規模なスケールアップ生産（SUP）プロセスのインフラ改善と低コスト化を評価する。
3．De-Riskモジュール：大規模生産におけるダウンストリーム処理（DSP）について予測シミュレーションモデルによりリスク低減する。
4．Executeモジュール：成熟した技術を商業化するためのセキュリティシステムとベストプラクティスを構築する。

BioMRL 1 -10までのそれぞれの概要は以下のとおり。

BioMRL 1 ：基本的な製造への影響を特定
物理的な研究開発に先立って，製造能力の調査が行われる。基準には，産業基盤，製造科学，材料の入手可能性，サプライチェーン，計測学における世界的な傾向の特定と調査が含まれる。
BioMRL 2 ：製造コンセプトの特定

40　https://academic.oup.com/jimb/article/49/5/kuac022/6712705

材料とプロセスのアプローチ，材料の効果と可用性，潜在的なサプライチェーン，必要な労働力のスキルセット，潜在的な将来投資，市場の製造規模と品質要件，製造の実現可能性とリスクについて分析研究を含む。

BioMRL 3：サブシステムまたはコンポーネントの製造

バイオ製造プロセスの構成要素は実験室環境で証明されている。パイロットスケール生産への移行に向け，目的産物のための遺伝子組換え細胞株の力価による評価，目的生成物の精製および分析の方法の確立，実験室規模での装置依存の検討が含まれる。

BioMRL 4：概念実証の独立した検証と検証

主要パラメータの検証，再現性評価，生産株の工業規模に適した発酵生産株，製造の初期評価として，予備的な技術経済分析（TEA）とライフサイクル分析（LCA）を含む，製造可能性の初期評価が完了し，下流関係者による評価に必要な量のスケールアップ生産（SUP）およびダウンストリーム処理（DSP）計画を含む製造環境が反映されている。

BioMRL 5：生産関連環境におけるプロトタイプユニットの動作のデモンストレーション

最終製品を提供するために十分な量のSUPとDSPの実行，予測される製造コストを評価するための技術経済分析（TEA）の完了，技術的および経済的リスクを軽減するためのリスク管理計画が製造戦略と統合されている。

BioMRL 6：実稼働関連環境におけるプロトタイプシステムまたはサブシステムのデモンストレーション

エンドツーエンド製造における製造工程の選択において工学的／設計上の変数が最適化されている。システム性能に基づいたTEAの改良，在庫管理，生産計画，およびプラント保守までの拡大，ロングリードとキーサプライチェーン要素の特定，サプライチェーンリスクの軽減が検討されている。

BioMRL 7：実稼働環境を代表するシステムまたはサブシステムのデモンストレーション

システム詳細設計の完了。製造工程と手順が生産環境下において実証済み。包装・流通システムをテストするために十分な量の製品が製造されている。生産環境下でのコスト低減が検討されている。サプライチェーンの品質保証が行われ，長期リード部品の調達スケジュールが確立されている。

BioMRL 8：製造ラインが実証され，低レート初期生産（LRIP）の準備が整う

産業基盤が評価され，LRIP参入に向けた製造および品質のプロセスの手順は実証され準備レベルとして安定しており，すべての材料，人材，工具，試験装置，設備は製造ラインで実証され，計画された低レート生産スケジュールを満たすために利用可能。コストモデルと歩留まりおよびレート分析が，製造ラインの結果に基づいて更新される。サプライヤー認定試験と初品検査は完了済み。

BioMRL 9：低生産率が実証。フルレート生産（FRP）を開始する能力を整備

製造業はLRIPを達成し，FRPに参入する準備が整っている。システムエンジニアリング／設計要件はすべて満たされており，システム変更は最小限に抑えられ，運用テストと評価で実証されている。材料，部品，人材，工具，試験装置，設備は，計画された生産スケジュールに合わせて利用可能。製造プロセスの能力は，顧客の許容範囲を満たす適切な品質レベルにあり，LRIPのコスト目標は達成されている。

BioMRL10：FRP が実証し，無駄のない生産慣行を導入

エンジニアリング／設計の変更はほとんどない。システム，コンポーネント，アイテムは FRPレベルで作成されている。材料，工具，検査およびテスト機器，設備，人材が適切に配置され，エンジニアリング，パフォーマンス，品質，信頼性のすべてのFRP要件を満たしている。プロセスインフラストラクチャと分析機器の検証は維持され，必要に応じて再検証される。生産単価が目標を満たし，十分な資金で必要なレート生産することが評価される。

図表3-11　概念実証段階（BioMRL 3）から商業準備段階（BioMRL 8）までにおけるMRLの課題設定

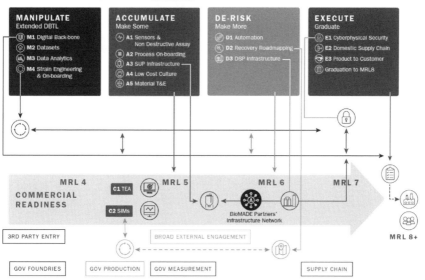

プロジェクト開始時の研究開発段階の現状把握と
終了後の実用化段階の技術成熟度の明確化

　TRL（Technology Readiness Level）は NASA によって開発され，現在は様々な新技術やイノベーションの研究・開発などの成熟度を測るものとして活用されている。日本でも，この TRL を用いて技術の評価などに環境省なども用いている。技術の成熟度の説明の1つの手法であり，以下のサイトでTRLの計算ツールも公表している。
https://www.env.go.jp/content/900443533.pdf

【CO_2排出削減対策強化誘導型技術開発・実証事業におけるTRL（技術熟度）の定義一覧】

レベル	定義	開始時の状況	アウトプット	実験環境	フェーズ
8	製造・導入プロセスを含め，開発機器・システムの改良が完了しており，製品の量産化又はモデルの水平展開の段階となっている。	最終製品／最終地域モデルの性能の把握	最終製品／最終地域モデル	―	量産化／水平展開
7	機器・システムが最終化され，製造・導入プロセスを含め，実際の導入環境における実証が完了している。	実用型プロトタイプの実環境での性能の確認		実際の導入環境	フィールド実証
6	機器・システムの実用型プロトタイプ／実用型地域モデルが，実際の導入環境において実証されており，量産化／水平展開に向けた具体的なスケジュール等が確定している。	実用型プロトタイプの基本性能の把握	実用型プロトタイプ／実用型地域モデル		
5	機器・システムの実用型プロトタイプ／実用型地域モデルが，実際の導入環境に近い状態で実証されており，量産化／水平展開に十分な条件が理論的に満たされている。	限定的なプロトタイプの性能の把握		実際に近い導入環境	模擬実証
4	主要な構成要素が限定的なプロトタイプ／限定的な地域モデルが機器・システムとして機能することが確認されており，量産化／水平展開に向け必要となる基礎情報が明確になっている。	試作部品／試験的モデルの性能の把握	限定的なプロトタイプ／限定的な地域モデル	実験室・工場	実用研究
3	主要構成要素の性能に関する研究・実験が実施されており，量産化／水平展開に関するコスト等の分析が行われている。	主要な構成要素の機能の確認	主要構成要素の試作部品／試験的モデル	―	応用研究

2	将来的な性能の目標値が設定されており，実際の技術開発に向けた情報収集や分析が実施されている。	要素技術の基本特性の把握	報告書・分析レポート等	—	応用研究
1	要素技術の基本的な特性に関する論文研究やレポーティング等が完了しており，基礎研究から応用研究への展開が行われている。	基本原理の明確化	論文・報告書等	—	基礎研究

　しかし，技術成熟度の直線的な評価では評価が難しくなってきており，製造・ものづくり分野における製造の成熟度の観点から，MRLという概念が米国国防総省によって作られ，「MRL Deskbook」[41]が公表されている。2022年には，バイオ製造技術成熟度レベル（Bio MRL）が示されている（前述）。これは製造技術に関する成熟度と，それに伴うリスクを示すものであり，プロジェクトの成果に対する明確な評価を示すだけでなく，TRLでは評価しづらい項目，例えば再現性や生産コスト，サプライヤーの安定性などの説明に活用しようとする考え方である。

　なお近時は，さらに進んで現在，商用機能の適応と導入が最前線にあるため，TRLやMRLと同様の準備段階評価フレームワークが使用されている。Adoption Readiness Level（ARL）システムでは，成熟度，リスク，準備状況を評価および議論するための共通の指標を提供する試みも行われている。

　わが国では，当該プロジェクトにおいて，管轄官庁間で客観的でかつ共通の技術成熟度評価はされていない。そのため，管轄官庁の研究開発ファンドにより，多くの似た内容のプロジェクトが，研究開発責任者やプロジェクトの名前を変えながら，立ち上がっている現状が垣間見られることから，TRLやMRLの様な技術成熟度評価を導入し，プロジェクトの成果に対する明確なコミットメントを果たすべきと考える。

(4)　米国DOE選定による持続可能なターゲット物質

　2004年，米国エネルギー省（DOE）がバイオリファイナリーのプラットフォーム化合物を選定して以降，プラットフォーム化合物の生産には多くの企業が参画し，競争が激化している。プラットフォーム化合物の選定に際しては，

41　https://www.dodmrl.com/MRL_Deskbook_V2.pdf

　まず，DOE，国立研究所，アカデミア，企業の研究レポート等に記載の300を超える化学品リストから，原料価格，原料の調製コスト，当時の市場規模と価格，バイオリファイナリーにおける実装の可能性等の観点で，トップ30の化合物リストを作成し，次に，プラットフォーム化合物とその誘導体・関連化合物の潜在市場の大きさ，合成経路の観点から12種類の化合物を選定した[42]。

　バイオマスから得られる12種類の化合物は，1,4-ジカルボン酸（コハク酸，フマル酸，リンゴ酸），2,5-フランジカルボン酸，3-ヒドロキシプロピオン酸，アスパラギン酸，グルカル酸，グルタミン酸，イタコン酸，レブリン酸，3-ヒドロキシブチロラクトン，グリセロール，ソルビトール，キシリトール/アラビニトールである。

図表3－12 DOEによるバイオリファイナリー生産の戦略的プラットフォーム化合物

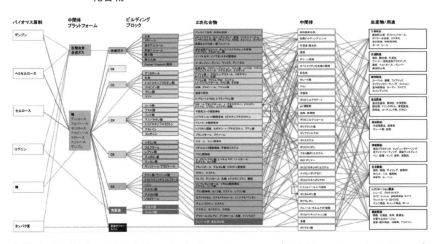

（出所）Top Value Added Chemicals From Biomass（U.S. Department of Energy）
バイオマス原料のバイオ由来製品フローチャート類似モデルを参考に筆者一部改変

　2010年には，2004年以降の6年間の技術の進歩を踏まえリストが更新された。元の化合物もあるが，更新された化合物も含まれており，選定の基準は基本的

42　https://www.osti.gov/biblio/15008859

に2004年のものと同様であるが，研究開発が盛んな（文献数が多い）ものが優先順位としては上位に挙げられた。今回の評価基準（重要度順）は，①化合物または技術に関する文献が多い，②誘導体が多い，③既存の石油化学製品の代替品を提供，④大量生産に適用可能，⑤プラットフォーム化合物として大きな可能性がある，⑥パイロット，デモ，またはフルスケールへの製品またはテクノロジーのスケールアップが進行中である，⑦バイオベースの化合物は，中間レベルまたは商品レベルで調製された既存の市販製品である，⑧化合物は，バイオリファイナリーの主要な構成要素として機能する場合がある，⑨再生可能炭素からの化合物の商業生産は十分に確立されている，の9つである。ただし，技術基盤がいまだ発展途上であることから，生産コストは評価の基準とはなっていない。

　更新されたリストは，エタノール，フルフラール，ヒドロキシメチルフルフラール，2,5-フランジカルボン酸，グリセロール，イソプレン，コハク酸，3-ヒドロキシプロピオン酸/アルデヒド，レブリン酸，乳酸，ソルビトール，キシリトールを含んでいる[43]。

　これらのプラットフォーム化合物は，グリセロールを除き，バイオマス由来の炭水化物を原料として製造することが可能な化合物としての特徴がある。DOEの戦略的な基本的考え方として，燃料と一緒に副産物として製造可能な化合物は，バイオリファイナリー経済モデルにとっても重要であることが証明されるとしている。

　2018年，DOE傘下の研究機関である「Great Lakes Bioenergy Research Center（GLBRC）」において，ターゲット物質の選定過程におけるモデリング研究による潜在的に収益性の高いバイオ由来製品が特定されるマルチスケールモデリングプロセスを開発し，最大収量を達成できる経済的に有望な32の生化合物を特定している[44]。

　潜在的にコストのかかる化合物変換ステップを必要としない微生物から直接作成できる化合物の候補プールを特定し，次に，利益率，市場規模に基づいて

43　Green Chem 12:539-554（2010）
44　A framework for the identification of promising bio-based chemicals（2018）
　　https://onlinelibrary.wiley.com/doi/abs/10.1002/bit.26779

プールを選別し，同時に，下流の分離コストを含む総プロセスコストを評価に組み込み評価している。微生物の変換率と生産性を大幅に向上させ，分離コストを低く抑えることで，将来的な利益を見込んでいる。マルチスケールモデリングプロセスの概要は以下のとおり。

① ゲノムスケールの制約に基づいて，209の化合物候補プールを設定する。
② KEGGおよびMetaCycのデータベースから，（それぞれの推定収量，生産性，滞留時間とともに）代謝モデリングアプローチを開発する。
③ 高生産量（HPV：High-Production-Volume）化合物のデータベースを構築する。
④ 化合物の利益率（下流分離コストを含む総プロセスコストは体系的に評価に組み込む），市場規模，市場に基づいた3つのスクリーニング基準を設計する。
⑤ 3つのスクリーニングにより，32の化合物を特定する。
⑥ 最大収量を達成できれば，経済的に有望な製品は，最大の生産性を達成することができる。利益率をゼロにする損益分岐点が各製品について表示される。
⑦ その他，細胞内外の生産性の比較，E.coliおよびS.cerevisiaeシステムでも検討されている。

GLBRCが選定した潜在的に収益性の高いバイオ由来製品の生産プロセスにおいて経済的に有望な32の化合物は，1-ヘキサデカノール，イソプレン，シクロヘキサン，アニリン，ビスフェノールA，酪酸，1-プロパノール，ブチルアルデヒド，酸化プロピレン，アクリロニトリル，メチルメタクリレート，シクロヘキサノール，m-クレゾール，メラミン，トリクロロエチレン，ジクロロメタン，シアヌル酸，テトラクロロエチレン，ニトロベンゼン，アジピン酸，レゾルシノール，グルタル酸，プロピオン酸，アリルアミン，ジエタノールアミン，プロピオンアルデヒド，アセトアルデヒド，グリセロール，クエン酸，エタノールアミン，ε-カプロラクタム，アクリル酸である。

3－3　欧州の持続可能な製造・ものづくり分野の政策動向

欧州では，世界的な気候変動対策の潮流を受け，2050年までのカーボン

ニュートラルを目標として2019年に「欧州グリーンディール（European Green Deal）政策」[45]を策定した。2050年までにカーボンニュートラルを目標設定として「Fit for 55」の立法案パッケージにより，EUの2030年の気候目標に沿って既存の法律を近代化と，2050年までに気候の中立性を達成，2030年までに少なくとも55％（1990年度比）の温室効果ガス純排出量を削減するために，経済，社会，産業に必要な変革をもたらすための新しい政策措置導入効果を把握することを目標としている。

　特に，欧州におけるバイオ燃料原料の持続可能性評価は，再生可能エネルギー指令（REDⅡ）によって，食料との競合や土地利用の観点から，種類や利用限度等に基準が設けられ，現在，「Fit for 55」として欧州委員会より提案された改訂案の採択に向けた議論が進んでいる。

　その後，EUの化学政策の長期的なビジョンを示すため「化学品戦略（Chemicals Strategy for Sustainability Towards a Toxic-Free Environment）」[46]を発表し，化学品は脱炭素化やエネルギー資源の効率化技術など，化学品保健衛生や環境リスクへのさらなる対応が求められている。

　2018年，新しい「バイオエコノミー戦略」が策定され，翌年，「欧州プラスチック戦略」が発表されて以降，「欧州グリーンディール政策」への貢献を示すため，バイオものづくり分野におけるサプライチェーンの各セクターの影響と発達の軌跡を監視，モデル化，評価するプロセスとして，各セクターにおける社会経済的パフォーマンスを測定するための新しい指標「Socio-economic indicator for the bioeconomy（SEIB）」が提唱されている[47]。

　2020年，欧州委員会のKnowledge Centre for Bioeconomy（KCB）は「Future transitions for the Bioeconomy towards Sustainable Development and a Climate-Neutral Economy - Knowledge Synthesis Final Report」において，欧州バイオエコノミー戦略の目標に沿って，欧州グリーンディール政策と欧州復興計画の枠組みの中で，特に気候変動，生物多様性，循環性，食料システム，森林の保護と回復，再生可能エネルギーに関して統合していくとともに，レジ

45　https://ec.europa.eu/clima/eu-action/european-green-deal_en
46　https://ec.europa.eu/environment/strategy/chemicals-strategy_en
47　https://www.sciencedirect.com/science/article/pii/S0921800919312273

リエンスを促進し，COVID-19後のサーキュラーエコノミーへの移行を円滑に
するために新たな視点が必要であると唱えている。循環性については，バイオ
リファイナリーによる残留物リサイクルと再利用の観点による統合とガバナン
スが重要としている。

　様々なバイオマス資源のトレードオフと相乗効果が社会的意思決定の対象と
なることを認め，欧州グリーンディール政策の公正な取引によって，持続可能
で循環的かつ変革的なバイオエコノミーへの移行を促すとしている。

　欧州委員会は，2020年，欧州全域でサーキュラーエコノミーを加速させるため
の計画として「循環型経済行動計画」（CEAP：Circular Economy Action Plan For
a cleaner and more competitive Europe）を公表した[48]。持続可能なバイオ由来
製品に対する取り組みとして，持続可能なバイオ由来製品のために耐久性，再
利用性，修理性，エネルギー・資源効率性の向上，再生材の使用増加等のため
の法的措置の提案が示されている。また，欧州グリーンディール政策と連動し
たグリーンな移行に向けた消費者への働きかけのための法的措置の提案，修理
する権利「right to repair」を確立するための法的・非法的措置の提案，環境
表示についての法的措置の提案，製品別の欧州指令における義務的なグリーン
公共調達の基準・目標および報告が示されている。さらにグローバルな取り組
みとして，プラスチックに関連する国際合意（global agreement on plastics）
のリードが掲げられている。廃棄物削減・価値創造に対する取り組みでは，分
別収集促進のためのごみ分別・ラベリングに関するEU共通モデルの検討，再
生材および再生材を原料とした製品中の健康または環境への影響が懸念される
物質のトレーシングおよび最小化するための方法論が提示されている。その他，
産業セクター別の主要バリューチェーンに対する取り組みが示されている
（【図表3−13】）。

　欧州委員会は，2022年，「循環型経済行動計画」（CEAP）の一環として，製
品設計の段階から製品のライフサイクル全体を通して持続可能性を組み込むこ
とを目的として持続可能な製品イニシアチブ（SPI：Sustainable Product
Legislative Initiative）を掲げている。

48　https://ec.europa.eu/environment/strategy/circular-economy-action-plan_en

図表3－13　新サーキュラーエコノミー行動計画に示された産業別の取り組み

産業セクター	主要バリューチェーンに対する取り組み
自動車産業	自動車関連資材における再生材含有率向上，リサイクル率向上等のルール見直し
電子機器産業	「サーキュラーエレクトロニクスイニシアチブ」としてエコデザインの推進，共通チャージャーの導入，返却へのリワードシステム等の導入
食品産業	食品サービスにおける使い捨て容器包装，食器，カトラリーに関する再利用可能な製品代替イニシアチブ
容器包装産業	過剰包装・廃棄物削減，再利用・リサイクル性を重視したデザイン等を目的としたEU容器包装・容器包装廃棄物指令の見直しによる義務的な要件の強化
プラスチック素材産業	自動車・容器包装・建材等の主要製品について再生材の含有と廃棄物削減対策に関する義務的な要件の提案とバイオマス由来プラスチックの調達・ラベリング・使用および生分解性プラスチック・堆肥化可能プラスチックの使用に関する政策的枠組みの提示

　これまで欧州委員会は，製品ライフサイクル全体の環境負荷を削減するため，冷暖房機器や冷蔵庫をはじめエネルギー消費の大きい家電などのエネルギー使用製品を対象として2005年公布の環境に配慮した製品設計の枠組みであるEuP指令（2005/32/EC），対象の範囲をエネルギー関連製品まで拡大して2009年公布のエコデザインを義務づけるEuP指令（2009/125/EC）を推進してきた。これまでのエコデザイン指令を廃止し，持続可能な製品のためのエコデザイン規制（ESPR：Ecodesign for Sustainable Products Regulation）を公表した。これまでの欧州指令から欧州規則に置き換わることで，適用対象を食品・飼料・医薬品など例外を除いて幅広い製品に拡大するとともに，製品のリユース，修理，リサイクル容易性，耐久性，資源効率，再生材使用など数多くの要件を設定するための枠組みを規定している。さらに，製品ライフサイクルにおける環境影響（カーボンフットプリント等）やトレーサビリティを備えるためのデジタル製品パスポートの導入などが示されている（2024年2月時点）[49]。

　欧州プラスチック協会は「MASS BALANCE APPROACH TO ACCELERATE THE USE OF RENEWABLE FEEDSTOCKS IN CHEMICAL PROCESSES」[50]

の中で，欧州化学工業連盟（Cefic）は「Introducing chemical recycling: Plastic waste becoming a resource」[51]の中で，それぞれバイオマスバランスアプローチやケミカルリサイクルについて提言している。

(1)　BIOFOREVER（Horizon2020）[52]

　原料，バイオリファイナリー，最終製品，グリーンプレミアムによる市場形成の最適な組み合わせを確立するために，4つの異なるバイオリファイナリーカスケードの概念を利用して，5つの新しいリグノセルロース由来（LC）製品のバリューチェーンと3つの市場形成に向けた価値化ルートを示し，商業的実装を成功させた。バリューチェーンのビジネスケースとして，既存の化石由来の製品のバリューチェーンと比較して，CO_2排出量を最大85％削減させた。また，年間1.5百万トンのLCバイオリファイナリーの産出により，バイオリファイナリー中間体（リグニンおよび糖）で約4億ユーロ，化学中間体と製品

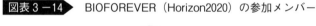

図表3－14　BIOFOREVER（Horizon2020）の参加メンバー

49　https://commission.europa.eu/energy-climate-change-environment/standards-tools-and-labels/products-labelling-rules-and-requirements/sustainable-products/ecodesign-sustainable-products-regulation_en

50　https://plasticseurope.org/wp-content/uploads/2021/10/20100129-View-Paper-Mass-Balance-App roach-Renewable-Feedstocks.pdf

51　https://cefic.org/app/uploads/2020/03/Cefic-Position-Paper-on-Chemical-Recycling.pdf

52　https://cordis.europa.eu/project/id/720710

で約6.5億ユーロのコストパフォーマンスを向上させた。API Europeによる発酵デモプラントやAvantiumによる糖原料からMMFおよびFDCAを経由してポリエステルPEF等が開発されてきた。BIOFOREVERでは，バイオ由来製品のグリーンプレミアム価格に関する調査が，2013年，2016年，2017年に実施され，2018年から2019年にかけては詳細な消費者調査が実施された（期間：2016～2019年，予算：およそ2億円）。

図表3−15　MMAtwo（Horizon2020）の参加メンバー

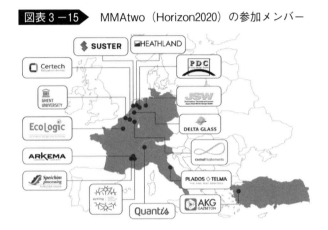

(2)　MMAtwo（Horizon2020）[53]

　産業廃棄物や汚染された使用済ポリメチルメタクリレート樹脂（PMMA：Polymethyl methacrylate）廃棄物の処理に焦点を当て，埋立てまたは焼却せずにリサイクルによる高品質の二次原料への変換を目的とする。欧州における新しいPMMAリサイクルバリューチェーンを構築し，PMMAライフサイクルのバリューチェーン全体を生産廃棄物と使用済廃棄物の両方でカバーする。PMMAのリサイクルの可能性に対する一般市民および専門家の意識を高めることで，廃棄物収集を増やし，副産物を含む欧州内でのPMMAの完全リサイクルを目指している。

53　https://www.mmatwo.eu/

⑶　Carbon4PUR（Horizon2020）[54]

　Carbon 4 PURコンソーシアムは，化学製鉄所のガス混合物変換に基づく新しいプロセスを開発および実証し，高価な物理的分離を回避して，二酸化炭素排出量を大幅に削減し，コスト節約に貢献することを目指している。鉄鋼メーカーからの産業廃棄物の提供から始まり，化学ビルディングブロックへの変換とCO_2からのバリューチェーンに沿って組織されている。そしてCO_2ベースのポリマー中間体は，最終的に硬質フォームおよびコーティング等のポリウレタン用途に製品化されている。

図表3-16　Carbon 4 PUR（Horizon2020）の開発プロセスおよび参加メンバー

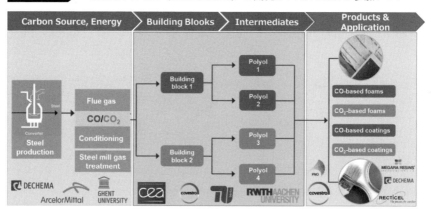

⑷　Circular Bio-based Europe Joint Undertaking（CBE JU）[55]

　2021年，欧州理事会規則（EU）2021/2085によって，欧州連合とBio-based Industries Consortium（BIC）との間で確立されたCBE JUは，2021年から2031年までにおける，20億ユーロのパートナーシップであり，バイオベース産業共同事業（BBI JU）の後継に当たる。

　欧州の研究およびイノベーションプログラムであるHorizon Europeのファンディングに基づいて，欧州で競争力のある循環型バイオベース産業を推進す

54　https://www.carbon4pur.eu/

55　https://www.bbi.europa.eu/about/circular-bio-based-europe-joint-undertaking-cbe-ju

るプロジェクトに資金提供している。

　CBE JUの目的は以下のとおり。

・イノベーションプロセスとバイオベースの革新的なソリューション開発を加速する
・既存の成熟した革新的なバイオベースのソリューションの市場展開を加速する
・バイオベースの産業システムの高レベルの環境パフォーマンスを確保する

　CBE JUのアクションプランは以下のとおり。

・持続可能なバイオベースのソリューションの研究とイノベーションをサポート
・革新的な循環型バイオベースの生産プラントへのリスク軽減投資
・生物経済の技術的，規制的，市場的課題への取り組み
・事業の中心に持続可能性を置く
・すべての生物経済関係者の協力を強化する
・バリューチェーンに沿ってより多くの利害関係者と関わる

⑸　その他の主なバイオものづくり分野のサプライチェーン関連プロジェクト

　以下に，欧州の主なバイオものづくり分野におけるサプライチェーン関連プロジェクトの概要および期間，予算を示す[56]。

㋐　NENU2PHAR　期間：2020-2024　予算：€ 4,983,169
　　ヨーロッパの持続可能なバリューチェーンのためにPHA由来材料の大量消費者向けの製品開発
㋑　UP 4 HEALTH　期間：2020-2024　予算：€ 4,009,921
　　食品加工副産物を使用して栄養補助食品および化粧品セクター向けバイオ由来材料を製造する新しいバリューチェーン基盤を確立
㋒　GRETE　期間：2019-2023　予算：€ 2,555,243

56　https://www.bbi.europa.eu/projects

> 木材資源から繊維バリューチェーンのためのグリーンケミカルとテクノロジーの開発
>
> (エ)　ALEHOOP 期間：2020-2022　予算：€ 22,007,931
> 　大型藻類残留バイオマスとマメ科植物の加工副産物のアップサイクルによる高付加価値食品および飼料用途向けの新規蛋白質バリューチェーンを取得するためのバイオリファイナリーの開発
>
> (オ)　ICT-BIOCHAIN　期間：2018-2020　予算：€ 949,685
> 　持続可能な化学生産のための効率的なバイオマスサプライチェーンにおけるICTツールの開発
>
> (カ)　LIGNOFLAG　期間：2017-2020　予算：€ 24,738,840
> 　リグノセルロース原料に基づいて構築されたバイオ由来のバリューチェーンを含むバイオエタノール生産のための商業旗艦プラントの開発

(6)　欧州のターゲット物質の選定過程

　選定過程には，3つの段階を経ている。バイオ由来製品は，2つの主要な分類に分かれている。最初の分類はドロップイン化合物であり，既存の石油化学製品のバイオベースの代替として定義されている。もう1つの分類は，専用のバイオ由来の化合物として，石油化学製品が市場になくても，バイオマス由来の経路を介してのみ生産できる化合物としている。

　最初のターゲット物質のプールは，欧州委員会の定義した技術成熟度（TRL）で，TRL 8以上の市販されている製品のみが抽出されている。

　ターゲット物質のプールから選定される最初のステップは，産業セクターを中心に10の代表的なアプリケーションカテゴリ（接着剤，化粧品およびパーソナルケア製品，潤滑剤，人工繊維，塗料・コーティング・インク・染料，可塑剤，基幹化合物，プラスチック用ポリマー，溶剤，界面活性剤）を定義している。次に，RoadToBio[57]の120のバイオ由来製品のロングリスト[58]をはじめ350のバイオ由来化合物のプールから，208のバイオ由来の化合物の代表的なサブ

57　https://roadtobio.eu/uploads/publications/roadmap/RoadToBio_strategy_document.
　pdf

58　https://www.researchgate.net/profile/Jurjen-Spekreijse/publication/330578517_
　Insights_into _the_European_market_for_bio-based_chemicals_Analysis_based_on_10_
　key_product_categories/links/5c49765992851c22a38c2e98/Insights-into-the-European-
　market-for-bio-based-chemicals-Analysis-based-on-10-key-product-categories.pdf

セットを選択して，最初のステップから派生したアプリケーションカテゴリも反映する。最終的に，収集された情報をもとに，生産，価格，消費，貿易等の10の指標により，14のバイオ由来の化合物を選定している。

生産，価格，消費，貿易等の10の指標
① バイオ由来の化合物の生産量
② バイオ由来の化合物以外の化合物総計 生産量
③ バイオ由来の化合物の占める割合
④ 代表的な化合物の平均価格
⑤ 代表的な化合物価格にバイオ由来生産量を乗じた割合
⑥ 化合物の売上高，価格にバイオ由来生産量を乗じたもの
⑦ 化合物消費量（輸出入を含めた消費量と在庫変動含む）
⑧ 輸入量から輸出量を差し引いた取引量
⑨ 化合物輸入依存度
⑩ 土地の使用

図表 3 −17 欧州の選定されたターゲット候補物質の世界市場シェア[59]

アプリケーションカテゴリ	製品	世界生産のEUシェア	EU価格/世界価格	世界の売上高のEUシェア
接着剤	フルフリルアルコール	13.3%	1.42	19.0%
可塑剤	コハク酸	46.0%	1.24	57.1%
プラットフォーム化合物	乳酸	53.8%	0.95	51.5%
	1,3-プロパンジオール	5.5%	1.27	7.2%
	プロピレングリコール	1.0%	1.28	1.3%
	無水酢酸	0.4%	1.60	0.6%
	酢酸	0.3%	1.06	0.3%
	エチレン	0.0%	1.27	0.0%
	エチレングリコール	0.0%	1.29	0.0%
	ポリ乳酸-PLA	3.9%	0.94	3.7%
	ポリエチレン-PE	0.0%	1.05	0.0%
溶剤	酢酸エチル	1.1%	0.83	0.9%
	乳酸エチル	0.0%	0.96	0.0%
	イソブタノール	0.0%	1.19	0.0%

---

59 https://www.sciencedirect.com/science/article/pii/S1364032121001891

3－4　イギリスの持続可能な製造・ものづくり分野の政策動向

⑴　気候変動法（Climate Change Act 2008）

　イギリスでは，温室効果ガス（GHG）削減について法的拘束力を伴う長期目標を設定した気候変動法2008（Climate Change Act 2008）が制定されており，GHG 排出量を2035年までに少なくとも1990年比で78％削減することを法的拘束力のある目標として設定し，本目標達成のために国全体で排出可能な炭素総量であるカーボンバジェットを設定している。カーボンバジェットは，気候変動委員会（Committee on Climate Change）により，2008 年から5年ごとに設定され，第5期（2028 ～ 2032年）までが決定している。

⑵　産業戦略（2017），National Engineering biology Program（2021）

　イギリスは「産業戦略」（2017）において，バイオエコノミー戦略の成長を支えていくため，資源を2倍にするという野心的目標を設定し，2050年までに生産性を高め，回避可能な廃棄物のゼロ化に向けて取り組むとしている[60]。特に，ライフサイエンス部門では，脱炭素化，健康と福祉，エネルギー，食料安全保障，環境管理の領域に向けてengineering biologyを実装していくため，「National Engineering biology Program」（2021）が推進されている[61]。

図表3－18　National Engineering biology Program（2021）

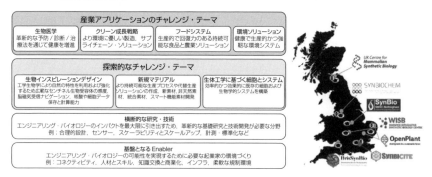

60　https://www.ukri.org/wp-content/uploads/2021/07/BBSRC-010721-Funding-Opp-DevelopingEngineeringBiologyBreakthroughIdeas-Overview.pdf

⑶　クリーン成長戦略（2018），環境計画25年（2018），資源および廃棄
　　物戦略（2018）

　イギリスの「クリーン成長戦略」（2018）では，2030年までに埋め立てる食
品廃棄物ゼロに向けた目標を発表している[62]。また，イギリスの「環境計画25
年」（2018）では，2042年までにリサイクル不可能なプラスチック廃棄物ゼロ
に向けて，一貫したリサイクルへの移行を加速することを発表している[63]。さ
らに，イギリスの「資源および廃棄物戦略」（2018）では，より資源効率の高
い経済に向けて資源利用が最適化され，無駄を回避する戦略を定めている[64]。

⑷　Net zero carbon economy

　イギリスは，2050年に英国エネルギー需要の約10％をバイオエネルギーに変
換する計画として2020年200g，2025年180g（CO_2/kWh）を推進している。ビ
ジネス・エネルギー・産業戦略省（BEIS）が中心となり，建築木材使用がク
リーン成長戦略政府コミットメントであるUK's Zero Carbon Humber project
などの産業クラスターでは，BECCS（Bio-energy with carbon capture and
storage）や航空燃料への展開が進められており，エコシステムが形成されて
いる。

　イギリスのゼロカーボンハンバープロジェクトは，世界初のネットゼロ産業
クラスターの構築を目指している。二酸化炭素の回収と貯蔵，再生可能エネル
ギー，水素を利用して地域の重工業を脱炭素化する。このプロジェクトはイギ
リスの気候変動目標に向けた大きな目標となり，世界中の他のクラスターがた
どるネットゼロへの道を切り開くことを見据えている。イギリスで最も炭素排
出量の多い地域としてハンバーは，多様なプロジェクトを備えた集約地域であ
り，今後数年間のイギリスのグリーン産業革命計画の中心となっている。

　ネットゼロの未来に移行する中で，地域のエネルギー生成，重工業，熱，輸

61　https://www.ukri.org/news/ukri-paves-the-way-for-a-future-engineering-biology-
　　programme/
62　https://www.gov.uk/government/publications/clean-growth-strategy
63　https://www.gov.uk/government/publications/25-year-environment-plan
64　https://www.gov.uk/government/publications/resources-and-waste-strategy-for-
　　england

図表3－19 The Humber industrial cluster（UK's Zero Carbon Humber project）

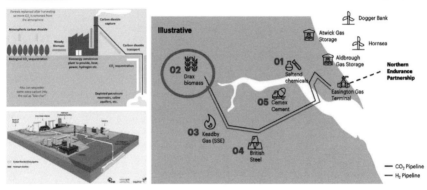

送を脱炭素化できる重要な二酸化炭素回収と水素技術に投資することで，ネットゼロの可能性を実現することが極めて重要とされている。ゼロ・カーボン・ハンバー・パートナーシップで開発されている技術を通じて，ハンバーを2040年までに「ネット・ゼロ・クラスター」に変えることを可能にする共有インフラへの投資を行っている。

(5)　持続可能な製造・ものづくり分野の関連プロジェクト

　イギリスのBBSRC（Biotechnology and Biological Sciences Research Council）は，EPSRC（Engineering and Physical Sciences Research Council）の支援を受けて，2019年から2024年までの産業バイオテクノロジーおよびバイオエネルギーネットワーク（BBSRC NIBB）のフェーズⅡとして，6つのコラボレーションネットワークに資金を提供するために総額で約1,100万ポンドを投資した[65]。

　以下に，代表的なプロジェクトの概要を示す。

65　https://www.ukri.org/our-work/supporting-collaboration-in-the-uk/supporting-collaboration-bbsrc/research-networks/networks-in-industrial-biotechnology-and-bioenergy-bbsrc-nibb/#:〜:text=Borne%20Disease%20Research-,Networks%20in%20Industrial%20Biotechnology%20and%20Bioenergy%20（BBSRC%20NIBB),NIBB)%20from%202019%20to%202024.

> ㋐　Algae-UK：Exploiting the algal treasure trove（閉鎖型フォトバイオ
> リアクターによる合成生物学を利用した微細藻類プラットフォーム）
> ㋑　BBNet：Biomass Biorefinery Network（原材料処理から生産に至るま
> での持続可能なバイオマス供給トランスレーショナルリサーチにおけるシス
> テム生物学的アプローチ）
> ㋒　CCNet：Carbon Recycling - Converting waste derived GHG into
> chemicals, fuels and animal feed（GHG排出量削減を見据えた単一炭素
> ガスを利用できる独立栄養または光合成微生物シャーシによるスケーラブル
> な生物学的プロセスで合成設計可能な分子設計プラットフォーム）
> ㋓　E3B：Elements of Bioremediation, Biomanufacturing &
> Bioenergy：Metals in Biology（蛋白質中金属触媒活性を利用した既存製
> 品の高収益性および新規複合体の生産）
> ㋔　EBNet：Environmental Biotechnology Network（微生物バイオマス
> の選択的保持および中間代謝産物除去による分離技術を利用した材料生産プ
> ロセスにおける最適化）
> ㋕　HVB：High Value Biorenewables Network（生体触媒作用，生体内変
> 化，代謝工学，細胞培養または全生物生産ホストプラットフォームの開発）

　2021年，UKRI（UK Research and Innovation）は3,000万ポンドの投資によ
り，NICER（National Interdisciplinary Circular Economic Research）プログ
ラムを推進しており，資源利用を節減し，製品や材料は使用後廃棄せず回収・
再利用する目的で，イギリスのサーキュラーエコノミー移行を促進するため，
34の大学と200の産業界パートナーが参画している[66]。

　エクセター大学による学術的サーキュラーエコノミー拠点（CE-Hub）が統
括し，以下の5つのサーキュラーエコノミー研究センターで構成されている。

> ①　イギリス王立芸術大学院（Royal College of Art）による繊維製品CE拠点
> ②　ユニバーシティ・カレッジ・ロンドン（UCL）による鉱物ベース・建設資
> 材向けのCE拠点
> ③　ラフバラ大学による使用済石油化学品からオレフィンを回収・再利用する
> 化学製品CE拠点
> ④　エクセター大学による希土類等の金属技術CE拠点
> ⑤　ブルネル大学ロンドン校による主要金属をリサイクルする金属CE拠点

66　https://www.ukri.org/news/national-circular-economy-research-programme-launches/

3−5　中国の持続可能な製造・ものづくり分野の政策動向

　中国の科学技術政策は,「第14次5カ年計画 (2021-2025)」[67]があり, 2025年
目標を見据えて, 省庁・地方都市, 研究開発機関等が政策等を示し, 各々のプ
ロジェクトが遂行されている。なお, 中国においてはターゲット選定を行う取
り組みは見受けられない。

⑴　「第14次5カ年計画 (2021-2025)」におけるバイオものづくり分野に
おけるサプライチェーン政策

　製造業の核心的な競争力を高めていくため, 炭素繊維やアラミドなど高性能
繊維およびその複合材料と, バイオベースや生物医学用材料等の高付加価値の
新材料の研究開発を推進していくとしている。また, 未来を見据えた最新の生
物技術等を利用した新興産業を発展させていくことで, 生物技術と情報技術の
融合を推進し, 生物医薬, 生物育種, バイオ材料, バイオエネルギー等の産業
を加速発展させ, バイオエコノミーをより大きくより強く発展させていくとし
ている。

⑵　「サーキュラーエコノミー開発のための第14次5カ年計画」(2021)

　中央政府は, 2007年に「プラスチック制限命令」として「レジ袋の製造・販
売制限に関する告知」を発行し, 2008年以降規制されてきた[68]。全国的に厚さ
0.025mm未満のレジ袋や厚さ0.01mm未満のポリエチレン製農業用マルチフィ
ルムの製造・販売・使用が制限されてきた。

　2020年, 国家発展改革委員会共同生態学環境省は「プラスチック制限」から
「プラスチック禁止」に向けて, 2025年を見据えた「プラスチック汚染の管理
をさらに強化するための意見」を発表した[69]。プラスチック製品の製造, 流通,
消費, リサイクルの管理システムを改善し, 非分解性プラスチックを徐々に禁

67　https://www.rieti.go.jp/users/china-tr/jp/210415kaikaku.html
68　https://www.gov.cn/zwgk/2008-01/08/content_852879.htm
69　https://www.ndrc.gov.cn/xxgk/zcfb/tz/202007/t20200717_1233956.html?code=&
state=123

止し，限定使用するとしている。さらに共同生態学環境省，工業情報化部およびその他部門とともに，プラスチック汚染の管理施行に向けて「プラスチック汚染防止の確実な推進に関するお知らせ」を発行し，すべての地域が対象となる実施計画が発行された。

2021年，国家発展改革委員会は，「サーキュラーエコノミー開発のための第14次5カ年計画」を発表した[70]。サーキュラーエコノミーを積極的に発展させ，資源保護と集中的なリサイクルを促進することで，国家資源の安全を確保し，カーボンニュートラルの実現を促進するため，2025年までに主要資源の生産量を2020年に比べて約20％増加，単位GDP当たりのエネルギー消費量と水消費量を2020年に比べてそれぞれ約13.5％と16％削減することを掲げている。都市廃棄物リサイクル，公園における循環システム構築，固形廃棄物総合利用，建設廃棄物リサイクル等の実証プロジェクトが推進されている[71]。

特に，農業林業廃棄物の資源化利用の強化では，農作物残茎や家畜排せつ物，林業廃棄物，農産品加工副産物などの農業林業廃棄物を効率よく利用することで，2020年度の農作物残茎の総合利用率は86％以上，大量固形廃棄物の総合利用率は56％になっており，全体目標として「2025年までに農作物残茎の総合利用率は86％以上を維持し，大量固形廃棄物の総合利用率は60％になるようにする」ことを掲げている。

⑶　各省・地方都市における政策動向
　㋐　江蘇省
江蘇省では，「プラスチック汚染のさらなる強化に関する意見」が出されており，低コストのポリ乳酸とバイオ由来の合成に焦点が当てられているため，材料，新世代の生体親和性プラスチックおよびその他の生分解性プラスチック関連技術に力を入れている[72]。

70　https://www.ndrc.gov.cn/xxgk/zcfb/ghwb/202107/P020210707324072693362.pdf
71　https://www.gov.cn/zhengce/content/202402/content_6931079.htm?lj=
72　https://www.ndrc.gov.cn/xwdt/ztzl/slwrzlzxd/202009/t20200927_1318917.html

㈑ 深圳市

深圳市では，「深圳広明科学都市一般開発展示会企画」（2020-2035）[73]において，合成生物学の発展を強調しており，中国科学アカデミーの深圳先端技術研究所主導による深圳エンジニアリングバイオインダストリーイノベーションセンターを中心に，合成生物学関連のパイロット検証プラットフォームの研究，構築，および成果に関連する新産業の展望が見込まれている[74]。「第14次5カ年計画の策定と深圳国民経済と社会」では，生物学的育種に関して，オミクス技術，合成生物学，植物ベースに焦点が当てられている[75]。

㈒ 天津市

天津市では，「第14次5カ年計画ものづくりの高品質な開発」として，生物医学産業を発展させるために，合成生物学の国家主要科学技術部門が設立されている。National Synthetic Biotechnology Innovation Centerなどの技術インフラストラクチャーとイノベーションプラットフォームに加えて，「バイオマニュファクチャリングバレー」と「セルバレー」が建設されている[76]。

㈓ 山西省

山西省では，「山西省第14次5カ年計画戦略的新興産業計画」が策定されており，合成生物学と新しいバイオ由来の高分子材料，生体工学に関する基礎研究が実施されている。材料などの応用技術の開発を加速し，生分解性ポリエステル，バイオ由来のポリアミド等の開発に焦点を当てている[77]。

3−6　諸外国の持続可能な製造・ものづくり分野の政策動向等の比較

以下に，欧米ほか諸外国のバイオものづくり分野におけるサプライチェーン関連の政策比較を示す。

73　https://www.sz.gov.cn/cn/xxgk/zfxxgj/zwdt/content/post_8648661.html
74　https://www.thepaper.cn/newsDetail_forward_24678055
75　https://www.thepaper.cn/newsDetail_forward_13069353
76　https://www.tj.gov.cn/zwgk/zcjd/202107/t20210707_5498416.html
77　https://www.shanxi.gov.cn/zfxxgk/zfxxgkzl/fdzdgknr/lzyj/szfwj/202205/t20220513_5976514.shtml

図表3-20 欧米ほか諸外国の主なバイオものづくり分野関連の政策比較

	国際潮流	米国	EU	中国	日本
政策・国家戦略	Realising the circular bioeconomy (2018) OECD BNCT	The Bioeconomy Initiative:Implementation Framework (2019)	Chemicals Strategy for Sustainability Towards a Toxic-Free Environment (2020) EC	中国製造2025 (2015) 2020年の国家標準化作業の要点 (2020)	バイオ戦略2019
	The Circular Economy Challenge (2019) WEF	National Biodefense Strategy (2020) WH	new Circular Economy Action Plan (2020) EC	国家イノベーション駆動発展戦略網要 (2016-2030)	バイオ戦略2020 (市場領域施策確定版)
	BIO-ECONOMY AND THE SUSTAINABILITY OF THE AGRICULTURE AND FOOD SYSTEM (2019) OECD	Safeguarding the Bioeconomy (2020) NAS	The European Green Deal (2021) EC	第14次5か年計画 (2021-2025)	グリーン成長戦略 (2020)
	Bio-Based Chemicals A 2020 Update (2020) IEA	The American Jobs Plan (2021) WH	Sustainable Product Legislative Initiative (2021) EC	サーキュラーエコノミー開発のための第14次5か年計画 (2021)	バイオ戦略フォローアップ (2021)
業界団体等の指針	Enabling a circular economy for chemicals with the mass balance approach (2019) EMF	Mass Balance Certification Principles for Advanced Recycling (2020) ACC's	Introducing chemical recycling: Plastic waste becoming a resource (2020) Cefic MASS BALANCE APPROACH TO ACCELERATE THE USE OF RENEWABLE FEEDSTOCKS IN CHEMICAL PROCESSES (2020) EUBP	国務院 国有資産監督管理委員会 国家発展改革委員会	廃プラスチックのケミカルリサイクルに対する化学産業のあるべき姿 (2020) 日化協 カーボンニュートラルへの化学産業としてのスタンス (2021) 日化協
主要政府機関	UNIDO, G7, OECD, WEF, IEA, EMF ほか	DoD, DOE, DoC, NSTF (旧NSF) , HHS, USDA ほか	EC ほか	科学技術省中国バイオテクノロジー開発センター, 中国科学院, 深圳広明科学都市, 天津工業バイオテクノロジー研究所	内閣府, 経済産業省, 環境省, 文部科学省, 農林水産省ほか
主なプロジェクトほか	CE100, ISCC ほか 気候変動, 生物多様性等を背景とした国際協調の動き	BioMADE, CAAFI, ECOSynBio, USGCRP, MGI 政府主導による官民パートナーシップによる製造プロジェクトが多い	H2020 (BIOFOREVER, MMAtwo, Carbon 4 PUR ほか) Horizon Europe (CBE ほか) パイロット (TRL 6 - 7) 商用レベル (TRL 8) のフラッグシップが多い	「深圳広明科学都市一般開発展示会企画」(深圳)「第4次5か年計画ものづくりの高品質な開発」(天津) ほか 半官半民企業のイノベーション拠点 工場設置による雇用創出	「スマートバイオ産業・農業基盤技術」SIP (第2期)「カーボンリサイクル実現を加速するバイオ由来の製品生産技術の開発」(NEDO) ほか
主なターゲット物質	セルルロース, エタノール, アセトン, メタノール, ヘキサン, レブリン酸, 2,5-フランジカルボン酸, モノエチレングリコール, アクリル酸, プロピレンほか	ポリヒドロキシアルカノエート, 脂肪酸, トリ酢酸ラクトン, ナイロン前駆体 (アジピン酸) ほか	メタン, メタノール, エチレン, プロピレン, ブチレン, ブタジエン, ベンゼン, トルエン, キシレン, MMF, FDCA, PVC, 芳香族化合物, UPR, PFR, ウレタンおよびエポキシ樹脂 ほか	ポリ乳酸, 生分解性ポリエステル, ポリアミド ほか	PET, PHA, PHBH, PEF, PC イソプレン ほか

第２節　持続可能な製造・ものづくり分野のサプライチェーンに関する規格・認証，標準化

1　持続可能な製造・ものづくり分野のサプライチェーンに関する規格・認証，標準化

　化学産業は再生可能原料への転換を迅速かつ大規模に推進しており，持続可能な新しいバイオ由来のナフサ原料の開発・活用だけでなく，新しい基準と認証スキームとして，マスバランスアプローチの開発にも力を入れている。持続可能なマスバランスアプローチは，化石原料ベースを再生可能／循環ベースに変換するためのメカニズムで，非常に重要な技術となっている。既存の大規模化学プラントおよび製油所の化石原料をバイオマス・CO_2・二次原料に変換する場合，大きな影響を与えることで知られている。サプライチェーンを含む再生可能なバイオマスフローを既存の化石原料システムとプロセスに供給し転換していくことで，現在，生産されている各種製品を生産現場で活用することを目的としている。独立した第三者機関が規格・認証により証明書を発行することで，各種製品の再生可能なドロップインの割当てが検証されている。

　日本では，持続可能なパーム油ネットワーク「Japan Sustainable Palm Oil Network（JaSPON）」によるRSPOが認知されており，その他の認証制度では，資源エネルギー庁が，バイオマス持続可能性ワーキンググループの中で，バイオマス資源のパーム油等で第三者認証制度を導入することを検討している。また，環境省がバイオプラスチックに関連する認証制度を取り上げているが，素材・製品のサプライチェーンにおける第三者認証の検討の議論は少ない。

　海外では，BASFをはじめSABIC，UPM，LyondellBasell，Neste等のグローバル企業が，第三者認証機関とともに，マスバランスアプローチを開発し，経済的に実行可能となる持続可能なサプライチェーンを構築している。

図表3−21 再生可能原料を利用した持続可能なバイオ由来製品およびケミカルリサイクル企業事例

企業名	再生原材料	サプライチェーン	生産物	最終製品化
BASF	プラスチック廃棄物	Recenso	エチレン，プロピレン	フィルム，エンプラ，繊維，モノフィラメント等
Quantafuel	プラスチック廃棄物	BASF	炭化水素	食品包装
SABIC	パルプ工程副産物（粗トール油等）	－	バイオ由来ナフサ（再生可能炭化水素）	バイオ由来ポリオレフィンPP/PE樹脂（化粧品容器包装）
Borealis AG	廃食用油由来バイオプロパン	Neste	バイオ由来プロパン	バイオ PP
LyondellBasell Industries N.V.	廃食用油由来バイオプロパン	Neste	バイオ由来ナフサ（再生可能炭化水素）	バイオ PE・PP
Dow Chemical Company	紙パルプ製造副生成物 粗トール油	UPM Biofuels	バイオ由来ナフサ（再生可能炭化水素）	バイオ PE
New Energy	廃タイヤ	BASF	廃タイヤ由来熱分解油	ポリアミド樹脂（PA 6）
Pyrum Innovations AG	廃タイヤ	BASF	廃タイヤ由来熱分解油	ポリアミド樹脂（PA 6）
日本触媒	バイオプロピレン	－	バイオアクリル酸	高吸収性樹脂（SAP）
三井化学/豊田通商	植物油廃棄物・残渣油由来ナフサ	Neste	フェノール類，ポリオレフィン類	バイオマス誘導品（バイオマス化学品・ポリマー等）
大日本印刷	廃糖蜜や植物由来	BASF	炭化水素	液晶フィルムナイロンフィルム包装材

　持続可能なバイオマスおよびバイオエネルギーを認証するISCCをはじめ，バイオマス由来製品の全般を承認するISCC PLUS，RSB（Roundtable on Sustainable Biomaterial），RSPO（Roundtable on Sustainable Palm Oil），REDcert²などの認証ラベルがあり，バイオマスバランスアプローチ等，持続可能なバイオ製品普及促進の取り組みが推進されている。また，TÜVSÜD（ドイツ）など独立機関による第三者承認スキームによる規格・認証が実施されている。

1－1　ISCC認証[78]

ISCC（International Sustainability and Carbon Certification）は，追跡可能かつ森林破壊のない持続可能なソリューションを提供するための認証制度として一般的にバイオ燃料等に適用される。

ISCC PLUS（International Sustainability and Carbon Certification PLUS）認証は，マスバランス方式で製造されたバイオマス原料や再生原料等の製品をサプライチェーン上で管理・担保する認証制度としてバイオプラスチック，混合プラスチック廃棄物，化学薬品および技術的応用，食品や飼料に使用される農業原料に適用される[79]（事例：NatureWorks（PLA），SABIC（バイオPE，バイオPP），Dow Chemical（PE）ほか）。

図表3－22　3年間（2019年～2021年）のISCC PLUS認証件数推移

Valid ISCC PLUS Certificates

698
369
199
2019　2020　2021

78　https://www.iscc-system.org/
79　https://www.iscc-system.org/search/ISCC+PLUS%28International+Sustainability+and+Carbon+ Certification+PLUS%29/

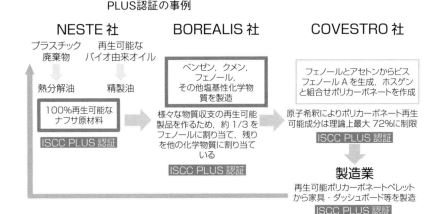

図表3-23　マスバランスアプローチによるサプライチェーン企業のISCC PLUS認証の事例

1-2　REDcert² (Renewable Energy Directive)

　REDcert²は，ドイツのバイオマス持続可能性条例の遵守のために認証スキームとして整備され，その後 EU RED向けの基準に準拠した。2020年には持続可能な材料の認証のためのスキーム原則としてバイオマスバランスにおける化学産業の認証スキームが開発され，原料生産から最終利用，そしてプラスチック廃棄物が販売されるまで，サプライチェーン全体で使用されている。認証の対象地域は欧州に限定されている[80]（事例：BASF（PS断熱材，PA全般）等，LyondellBasell（PE，PP）等）。

80　https://www.redcert.org/en/

図表3-24 マスバランスアプローチによるサプライチェーン企業のREDcert²認証の事例

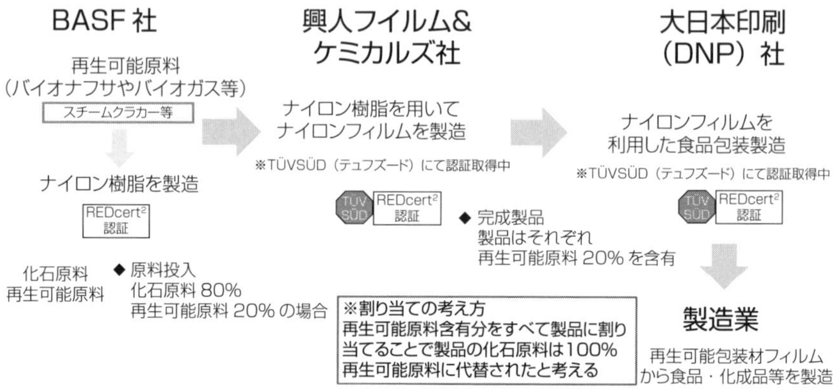

1-3 RSB (Roundtable on Sustainable Biomaterials)[81]

RSBは，あらゆるバイオマス由来の燃料に対し，環境や社会への影響に配慮した原材料の生産，加工，利用や輸送，あらゆるバイオ由来飼料，バイオマス派生材，あらゆる先進燃料の製造およびサプライチェーン全体，新技術をカバーする認証制度である。GHG算定と節減を考慮に入れる（50-60％削減）ことになっており，非常に包括的なため，準拠が難しいとされている。欧州を中心に主に航空，海事分野で多く利用されている（事例：INOVYN（バイオPVC［バイオポリ塩化ビニル］）等[82]，Ineos Styrolution（スチレン・ブタジエン共重合体）等[83]）。

1-4 RSPO (Roundtable on Sustainable Palm Oil)[84]

RSPOは，世界自然保護基金（WWF：World Wide Fund for Nature）を含

81 https://rsb.org/
82 https://rsb.org/2019/10/17/inovyn-launches-a-new-generation-of-pvc-with-a-100-rsb-certified-sustainable-supply-chain/
83 https://www.inovyn.com/news/inovyn-launches-worlds-first-commercially-available-grade-of-bio-attributed-pvc/
84 https://rspo.org/

む関係団体が中心となり，設立された国際NPOとして，世界的に信頼される認証基準の策定とステークホルダーの参加を通じて持続可能なパーム油の生産と利用を促進することを目的としている。森林破壊などの悪影響を最小化しながら，持続可能なパーム油の成長と利用を促進する認証制度である。バイオ燃料市場向けにGHG算定と節減を考慮に入れることができる。

　以下に，主なバイオものづくり分野におけるサプライチェーン関連の認証制度の比較を示す。

図表3−25　主なバイオものづくり分野に関連する認証制度の比較

認証スキーム	ISCC (International Sustainability and Carbon Certification)	RSB (Roundtable on Sustainable Biomaterials)	RED (Renewable Energy Directive)
概要	100以上の団体がメンバーとなり管理する認証スキームで，本部はドイツにある。EU REDで認められたスキームになっている	WWFおよびバイオ燃料/原料生産者のパートナーシップが2007年に設立。本部はスイスローザンヌ大学，2011年持続可能性基準策定，2013年に対象をすべてのバイオマテリアルに拡大。EU REDで認められたスキームとなる	ドイツの農業およびバイオ燃料分野の組織が2010年に設立した。本来はドイツのバイオマス持続可能性条例の遵守のために認証スキームを整備していたが，その後 EU RED向けの基準に整備された。有効な認証件数1,909件
カテゴリー	ISCC PLUS	Advanced Product	REDcert[2]
対象	バイオマス製品，エネルギー，食糧，家畜	すべてのバイオマス製品	すべてのバイオマス製品
地域	全世界	全世界	欧州のみのため，ドイツを中心に欧州各国での実績に限定
範囲	サプライチェーン全体	サプライチェーン全体	サプライチェーン全体

基準	環境・社会的な持続可能性，追跡可能性，温室効果ガス削減（任意）	サプライチェーン全体における持続可能性，温室効果ガス削減（50-60％削減），化石資源の枯渇リスクの低減，製品中のバイオマス度（25%以上）	2020年，持続可能な材料認証のためのスキーム原則としてバイオマスバランスにおける化学産業の認証スキームが開発，原料生産から最終利用，プラスチック廃棄物が販売されるまでサプライチェーン全体で使用
主な項目	ISCC EUは温室効果ガス算定と削減を考慮に入れるがISCC PLUSは要求されない	欧州が中心で，アジアでは広く取り上げられていない。非常に包括的なため，準拠が難しい	サプライチェーン（農家，廃棄物収集所，搾油工場，バイオエタノール工場等）別に認証が付与
認証取得企業事例	NatureWorks (PLA)　SABIC（バイオPE，バイオ PP等）	INOVYN（バイオポリ塩化ビニル等），Ineos Styrolution（スチレン・ブタジエンコポリマー，スチレン・ブタジエンブロックコポマー）	BASF（PS製断熱材，高吸水性ポリマー，硬質PUフォーム，PA，発泡スチロール等），LyondellBasell (PE, PP)

2　持続可能な製造・ものづくり分野におけるサプライチェーンに関する規格・認証，標準化のまとめ

　地球規模の課題である気候変動問題の解決に向けて，2015年にパリ協定が採択され，世界共通の長期目標として，以下の合意がなされた。

○世界的な平均気温上昇を産業革命以前に比べて，2℃より十分低く保つとともに，1.5℃に抑える努力を追求すること（2℃目標）
○今世紀後半に温室効果ガスの人為的な発生源による排出量と吸収源による除去量との間の均衡を達成すること

この長期目標の実現に向けて，世界が取り組みを進めており，日本においても，2020年10月，政府は2050年までに温室効果ガスの排出を全体としてゼロにする，カーボンニュートラルを目指すことを宣言した。さらに2021年4月22日に地球温暖化対策推進本部の決定を踏まえ，米国主催気候サミット（オンライン開催）において，2050年カーボンニュートラルと整合的で野心的な目標として，2030年度に温室効果ガスを2013年度から46％削減することを目指すこと，さらに50％の高みに向け挑戦を続けることを表明した。

　このため，エネルギーを石油から再生可能エネルギーに転換していくことはもちろん，ものづくりにおいても，石油の消費によるものづくりから再生可能原料からのものづくりへの転換が求められている。すなわち，将来的には，多くの石油由来の製品の使用が制限され，バイオ由来製品への乗り換え，置き換えが増加すると考えられる。欧米では，様々な観点から戦略的ターゲット物質を選定し，バイオ産業技術を利用するバイオ由来製品の生産に向け産業転換を試みている。

【米国の製造・ものづくり分野における戦略的ターゲット物質の選定】

　バイオによるものづくりにおいて，バイオ技術により生産するターゲット製品の選定方法として，米国では，2004年にDOEが12種類（15の化合物）のターゲット製品を選定し，2010年改訂以降，2018年にマルチスケールモデリングプロセスを用いて潜在的収益性の高いバイオ由来化合物を選定している。具体的には，①ゲノムスケールの制約に基づいて，209の化合物候補プールを設定，②KEGGおよびMetaCycのデータベースから，代謝モデリングアプローチ（それぞれの推定収量，生産性，滞留時間とともに）を開発，③高生産量（HPV：High-Production-Volume）化合物のデータベースを構築，④化合物の利益率（下流分離コストを含む総プロセスコストは体系的に評価に組み込む），市場規模，市場に基づいたスクリーニング基準を設計し選択している。

【欧州の製造・ものづくり分野における戦略的ターゲット物質の選定】

　欧州では，バイオ由来の化学製品は，石油化学製品のバイオベースの代替として定義されているドロップイン化合物と，バイオ由来製品として特徴的なバイオマス由来の経路を介した化合物に分類している。ターゲット物質の選定方法としては，①産業セクターを中心に10の代表的なアプリケーションカテゴリ

（接着剤，化粧品およびパーソナルケア製品，潤滑剤，人工繊維，塗料・コーティング・インク・染料，可塑剤，基幹化合物，プラスチック用ポリマー，溶剤，界面活性剤）を定義，②バイオ由来製品のロングリストからバイオ由来の化合物の代表的なサブセットを選択して，最初のステップから派生したアプリケーションカテゴリを反映，③収集された情報をもとに，以下の10の指標により選定している。

- ・バイオ由来化合物の生産量
- ・バイオ由来化合物以外の化合物総計 生産量
- ・バイオ由来化合物の占める割合
- ・代表的な化合物の平均価格
- ・代表的な化合物価格にバイオ由来生産量を乗じた割合
- ・化合物の売上高，価格にバイオ由来生産量を乗じたもの
- ・化合物消費量（輸出入を含めた消費量と在庫変動含む）
- ・輸入量から輸出量を差し引いた取引量
- ・化合物輸入依存度
- ・土地の使用

【日本の製造・ものづくり分野における戦略的ターゲット物質の選定】

日本では，戦略的ターゲット物質は選定されていない。ここでは，欧米の選定方法を参考に，日本の強みをいかした戦略的ターゲット物質の選定方法の一例として以下の項目を紹介したい。

- ① 環境的価値（GHG削減効果ポテンシャル）（GHG削減量×生産量）
- ② 経済効果ポテンシャル（価格×生産量）
- ③ 波及効果が大きい（誘導体の幅が広い）
- ④ 製造技術において日本企業が強い
- ⑤ 誘導体を利用した製品，最終製品シェアにおいて日本企業が強い
- ⑥ バイオ原料由来の新規化合物（機能的代替）
- ⑦ 生分解性の機能がある
- ⑧ 付加価値の高い機能化学品
- ⑨ 枯渇懸念資源や安全保障の観点

　欧米との大きな違いは，温暖化ガスの削減効果ポテンシャルを指標の1つとして挙げている。ただし，ターゲット製品を選定した後，原料〜製造〜廃棄・リサイクルまでのサプライチェーン全体を考慮した上で境界設定し，その後，製造プロセスを設計し，少なくとも製造工程のLCA評価を行うことが必要である。また，その製造工程から製造コストを試算し，石油由来の製品に対し，十分な価格競争力を有することが前提である。

【日本のバイオ由来製品の利用促進に向けた課題】

　医薬品原体，その中間体や香料等の高機能化学品に比較して，ターゲット製品を製造する場合には大量の原料が必要となる。例えば，2019年に策定された「プラスチック資源循環戦略」では，2030年までに約200万トンのバイオマスプラスチックを導入することを目指すと掲げられている。本目標達成のためには，その数倍のバイオマス原材料が必要であり，バイオマス原料の育種・栽培，収集，運搬，保管が大きな課題である。

　ターゲット製品の製造拠点としては，原材料が水分を含み嵩高であることから，原材料が賦存する所，もしくは原材料が集積されている所で製造することが望ましい。したがって，原材料が大量に存在する海外での製造拠点立地もあり得る。また，可食原料との競合を避けるため，非可食資源や廃遺物，専用の作物を栽培すること，さらにはCO$_2$を直接の原材料とする微生物の育種も考慮する必要がある。

　ターゲット製品の製造において，原材料とならび大きな課題は，石油製品との価格競争である。数倍の価格差では，バイオプレミアムを前提としても消費者が購入することは考えにくく，大幅なコストダウンが必要である。このためには，代謝経路のデザイン，新規代謝酵素の創造，微生物育種，目的生産物の新規精製手法の開発等の技術開発を含め，さらに，政策的な規制や支援（認定基準，標準化，トレーサビリティ等），欧米における商業化への取り組み状況に鑑み，製造に向けたスケールアップを含めた枠組み作り等が重要となる。

　欧州は政府と企業のつながりが強く，政府が商業化まで支援しているが，日本はアカデミアと企業の連携が弱く，基礎研究から産業化へつなげることができていない。また，日本は，社会が必要とする，あるいは将来有望な市場に対する投資が少なく，結果として優れたスタートアップ企業や優秀な人材が育ち

にくい状況である。したがってこのような点においても政府の支援が必要である。

　企業がバイオ由来製品市場に対して，ビジネスへの参入に躊躇するのは，現時点においてバイオ由来製品のビジネスモデルが成立していないからとも考えられる。カーボンプライシングのようなものが広がり，相対的にバイオ由来製品が安くなるといったビジネスモデルが成立すれば，企業が参入する機会が増えることが考えられる。例えば，Clariant社は，農業残渣である麦わらからセルロース系のエタノールを製造するための技術を開発し，ルーマニアでバイオエタノールを生産するバイオプロセスの実証をしている。同社は2021年，25万トンの麦わらから5万トンのバイオエタノールの商業規模での生産を開始した。このプロセスは，Braskem社が生産する可食原料からのエタノール生産と異なり，非可食原料からのエタノール生産であり，商業生産の意義は大きい。

図表3－26　欧州および米国，日本の主なバイオ素材製品の規格・認証制度と実施主体の組織一覧

国	組織名称	組織拠点	組織設立目的	組織内容，認証ラベル事例
国際	International Organization for Standardization	国際標準化機構 (ISO)本部ジュネーヴ 設立：1947年	国際規格 IS を策定するための非政府組織	工業製品，技術，食品安全，農業，医療などの分野について，国際規格ISを策定 ISO認証を実施
	The Roundtable on Sustainable Biomaterials	持続可能なバイオ材料に関するラウンドテーブル（RSB）本部ジュネーヴ	国際的な持続可能なバイオ材料，バイオ燃料，バイオマス生産の認証基準（International Sustainability and Biomaterials Certification）を制定，承認	バイオ材料，バイオ燃料，バイオマスのRSB認証 バイオ燃料のRSB認証は2011年始動
欧州	European Committee for Standardization	欧州標準化委員会（CEN：French: Comité Européen de Normalisation）1961年創設 本部ベルギー，ブリュッセル	欧州統一規格（European Norm）を策定，欧州連合（EU）と欧州自由貿易協会（EFTA）が欧州レベルで自主基準を開発し定義 3つの欧州標準化機関（CEN，CENELEC，ETSI）がある CENは欧州標準化委員会，CENELECは欧州電気標準化機構，ETSIは欧州電気通信標準化機構	13カ国のメンバーが参画 CENは，様々な分野の欧州規格（EN：European Standard）を策定 CENELEC規格は，国際電気標準会議（IEC）で策定された規格で形成，電気工学分野の欧州標準規格（EN）を策定
	European Committee for Electrotechnical Standardization	欧州電気標準化機構（CENELEC, French: Comité Européen de Normalisation Électrotechnique）1973年，設立 本部ベルギー，ブリュッセル		

国	組織名称	組織拠点	組織設立目的	組織内容，認証ラベル事例
	European Commission	欧州委員会（EC） EU15か国＋EEA合意署名国（ノルウェー，リヒテンシュタイン，アイスランド）の各国1名から成る	欧州委員会：European Commission（EC）はEUの政策執行機関	1992年European Union Eco-Label（EUエコラベル）制定 環境影響が少ないと認められた商品に対してラベルの使用を認めるもの
	European Bioplastics	欧州バイオプラスチック協会 ドイツ，ベルリン 1993年 ドイツでIBAW（International Biodegradable Polymers Association & Working Groups）として設立 ・2017年EU全体で約70社の企業が参画	バイオプラスチックの技術的進歩と本格的な市場導入のための政策と経済的枠組みの推進 バイオプラスチックの環境への影響に関する一貫した基準，認証，ガイドラインの促進 バイオプラスチックの生産のためのバイオマス作物の持続可能な成長支援 効率的な再利用，リサイクル，回収システム，廃棄物管理インフラストラクチャーの実施支援	
	European Compost Network	欧州コンポストネットワーク（ECN） 26のヨーロッパ諸国からの72のメンバーを持つ会員組織	コンポスト，嫌気性消化，その他の有機資源の生物学的処理プロセスにおける持続可能なリサイクルプラクティスを促進	有機資源のリサイクルシステムの支援と確立制度の提供 ECN-QAS：EU内のリサイクルバイオ廃棄物から作られた堆肥の欧州品質保証制度，堆肥および消化製品の商標登録
ベルギー	AIB-Vinçotte	ベルギーの環境保護製品認定機関 本社ベルギー，ブラッセル Vinçotteは1890年設立，1989年にAIB（Association des Industrials de Belgique)と合併	ベルギー工業規格認証制度制定	安全や環境に配慮した工業製品の認証実施
ドイツ	DIN CERTCO	ドイツの工業規格認証機関 本社ドイツ　ベルリン ドイツの検査試験会社TÜVRheinland AGと社団法人ドイツ規格協会DINが出資 アジア，中国上海，台湾台北にも営業所あり	ドイツの工業規格全般の認証	製品の品質，安全性，信頼性を実証 幅広い製品を評価，登録し，適格な企業および人材を認定
	REDcert	ドイツのバイオ燃料認証機関 ドイツの農業バイオ燃料業界団体により2010年設立 ドイツ連邦農業食品研究所にてバイオマス持続可能条例が承認され，バイオマス持続可能規制のためのREDcert認証制度を策定	バイオ燃料，バイオ材料の持続可能規制	Redcert 認証

国	組織名称	組織拠点	組織設立目的	組織内容，認証ラベル事例
	der blaue engel	ドイツの環境保護製品認定機関 エコラベルThe Blue Angel制度を世界初導入 ドイツ連邦環境庁（Federal Enviromental Agency）とドイツ品質保証・ラベル協会（RAL：German Institute for Quality Assurance and Labeling）により設立 1978年設立	ドイツの環境保護製品認証制度制定	環境にやさしく，環境保護を考慮した製品であることを認証
オランダ	Nederlands Normalisatie Instituut / Netherlands Standardization Institute	オランダの規格標準化協会（NEN） オランダ　デルフト市	NEN はオランダの標準化プロセスをサポートしており，国際規格（ISO，IEC），欧州規格（EN），および国内規格（NEN）を管理し，利害関係者と協力して標準を開発している	
	BETTER BIOMASS	エネルギー，燃料，バイオベース製品の持続可能性を示すオランダの国際認証システム オランダ　デルフト市	バイオマスの認証制度	オランダ標準化協会（NEN）によりNTA8080に基づき認証
フランス	Le Bureau de Normalisation des Plastiques et de la Platurgie（BNPP）	フランスのプラスチック規格協会 125, rue Aristide Briand – 92300 Levallois Perret フランス　ルバロア＝ペレ市	フランスのプラスチック標準化	CEマーク（製品をEU加盟国へ輸出する際に，安全基準条件を満たすことを証明するマーク）の認証 ISO（国際標準化機構）とCEN（欧州標準化委員会）との調整
	Association Française de Normalisation	フランス国家標準化機関（AFNOR） 1991年設立 NF-ENVIROMENT(環境マーク)制定	フランスの国家規格 NF(Norme Française)制定	NFマークは消費製品，環境にやさしい製品，農植物製品，サービスの4つ運営
イギリス	British Standards Institution（BSI）	389 Chiswick High Road London W4 4AL United Kingdom イギリス　ロンドン 1901年工学標準化委員会の初会合開催 1931年英国規格協会（British Standards Institution）となる 1946年ロンドンにてイギリス連邦標準化会議開催 1947年国際標準化機構（ISO）となる	英国規格協会	情報セキュリティ，品質・改善，食品・飲料，安全・衛生。自動車，輸送・ロジスティクス，医療機器など幅広い業種にわたり評価・認証を実施 国際品質管理システム規格ISO 9001認証が178の国で発行され国際環境マネジメントシステムISO14001：2004認証が159の国と経済領域で発行 カイトマークは，製品試験（英国，欧州，国際規格等との適合性）と製造システムの審査

国	組織名称	組織拠点	組織設立目的	組織内容，認証ラベル事例
		世界最古の国家規格協会 世界150カ国以上で65以上のオフィスを持つ		（ISO9001等による評価）により製品・サービスの品質・安全性認証に関するライセンスとしてBSIから与えられるマーク 認証研修や製造メーカー支援
日本	日本バイオプラスチック協会 （JBPA）	JBPA：Japan BioPlastics Association 1989年生分解性プラスチック研究会（BPS）発足，2007年「日本バイオプラスチック協会」に改称 樹脂製造メーカー，プラスチック加工メーカー，商社など参画	バイオプラスチックに関する技術確立と普及促進	季刊誌バイオプラジャーナル発行（年4回），講演会開催，主催事業の広報活動 JBPA識別表示制度制定 2000年グリーンプラ（生分解性プラ）識別表示制度の運用開始 2006年バイオマスプラ識別表示制度運用開始 バイオベースプラスチックが25%重量以上を認証
	一般社団法人 日本有機資源協会 （JORA）	JORA：Japan Organics Recycling Association	有機資源循環システムの構築に向け，普及啓発と調査研究を行う団体	バイオマスマークは2006年8月から認証 2012年より，バイオマスの割合（バイオマス度）が10%以上のものと下限を設定
米国	ASTM International	ASTM International（米国試験材料協会：American Society for Testing and Materials） 世界最大規模の標準化団体 本部ペンシルベニア州ウェストコンショホッケン	世界最大・民間・非営利の国際標準化・規格設定機関 工業規格のASTM規格を設定発行	ASTM D6400に基づく堆肥（コンポスト）化可能プラスチックをBPI（Biodegradable Products Institute：米国生分解性プラスチック製品協会）により認証，識別表示
	US Composting Council（USCC）	米国堆肥（コンポスト）化協議会（USCC） 本部バージニア州レストン 1990年設立	堆肥化製造と利用により，持続可能な社会を創出する	USCCとBPI（Biodegradable Products Institute：米国生分解性プラスチック製品協会）は，高品質の堆肥製造を目指し，材料の回収促進のため提携

国	組織名称	組織拠点	組織設立目的	組織内容，認証ラベル事例
	United States Department of Agriculture (USDA)	アメリカ合衆国農務省 (USDA) 本部ワシントンD.C	BioPreferred Programにより，米国のバイオベース製品の消費の推進を図る	2002年からのUSDA主導のバイオベース製品拡大支援政策 連邦政府機関および連邦業者の必須購買要件 自主的な製品認証およびラベリング USDA認定バイオベース製品ラベル化により，消費者に製品のバイオベース情報を提供 USDA CERTIFIED BIOBASED PRODUCT PRODUCT 57%

　今後，エタノール以外で，非可食原料から石油化学品の2割，3割増程度までコストを下げた戦略的ターゲット物質を作ることが重要になってくる。当面はコスト高の差額分を政策的誘導（カーボンプライシング等を含む）と民間の創意工夫によるイノベーションの両輪により価格差を小さくするなどして販路を拡大していき，いずれは技術開発が進みバイオ由来製品の価格がほぼ同等に近くなるシナリオが現実味をおびてくる。その中でLCAを評価して，CO_2削減の効果をきちんと証明して，その環境価値をクレジット化して経済的価値に変換することができれば，新しいビジネスモデルとして社会にさらに普及していくのではと思われる。

コラム
Column

欧米諸外国の主な規格，認定制度機関の概要

【国際標準化機構　ISO規格（International Organization for Standardization）】
　ISO規格は，製品の品質，性能，安全性，寸法，試験方法などに関する国際的な取り決めになる。特にISO 16620では，バイオプラスチック製品におけるバイオ由来含有量を決定するため，一般原則および各成分の炭素質量または質量に基づく計算方法を規定している。バイオ由来または化石由来成分から作られたプラスチック製品およびプラスチック材料，ポリマー樹脂，モノ

マー, または添加剤に適用される[85]。

【欧州の統一規格　CEN規格（CEN/CENELEC規格）】[86]

　EN規格は, 欧州30カ国で構成される欧州標準化委員会（CEN）や欧州電気標準化委員会（CENELEC）, 欧州通信規格協会（ETSI）が発行する, 欧州の統一規格になる。加盟各国は, EN規格を自国の国家規格として採用することが義務づけられている。

　欧州委員会は, 規制, 公共調達, 標準化およびその他の支援活動などの政策手段を使用して, 一連の特定分野の進展を支援し, これらの新製品を市場に投入する障壁を軽減することを目的として, リードマーケットイニシアチブを策定し, バイオ由来製品市場は, リード市場として特定された。欧州委員会は, バイオ由来製品のリードマーケットイニシアチブの枠組みの中で, 特に, バイオ由来含有量を決定し, 製品機能の評価, 環境評価インパクト等に対応する標準化指令をCENに発行させた。基準は, 特にバイオ由来の新製品の初期需要を集約するための必須要素とみなされている。バイオ由来製品の基準は, 生物分解性, バイオ由来含有量, リサイクル性, 持続可能性等を検証するための共通の試験方法および要件を提供することによって, 市場の透明性を高める助けとなり得るとしている[87]。

【米国の統一規格　ASTM International（米国試験材料協会）】[88]

　ASTMは世界最大級の民間規格制定機関（非営利団体）で, 約130分野（プラスチック, 金属, 塗料, 繊維, 石油, 建設, エネルギー, 環境, 消費財, 医療サービス・機器, コンピュータシステム, 電子など）の標準試験方法, 仕様, 作業方法, ガイド, 分類, 用語集を作成し発表している。ASTMは業界自主規制だが, 世界75カ国で法規制などの基準とされるなど, 国際的に広く採用されている。

85　https://www.iso.org/standard/63766.html
86　https://www.cen.eu/Pages/default.aspx
87　https://www.cen.eu/work/areas/chemical/biobased/pages/default.aspx
88　http://www.astm.org/

【日本バイオプラスチック協会（JBPA）】

　わが国では，循環型社会形成推進基本法が制定され，3R（リデュース・リユース・リサイクル）の適正処分が推進されているが，バイオ由来製品の開発利用促進では，日本バイオプラスチック協会がバイオマスプラ（BP）認証およびグリーンプラ（GP）認証を進めている。

Column コラム

バイオ素材由来ポリプロピレン（PP）の市場動向と
社会的課題へのインパクト

　バイオ素材由来のポリプロピレン（PP）を製造している化学メーカーの多くは，サトウキビ，トウモロコシ，植物油，その他のバイオマスなどの天然資源を原料としてイソプロパノールおよびn-ブタノールの製造に取り組んでいる。

　温室効果ガス排出削減に関するバイオプラスチック産業の成長と規制措置は，バイオ由来素材PP市場にプラスの影響を及ぼすと予想されている。成長促進因子としては，PLAやバイオ素材由来PETなどの需要の高まりが挙げられる。また，石油価格の下落に伴う利用増加やシェールガスの需要拡大は，合成PPの需要につながり，バイオ素材由来PP市場の成長阻害因子と想定される。

　欧州は，世界最大のバイオ素材由来PP市場であり，世界シェアのおよそ35％以上を占めている。バイオ素材由来のポリプロピレン（PP）の産業動向では，自動車産業の場合，軽量化材料の需要増加に伴い，環境にやさしい製品開発に向けた規制シナリオが施行されたことにより，今後6年間でバイオ素材由来PP市場の成長を促進すると期待されている。欧州委員会は，製造時のGHG排出量が低く，バイオマス含有量が高いため，バイオ由来ポリマーの使用を支持しており，いくつかの規制を策定している。その結果，欧州市場にバイオ由来ポリマーの需要の増加をもたらした。一方，北米は，欧州に続く市場推移になる見込みと予測されている。北米では建設産業界で生分解性

ポリマーの需要が高まっていることから，今後6年間でバイオ素材由来PP市場の成長が加速すると予想されている。EPAなどの規制機関によって実施されるバイオ由来ポリマーの規制を支持することは，今後数年間にバイオ素材由来PP市場の成長に拍車をかけると見込まれている。

　2030年以降の世界市場規模は，欧州の規制強化（2030年までに石油由来製品の30%を生物由来に置換との目標を設定）によりプラスチック市場の30%がバイオ由来素材で代替されていると仮定すると，バイオ素材由来PPの市場は1億トンを超える。中でも，バイオ原料が豊富で，人口が増加し需要が旺盛である中国，インドにおける伸び率は，欧米に比べて大きいと考えられる。

　世界人口が2016年の73億人から2050年には98億人とおよそ1.3倍に増加すると予想されている。したがって現在のプラスチックの使用量も増加し，生活水準の向上に伴い増加割合はさらに大きいと推定される。

　Mordor Intelligenceの調査では，世界のバイオベースポリプロピレン市場規模は，予測期間（2023〜2028年）中に20.35%の成長率で伸び，生産量は2023年の28.91キロトンから2028年までに72.99キロトンに成長すると予想されて伸びると推定している。

　主な市場プレイヤーは，Borealis AG，Braskem，Mitsui Chemicals, Inc.，SABIC，LyondellBasell Industries Holdings BV 等である。

　地域別では，現在は欧州18%，北米19%でアジアパシフィックが49%，その他14%であるが，将来的な市場には，バイオ素材由来PPの場合と同様に，人口が増加し需要が旺盛である中国，インドにおける伸び率が，欧米に比べて大きいと想定されている。業界別アプリケーションでは，バイオ素材由来PPは，融点が高く，優れた疲労特性，耐熱性と耐薬品性，そして環境に優しい性質を備えているため，包装，自動車，エレクトロニクス，医療業界の様々な射出成形用途に使用されている。特に，特定要件を持つ高級ブランド製品の包装など，包装用途におけるバイオ素材由来PPの需要は増加している。

　諸外国の政策では，イノベーション，資源効率，気候変動に関する様々な施策により，バイオプラスチック包装を推進している。

　さらに，中国は大量のプラスチックの生産に大きく関与しており，貿易輸出から収入を得ている。2021年に中国は約1,310億7,000万ドル相当のプラスチックと製品を輸出し，前年（2020年）の輸出額約963億8,000万ドルから36%増加した。

　世界のバイオプラスチック生産能力は，2021年に16％増加して240万トンに
なり，生分解性バイオプラスチックは，2021年の総生産のうちの160万トンを
占めた。

　環境への懸念から，環境に優しい包装オプションを好む消費者やメーカー
が増えており，バイオ素材由来PP市場の需要が高まっている。PE，PPの
30％をバイオ由来に代替することで，全プラスチック生産量の約20％がバイ
オ代替となり，気候変動に与えるインパクトは大きいとされている。

3　持続可能な製造・ものづくり分野における各産業のサプライチェーンの課題

3－1　素材産業におけるサプライチェーンの課題

　バイオものづくり分野におけるサプライチェーンに関する規格・認証，標準
化の課題と影響力が想定される。

(1)　認証制度の課題

- 様々な認証スキームがあり，どのスキームを取得する必要があるか明確ではない
- 国・地域によって要求事項が異なるため複数の認証スキームを取得する必要があり，運用面，費用面で負担がかかる
- 全体のサプライチェーンにおけるGHG削減効果が明確ではない
- 第三者認証機関の整備

(2)　認証制度の影響力・拘束力

　再生可能エネルギー指令（EU RED：Renewable Energy Directive）※の下
での認証適用が大きな影響力・拘束力を認められており，先行して再生可能エ
ネルギー用途のバイオマスの認証実績が多く，食料，エネルギーを含むあらゆ
る用途のバイオマスを対象とする認証スキームになりつつある[89]。EU REDの
下での適用も認められており，他の認証制度であるRSB，ISCCとも整合性が

とられ，EU RED対応型のルールと広く国際的に活用可能なルールの双方の性質を有している[90]。

※EU RED[91]

　欧州の再生可能エネルギー政策の１つで，2020年までに輸送用燃料における液体バイオ燃料の混合率を10%以上とする義務目標を設定している。ただし，森林減少要因，土地利用転換等に伴うCO_2排出要因となり得る植物油を液体バイオ燃料（輸送燃料用および発電・熱生産用の両方を含む）として使用することについては，持続可能性基準の適用を通じて一定の制限を設けている。EU REDでは「バイオ燃料等の持続可能性基準」が定められており，加えて，2015年のREDおよび燃料品質指令（FQD）の改正ILUC Directiveによって，燃料供給事業者に間接的土地利用変化（ILUC）に伴うGHG排出量の報告義務が課された[92]。

---

(3)　EU RED IIの今後

　2018年に改訂されたEU RED II（EU/2018/2001）[93]では，2030年までのEU全体の再生可能エネルギー源消費目標が32%に引き上げられた。EU REDと同様に，主産物・共産物（Coproducts），残渣・副産物（Residues）および廃棄物（Waste）等を分類し，持続可能性基準の適用に関する要求も区別している。ただし，各区分にどのような燃料が該当するかといった明確な位置づけは定めておらず，加盟国の判断に任されているが，今後も，更新されていくことになっている。さらに，EUのクリーンエネルギーへの移行を加速する必要性を考慮して，2023年に改訂された再生可能エネルギー指令（EU/2023/2413）は，2030年までのEUの法的拘束力のある再生可能エネルギー目標が最低でも

89　https://rsb.org/rsb-eu-red-fuel-certification/

90　https://ec.europa.eu/research/participants/documents/downloadPublic?documentIds=080166e5bd 578876&appId=PPGMS

91　https://energy.ec.europa.eu/topics/renewable-energy/renewable-energy-directive-targets-and-rules/renewable-energy-directive_en

92　https://link.springer.com/chapter/10.1007/978-3-662-53065-8_17

93　https://joint-research-centre.ec.europa.eu/welcome-jec-website/reference-regulatory-framework/renewable-energy-recast-2030-red-ii_en

42.5％までに引き上げられた[94]。

　例えば，ISCCはEU RED対応型ルールと広く国際的に活用可能なルールの双方の性質を有しており，今後，更新されていくことが明らかになっている。以下更新される項目を示す[95]。

① REDⅡで導入された主な更新の概要
● 新しいターゲット（キャップと乗数）
➢ 2030年までの再生可能エネルギー源からの32％（1990年比）のエネルギーとする
➢ 2030年までの燃料供給業者に対して14％の混合義務を課す
➢ 2030年までの先進的バイオ燃料の3.5％のシェア（1990年比）
➢ 道路と鉄道：再生可能エネルギーのシェアは，道路で4倍，鉄道で1.5倍とする
➢ 海事および航空燃料は，食品／飼料作物から生産された燃料を除き，1.2倍をカウントすることが可能
● 新しい燃料カテゴリー（高度バイオ燃料）
➢ 高度なバイオ燃料
➢ 高ILUCリスクバイオ燃料（段階的廃止）および低ILUCリスクバイオ燃料（消費量の上限）
➢ 非生物起源の再生可能燃料（RNFBO）およびリサイクル炭素燃料（RCF）
● 新しい持続可能性要件
➢ ガス状および固体バイオマス（木質ペレットなど）の必須の持続可能性基準
➢ 実施されている監視および執行システムに関する森林バイオマスの基準
● 新しいGHG排出削減要件
➢ 運用を開始するインストールの65％（2021年1月1日以降）
➢ 非バイオログからの再生可能燃料の70％（2021年1月1日以降）
➢ 新しい化石燃料コンパレータ：83.8 gCO2eq/MJの代わり
● 質量の修正バランスとトレーサビリティデータベース
➢ 特定の場所で原材料と燃料を混合できるという仕様。「流通インフラ」ガスネットワークを含む

94　https://energy.ec.europa.eu/topics/renewable-energy/renewable-energy-directive-targets-and-rules/renewable-energy-targets_en

95　https://eur-lex.europa.eu/legal-content/EN/TXT/?uri=CELEX%3A32022D0602

- ➢ エネルギー含有量の異なる原材料の混合は明示的に許可されている
- ➢ 輸送用燃料の完全なトレーサビリティーを可能にするためのユニオンデータベースの確立
- ② ISCC認定企業が考慮しなければならないRED Ⅱ の重要な更新（2021年7月1日以降）
- ● 土地関連の持続可能性
- ➢ <u>新しい土地カテゴリー</u>：「生物多様性の高い森林およびその他樹木が茂った土地」
- ➢ <u>草地の生物多様性</u>の評価における最新情報
- ➢ <u>土壌の質と土壌の炭素への影響の監視</u>：農業に由来する廃棄物および残留物の場合
- ● トレーサビリティーと物質収支
- ➢ 持続可能性宣言／ PoSはREDIIを反映している必要がある（更新されたテンプレート利用可能）
- ➢ FGPのマスバランス期間は最大12カ月
- ➢ マスバランスアプローチをガスネットワーク等の流通インフラストラクチャーにも適用可能
- ● GHG
- ➢ 新しい化石燃料の基準値
- ➢ 新しいGHG排出削減目標
  －新規インストールの場合は65%（2021年1月1日以降），RFNBOの場合は70%
- ➢ 更新された（分解された）デフォルト値の適用
- ➢ GHG計算方法の変更
  －Element Eee（過剰な電力）が削除され，EeeはEpから差し引く（排出量の処理）
- ● 廃棄物と残留物
- ➢ 原産地において監査人は廃棄物または残留物を判断する必要がある
  材料は原産地での廃棄物または残留物とする（以前は資料がRED/FQDまたはMSポジティブリスト）
- ➢ ポイントの収集は，事前に監査人にリストを提出する必要がある
  自己に署名したすべての原産地の監査に彼らが供給できるw/rの量を示す宣言

図表3-27 ISCC PLUS/RSB/RED認証プロセスの比較（再掲）

認証スキーム	ISCC (International Sustainability and Carbon Certification)	RSB (Roundtable on Sustainable Biomaterials)	RED (Renewable Energy Directive)
概要	100以上の団体がメンバーとなり管理する認証スキームで，本部はドイツにある。EU REDで認められたスキームになっている。	WWFおよびバイオ燃料／原料生産者のパートナーシップが2007年に設立した。本部はスイス（ローザンヌ大学）にあり，2011年に持続可能性基準策定，2013年に対象をすべてのバイオマテリアルに拡大している。EU REDで認められたスキームになっている。	ドイツの農業およびバイオ燃料分野の組織が2010年に設立した。本来はドイツのバイオマス持続可能性条例の遵守のために認証スキームを整備していたが，その後EU RED向けの基準に整備された。現在有効な認証件数は1,909件。
カテゴリー	ISCC PLUS	Advanced Product	REDcert²
対象	バイオマス製品，エネルギー，食糧，家畜	あらゆるバイオマス製品すべて	すべてのバイオマス製品
地域	全世界	全世界	欧州のみのため，ドイツを中心とする欧州各国での実績に限定される
範囲	サプライチェーン全体	サプライチェーン全体	サプライチェーン全体
基準	環境・社会的な持続可能性，追跡可能性，温室効果ガス削減（任意）	サプライチェーン全体における持続可能性，温室効果ガス削減（50-60%削減），化石資源の枯渇リスクの低減，製品中のバイオマス度（25%以上）	2020年，持続可能な材料の認証のためのスキーム原則としてバイオマスバランスにおける化学産業の認証スキームが開発され，原料生産から最終利用，そしてプラスチック廃棄物が販売されるまで，サプライチェーン全体で使用されている。

主な項目	ISCC EU は温室効果ガス算定と削減を考慮に入れるが，ISCC PLUSでは要求されない	欧州が中心で，アジアでは広く取り上げられていない。非常に包括的なため，準拠が難しい	サプライチェーン上の位置（農家，廃棄物収集所，搾油工場，バイオエタノール工場／等）ごとに認証が付与されている
認証取得企業事例	ＮａｔｕｒｅＷｏｒｋｓ（PLA）Sabic（バイオPE，バイオ PP等）	INOVYN（バイオポリ塩化ビニル 等）Ineos Styrolution（スチレン・ブタジエンコポリマー，スチレン・ブタジエンブロックコポマー）	BASF（PS製断熱材，高吸水性ポリマー，硬質 PU フォーム，PA，発泡スチロール等）LyondellBasell（PE，PP）

3－2　自動車産業におけるサプライチェーンの課題

　自動車産業における現状のサプライチェーンの特徴は，多数の部品・システムメーカーによりサプライチェーンが構成されており，特定メーカーとの長期的な取引関係を背景に，高品質，安定供給を実現している。中でもエンジン関連部品は，品目種類が多く，出荷額構成比が最も高いという特徴がある。

　わが国のグリーン成長戦略では，2050年のカーボンニュートラル実現を目指しており，2035年までに乗用車の新車販売は，EV車100％を目標としている。自動車産業は，従来のガソリン車からEV車への移行に伴い，部品需要も，事業転換を迫られている。

　直近10年間において，自動車のリコール届出件数は上昇しており，特に電子制御部品不具合に関連した届出件数が増加傾向にあり，自動車産業におけるサプライチェーンのリスクになっている。さらに拍車をかけているのが，2020年以降，世界的な半導体不足から自動車メーカーが減産しており，その影響は自動車産業のサプライチェーンにも及んでおり，大きなリスクとなっている。

　EV車への移行に伴い，自動車に求められている付加価値は，従来の車両本体の性能などのハード面からIoTを含めたサービスプラットフォームなどのソフト面に移行している。

　インフラ・サービスを含む次世代自動車分野において，求められる部品メーカーのあるべき姿としては，サービスプラットフォームなどのソフト面の規定に対応した事業転換をしていくとともに，一層の安定性，耐久性，精度，小型化，軽量化などを実現する高い部品製造技術による自動車部品提供が求められている。

図表3-28 自動車産業のサプライチェーン

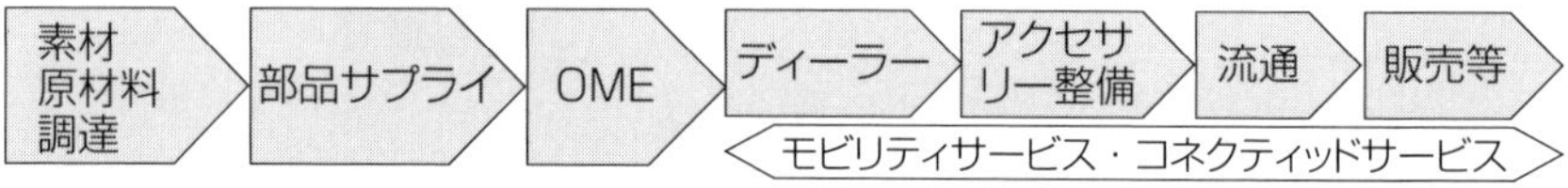

素材原材料調達 → 部品サプライ → OME → ディーラー → アクセサリー整備 → 流通 → 販売等
モビリティサービス・コネクティッドサービス

〈自動車産業のサプライチェーンにおける各ステークホルダーの現状〉

【原料調達】
・糖資源，天然資源に乏しく，自国での生産は困難
・東南アジア等で原料調達必須

【ポリマー原料製造】
・東南アジア等，原料調達場所にて製造
　インドネシアなど東南アジアの国との連携の中で，結果的に技術開発も含めて現地と連携しながら実施していくことを想定する必要がある。
・日本の製造技術力は強い
　cisイソプレン，CNF，リグニン等，日本優位に進む汎用品原料がある。
・海外生産であっても，CO_2削減への貢献度は大
　プラスチックになるということは，都市に二酸化炭素（カーボン）が固体として都市に滞留する・あるということになる。結果的にそれが常に平衡状態であれば二酸化炭素は減る。再生可能資源を利用して，植物資源が固定したカーボンを世界各国で滞留させることになる。都市滞留の議論と絡めて，コストに対してどのようにフィードバックするか，インセンティブを与えるかという議論が必要。

【タイヤ，内外装成形，加工】
・ブリヂストン：シェア1位
　自社内で研究開発を進め，原料の多様化を進めている。
・化学メーカーはプラスチック材料を納入
　消費者に近い製品を持たない原材料メーカーは発言力が弱い。新規材料で製造メーカーにアピールする必要がある。
・グリーンプレミアムはない

> グリーンプレミアム[96]：非枯渇資源由来の化学品であれば，付加価値があることから，従来の石油化学品の価格に比べて高価格であってもよいという考え方。
> 【自動車製造・販売】
> ・トヨタグループ：シェア1位
> ・グリーンプレミアムはない
> 【消費者】
> ・欧州でのバイオ化学品への関心は高い
> ・国内消費者の関心は低いがエコカー減税等の実績はある

　したがって，グリーン成長戦略に掲げた，自動車のライフサイクル全体でのカーボンニュートラル化，2035年までに乗用車新車販売でBEV車100％を目指すという政策目標実現のため，大きな影響を受ける中堅・中小企業のサプライヤーの事業再構築を支援していかなければならない。

　具体的には，BEV車で不要になるエンジン部品等を製造するサプライヤーの電動車部品製造への事業転換や，軽量化技術をはじめ電動化による車両の変化に伴う技術適応などを含めた標準化への適応の支援を国はサポートしていくことが必要と思われる。

3 － 3　香料産業におけるサプライチェーンの課題

図表 3 －29　食品産業におけるサプライチェーン（フードサプライチェーン）における香料産業の位置づけ

　香料産業は，食品産業におけるサプライチェーンの食品加工のサプライヤーとの連携が必須になっている。

　これまで，香料産業は化石資源由来の原材料による化学物質が多く利用されていた。昨今の持続可能な食品加工サプライヤー（特にグローバル食品サプライヤー）の要求に応じて，香料産業も同様に，天然資源由来の持続可能な製造

96　https://breakthroughenergy.org/our-approach/the-green-premium/

による香料製品が求められるようになっている。

　最近では，卸売サプライヤーや小売サプライヤーが，消費者ニーズを反映したオリジナルブランドを展開し，OME供給体制で食品加工サプライヤーとしてのポジションを確立しつつある。

　また，国内サプライヤーと，海外サプライヤーとではビジネススキームに違いがある。国内ユーザーとのビジネススキームでは，国内サプライヤーは，国内ユーザーが個別に材料発注し独自に商品開発を行うため，商品開発にあまり関与できないことが多い。一方，海外ユーザーのビジネススキームでは，サプライヤーは商品開発イメージをユーザーからBriefとして提示され，サプライヤーからデモ商品をプレゼンして契約が決まるため，ユーザーとサプライヤーが対等なパートナーとして，持続可能な商品化開発にともに関与することが多い。特に，香料産業にもユーザーの商品開発に応じた対応が求められている。

　このように，ユーザーとサプライヤーの関係は，国内外で大きく違っており，今後，持続可能なサプライチェーン構築を目指す上で課題になってくると思われる。

図表3－30　香料産業における国内外ユーザーとのビジネススキームの違い

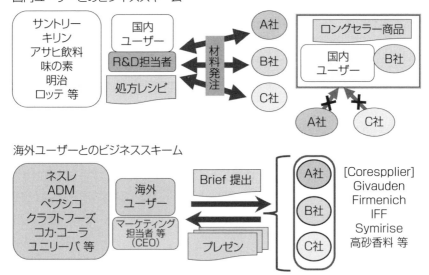

〈サプライチェーンにおける各ステークホルダーの現状〉

【原料調達（ターゲット探索）】

・天然物資源に乏しい

・枯渇資源等，輸入ができなくなる可能性あり

・南北に長い，温泉，海溝など地形に恵まれた日本にはいろいろな微生物資源がある

【ターゲット探索，化合物製造】

・現状は抽出または合成

・強みである発酵技術を展開可能

・合成生物学的手法により探索，合成を効率化

・データベース構築，民間では困難，官民の協力が必要

【調合，製造，商品アイデア】

・高砂香料国内最大手，世界5位

・フレーバーが主流，フレグランスに弱い

・日本人の繊細さ，和食

・アジア圏内の食文化の近さ，「和食」を武器に，飲料，食品メーカーと共同で製品を開発

【日用品・飲料メーカー】

・大手は外資系（日用品ではP&G，ユニリーバ（花王7位），飲料ではネスレ，ペプシ）

・日本の香料企業は立場が弱い，大手に納入できれば生産量が確保できる

・香りの種類，提案力を磨くことが必要

【国内消費者，市場】

・近年の柔軟剤等，香りへの関心は高い

・アジア圏への展開可能性大

第3節　医薬品原料・原薬におけるサプライチェーンの課題

　本節では，医薬品におけるサプライチェーン，バリューチェーン，産業構造，ライフサイクルを明らかにする。

1　医薬品原料・原薬におけるサプライチェーンの課題

　医薬品のサプライチェーンは，一般的に，材料の調達と供給，倉庫保管，製造と流通を経て，薬局と患者への医薬品の最終配送に至るまで，医薬品の製造に必要なステップの複雑なネットワークが含まれている。

　医薬品のサプライチェーンは，先進医療の実装におけるモダリティの変遷によって，その課題が大きく変化してきている。わかりやすい事例として，新型コロナウイルス感染症のワクチンのサプライチェーン管理が挙げられる。サプライチェーンは複雑で，多くの場合，管理制御の標準化が欠如しており，スケーラビリティとセキュリティという流通上の課題が増大した事例である。在庫について流通下請業者の管理が不十分であると，ワクチンの紛失，転用，損傷，廃棄が発生し，医薬品が目的の患者に到着し，最終的に正しい処方がされたかどうかを知ることができなくなる可能性がある。大きな問題となった事例が，すでに流通している医薬品成分（医薬品中間体）の原材料の枯渇である。新型コロナウイルス感染症の影響でアジアからの医薬品中間体の供給が枯渇し，多くの製薬企業は危機にさらされた。遠く離れた国のサプライチェーンへの依存には危険なリスクが伴う。

図表3－31　医薬品原料におけるサプライチェーンの全体俯瞰図

　「責任ある企業行動」（RBC）の原則の観点では，医薬品原料・原薬のサプライチェーンに関わるすべてのステークホルダーは，ライフサイエンス，製造，臨床研究，臨床ケア，公衆衛生，ビジネスが交わる環境の中で運営されており，運営上および倫理上，明確な課題が存在する。

　製薬企業は，必須医薬品の供給，開発，製造，販売を業としており，重要な健康製品を世界中のあらゆる地域に確実に届ける上で，個人と社会の両方に対して倫理的責任を負っており，重要な役割を担っている。

　低・中所得国に住む何十億もの人々が，必要な医薬品にアクセスできていない。サプライチェーンは断片化または分断されていることが多く，医薬品の品質を守りながら配送および保管することが不可能になっている。また，たとえ医薬品が入手可能であっても，資源が乏しい環境では医療提供者や患者にとっては入手できない場合がある。一方，医薬品は通常，より収益性の高い市場をターゲットに開発されており，その結果，低所得国や中所得国のニーズにあまり適合していないという見解もある。

　医薬品開発においては特に，法令遵守とビジネス倫理の取り組みを補完するために，生命倫理を重点的に考慮することが求められている。しかし，医薬品産業の環境に適用される生命倫理は，その適切な範囲がほとんど検討されずに，各ステークフォルダーの立場によって，様々な解釈がされていることが多い。これら課題の解決に向けて，RBCの各項目においてガイドラインが見直されている。

　特に，医薬品への患者アクセス，医薬品不足が大きな課題となっている。ヒト生体サンプルの使用をはじめ，データの透明性などである。資源が少ない状況での研究開発等が挙げられる。倫理基準の体系的な分析と適用は，特定のポリシーやガイドラインが欠けているこれらのトピックの

図表3-32▶　責任ある企業の行動原則（再掲）

ような「グレーゾーン」に対して求められている。

　医薬品原料・原薬調達におけるサプライチェーンでは，低分子医薬の原材料をはじめ，バイオバンク，アフェレーシスによる血液等の自家細胞利用など「人権」，「労働者の権利」，「環境」，「贈賄等不正防止」等について，高騰している薬価の問題については「消費者」，「競争」，「税制」等について，特に注視していかなければならない。

2　医薬品原料・原薬における安全保障の課題

　世界の医薬品サプライチェーンは，医薬品不足や，規格外医薬品や偽造医薬品の増加につながる可能性のある混乱に対して脆弱になっている。

　患者が必要なときに必要な医薬品を受け取るために重要な，強力で回復力のある医薬品サプライチェーンの促進が求められている。科学的に裏づけられた基準により，開発および製造プロセス全体を通じて品質が向上し，使用する医薬品が安全で効果的であるためのエビデンスの標準化が求められている。

　これまで製薬企業は10年以上にわたり，特に医薬品原料や医薬品の製造・包装を含む事業の製造能力のかなりの部分を，中国とインドに移転することでコスト削減を図ってきた。新型コロナウイルス感染症の影響で，医薬品原料（API）のサプライチェーンの回復力を強化する必要性がトリガーになり，国民の命に関わる医薬品原料の枯渇は，安全保障にも大きく関わることが認識されている。米国では，パンデミックが始まって以来，政府は医薬品サプライチェーンの回復力を向上させるために340億ドル以上を割り当ててきた。国内生産の拡大と外国，特に中国への依存の削減に大きな注目が払われている。

　2019年，米国食品医薬品局（FDA）は，施設の所在地に基づいて米国が海外の医薬品原薬（API）製造に依存していることを示すデータを共有した。FDAの分析によると，米国市場に供給しているAPI施設の72％が海外にあり，13％が中国にあると報告している。また，米国は海外APIへの依存度を評価している。医薬品供給マップを作成することは，上流の医薬品サプライチェーンにおけるリスクと回復力を特定，特徴付け，定量化し，医薬品不足につながる可能性のあるリスク要因の早期発見に役立つとされている。

　医薬品供給マップ分析チームは，FDAデータ，米国以外の規制当局からの

情報等を使用して，アクティブなAPIドラッグマスターファイル（DMF）の約90％に関連する製造拠点をマッピングしている。DMFは，企業が機密情報を開示せずに医薬品成分を他の企業に供給したい場合に，FDAに提出，登録する必要があり，FDAはDMFを申請している企業名を公表している。

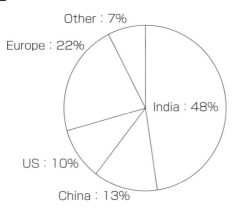

図表3-33 2021年時点の国別のアクティブな API DMF の総数

FDAのデータによると，2021年に登録されたAPIの製造拠点の50％以上がアジア太平洋諸国，特にインドまたは中国にあった。DMFでは，インドが48％，中国が13％，米国が10％を占めている。

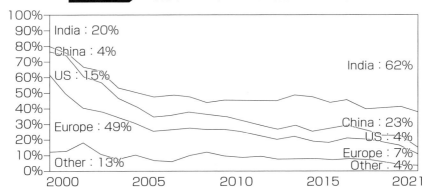

図表3-34 申請年および製造国別の有効なDMFの推移

インドは，2021年に申請された有効なAPI DMFは62％を占め，2000年の申請の20％から増加した。この増加は，インド政府によるAPI製造能力強化の政策による国家的目標と一致している。欧州は，2000年に申請されたアクティブなAPI DMFの49％から，2021年に申請された7％に減少している。中国は，2019年に申請された新規API DMFの18％から，2021年に申請された23％に増加した。米国国内では，2019年と2021年に申請された新規API DMFの4％が寄与している。

新型コロナウイルス感染症の影響は，医薬品原料・原薬のサプライチェーンを大きく混乱させ，麻酔薬等の救命救急薬や抗うつ薬の需要が急増する一方で，医薬品原料・原薬の不足による製造現場の閉鎖や輸送ルートの障害によりサプライチェーンが分断され，製薬企業は必要な供給を確保するのに十分な速さで対応できなかった。2020年，FDAは，医薬品不足118品目のうち，55品目は需要の増加，16品目はAPI不足，8品目は製造または出荷の遅延に関連していたと報告している。

不足している医薬品の大部分は低分子のジェネリック医薬品で，FDAがリストに挙げた不足品目のうち生物学的製剤は2つ（ベラタセプト，アスパラギナーゼ）。他の2つはペプチドホルモン（シンカリド，副甲状腺ホルモン）である。例えば，医薬品原料を供給している国のインドでは，26種類の医薬品原料（パラセタモール，エリスロマイシン，クリンダマイシン，メトロニダゾールなど）の抗生物質，そして抗ウイルス薬アシクロビルの輸出を禁止した結果，医薬品供給を保護するための政府措置により，医薬品サプライチェーンはさらに緊張した経緯が報告されている。

医薬品不足とAPI輸入への過度の依存は新しい展開ではないが，パンデミックはリスクの増大を浮き彫りにし，国民の懸念を引き起こした。大手製薬会社は，サプライチェーンの回復力を高め，製造の継続性と患者の安全を確保し，不確実性の時代にビジネスを保護するために重要な措置を講じている。

日本では，原薬の約55％を海外からの輸入に依存しており，やはり中国やインドからの輸入割合が大きい。現在もジェネリック医薬品や去痰薬の流通量が不足傾向にある。新型コロナウイルス感染症の影響による都市封鎖などの影響で国際航空便による原薬輸送が制限され，2020年の日本薬業貿易協会の調査で

はインドからは32原薬，6中間体，化学品1品目の供給が止まった経緯がある。これを受け，日本政府は，抗菌性物質製剤に係る安定供給確保を図るための取り組み方針を掲げたが，API製造サプライチェーンの分断は，抗菌性物質製剤だけではないため，喫緊にDMF調査を実施して医薬品枯渇リストを作成し，対策をとるべきである。その上で，API DMFを踏まえた製造サプライチェーン分析し，リアルタイムにAPI製造サプライチェーンを把握する仕組みを構築すべきである。

第4節 医薬品開発におけるサプライチェーンの課題の変遷

　本節では，医薬品開発におけるサプライチェーンについて，医薬品開発の変遷とともに，変化してきたサプライチェーンの課題について深掘りする。

　医薬品開発におけるサプライチェーンとして，従来の創薬の研究開発のあり方が，大きく変わってきている。大きく分けて，低分子医薬品，タンパク質・抗体医薬品（バイオ医薬品），その他モダリティ医薬品（細胞療法，遺伝子治療，mRNA医薬を含む核酸医薬品など）に分類される。時代とともに，医薬品の主流は，ブロックバスター低分子医薬品からバイオ医薬品，そして新たなモダリティ医薬品へと変遷してきている。

　低分子化合物によるブロックバスターを目指した医薬品開発では，薬理活性のある低分子の探索と有機合成化学による探索研究，細胞や動物試験による非臨床研究，GLP申請対応試験，ヒト臨床開発試験による治験，化学反応プロセス検討によるGMP製造といった各医薬品開発の役割や責任が明確に分担されていた。リニア創薬プロセスによる低分子医薬品開発では，原材料（原薬）サプライチェーンにおける調達やできるだけ化学反応に金属触媒を利用しないグリーンケミストリー対応などが課題になっている。

　組み換えタンパク質や抗体医薬をはじめとするバイオ医薬品の医薬品開発では，タンパク質のターゲット探索とデザインによる薬理研究が探索研究の中心を担い，細胞や動物試験による非臨床研究，GLP申請対応試験，ヒト臨床開発試験による治験，GMPグレードの宿主細胞を利用した組み換えタンパク質発現の高効率細胞培養や精製技術が主流の医薬品開発では，細胞培養や精製に必要な製造資材の調達サプライチェーンや連続生産対応などが課題になっている。

　そして現在，多様化するモダリティ医薬品の実用化が進み，医療ニーズの出口に合わせた臨床データに基づく先進製造一体型の創薬時代では，核酸の調達をはじめバイオバンクの品質管理，アフェレーシスによる細胞採取，細胞凍結融解，細胞輸送，ベクターデザインによるスケールアップ等，モダリティの多様化に合わせてサプライチェーンの課題が大きくさま変わりしている。

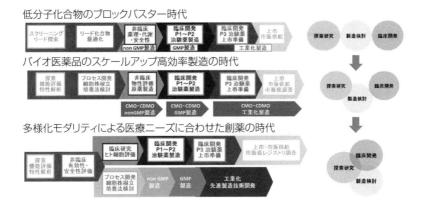

図表3-35 モダリティ多様化による医薬品サプライチェーンの課題の変遷

「責任ある企業行動」（RBC）の原則の観点では，医薬品産業に関わるすべてのステークホルダーは，ライフサイエンス，製造，臨床研究，臨床ケア，公衆衛生，ビジネスが交わる環境の中で運営されており，運営上および倫理上，明確な課題が存在している。

製薬企業は，必須医薬品の供給，開発，製造，販売を業としており，重要な医薬品を世界中のあらゆる地域に確実に届ける上で，個人と社会の両方に対して倫理的責任を負っており，重要な役割を担っている。

新型コロナウイルス感染症をはじめとしたパンデミックでは，医薬品産業の果たすべき「責任ある企業行動」（RBC）の原則は重要な位置づけにあり，国の安全保障への影響も大きい，有事のパンデミックにおけるワクチン開発と製造，サプライチェーンの構築は，平時に備えておくべき課題である。

大きな背景として，医薬品産業に関わるすべてのビジネスセクターは二重の使命が存在している。患者の利益のために信頼できる医薬品を生産することが求められ，商業的使命として，事業主や投資家の利益を上げると同時に，生命倫理規範もビジネス行為に適用することが求められる。つまり，利益を上げて社会の共通利益に貢献するという二重の責任を倫理的に管理する必要があり，法令遵守とビジネス倫理の取り組みの補完として，生命倫理を重点的に考慮することが求められている。

　しかし，医薬品産業の環境に適用される生命倫理は，その適切な範囲がほとんど検討されずに，各ステークホルダーの立場によって，様々な解釈がされていることが多い。これら課題の解決に向けて，RBCの各項目でガイドラインが見直されている。

　モダリティが多様化する医薬品開発におけるサプライチェーンでは特に，生命倫理の観点から，バイオ医薬品ヘルスケア製品の研究開発，供給，商品化，臨床使用への生命倫理規範（概念，原則，規則）を医薬品業界の環境に適用することを考慮することが求められている。

　また，医薬品開発におけるサプライチェーンでは特に，医薬品への患者アクセス，医薬品不足が大きな課題となっている。

　医薬品原料・原薬の調達をはじめ，ヒト臨床試験による治験，バイオバンク等によるヒト生体サンプルの利用，アフェレーシスによる自家細胞利用など，「人権」，「労働者の権利」，「環境」，「贈賄等不正防止」等についてRBCの行動原則が求められる。

　医薬品研究開発や製造についてはシングルユースをはじめ「環境」，「情報開示」等についてRBCの行動原則が求められる。

　さらに，医薬品産業基盤を支えるイノベーションにおいては，「科学技術」，「情報開示」等についてRBCの行動原則が求められるだけでなく，バイオリスクとサイバーセキュリティの観点から国の安全保障上も注視していくことが必要になる。

　特に，ヒト生体サンプルの使用，ゲノミクス等のビッグデータの利用，個別化医療，再生医療，データの透明性，臨床試験の多様性，そして最近では，パンデミック中の臨床試験の実施については，「個人の尊重」または「自律性」という生命倫理の原則からRBCの行動原則が求められ，インフォームド・コンセントが大きな課題になる。臨床試験の環境における個人の健康と，それに関連するリスクと利点に焦点を当てなければならない。公衆衛生のインフォームド・コンセントは，社会的介入とそれに関連するリスクと利益の文脈における個人のメリットに焦点を当てなければならない。

　RBCに基づいて医薬品開発におけるサプライチェーンの課題の解決に向けた取り組みが，官民連携やコンソーシアムにより推進されている。

米国では，2021年，責任ある企業行動に関する国家行動計画（NAP）を発表しており[97]，その翌年2022年にインフレ抑制法（IRA）を発表している。IRAは，気候変動対策だけでなく，処方薬の薬価に関する改革が含まれている。CMS（Centers for Medicare & Medicaid Services）に対して特定処方薬の薬価交渉を

図表3－36　責任ある企業の行動原則（再掲）

労働者の権利
税制
環境
消費者
責任ある企業の行動原則
人権
競争
情報開示
贈賄等不正防止
科学技術

義務づけ，医薬品の薬価交渉プログラムが指定されている。すでに，2026年に適用される10種類の医薬品リストと薬価交渉のタイムラインが決められており，ファイザー，ジョンソン・エンド・ジョンソン，ノバルティス，アストラゼネカなどの大手製薬企業の費用総額や患者数の多い医薬品が選定されているため，薬価交渉プログラムの業界に対する影響が大きいとされている。米国研究製薬工業協会（PhRMA）は，価格交渉が承認から10数年後という時間経過を問題視した声明を発表し，対象となっている企業は，IRAを巡る訴訟で，各州において薬価交渉プログラムの差止めを求めている一方で，「責任ある企業行動」（RBC）の原則やNAPの視点でみれば，高騰する薬価の問題だけでなく，「人権」，「環境デューデリジェンス」，「競争」，「税制」，「テクノロジー」をはじめ，RBCを遵守した上で，薬価交渉プログラムに臨むことの重要性が窺える。患者も含めたサプライチェーンのステークホルダーを巻き込んだ取り組みを推進していくきっかけになる可能性がある。

1　医薬品開発におけるモダリティ変遷とサプライチェーンの変化

これまで一般的に知られている医薬品開発サプライチェーンを踏まえた上で，医薬品開発におけるモダリティ変遷とサプライチェーンの変化に柔軟に対応し

97　https://www.state.gov/responsible-business-conduct-national-action-plan/

図表3－37　一般的な創薬開発サプライチェーンにおける環境把握から戦略策定まで

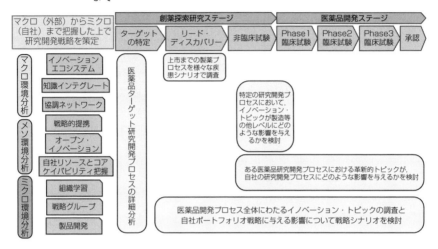

　ていくため，製薬企業は，マクロからミクロ環境分析のため，イノベーション・トピックスに応じて，常に自社の環境把握から戦略を策定・改定している（図表3－37）。

　医薬品開発におけるモダリティ変遷とサプライチェーンの変化において，米国食品医薬品局（FDA）コミッショナーのスコット・ゴットリーブ氏と生物製剤評価研究センター（CBER）所長のピーター・マークス氏が2019年の共同声明[98]にて，「2025年までに，FDAは，現在のパイプラインとこれら製品の臨床的成功率の評価に基づいて，年間10から20の細胞および遺伝子治療製品を承認すると予測している」と公表している。また，その中で1990年代後半に従来の低分子医薬品の開発だけでなく，抗体医薬品の開発が加速し，現代の治療レジメンをバックボーンとしたモノクローナル抗体が主流化したターニングポイントの時期に似ているとして，以下のようにコメントしている。

98　Statement from FDA Commissioner Scott Gottlieb, M.D. and Peter Marks, M.D., Ph.D., Director of the Center for Biologics Evaluation and Research on new policies to advance development of safe and effective cell and gene therapies., Scott Gottlieb, M.D., January 15, 2019

「抗体医薬品の場合，それら製品の進歩に転換点をもたらしたのはヒト化抗体の革新であり，安全で効果的なヒト化モノクローナル抗体のプラットフォームが構築され，その後，抗体医薬品が医療の主流になっていった経緯がある。細胞および遺伝子治療分野は，過去数年でより加速しており，すでに800以上のINDを受け取っており，今後，年間で200以上のINDレビューが求められる。新技術の開発と人間の健康への応用のターニングポイントを反映している。」

この声明以降，立て続けに細胞および遺伝子治療分野のFDAガイダンスが公表されるとともに，当時の予測を上回る勢いで，細胞および遺伝子治療分野の医薬品が承認されている。

【医薬品モダリティの概念と研究開発における課題】

一般的に，再生医療・細胞医療・遺伝子治療の定義として，広義の細胞医療・遺伝子治療において，遺伝子治療分野は大きくin vivo遺伝子治療とex vivo遺伝子治療に分けられる。

図表 3 −38　一般的な医薬品モダリティの概念

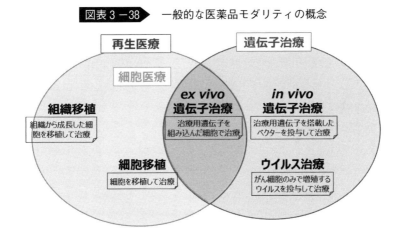

医療ニーズに合わせて多様化するモダリティ創薬では，臨床データに基づくデータ駆動型の創薬デザインによる探索が推進され，多様化するモダリティに合わせた先進製造技術が求められている。

臨床データは，欧米では当該規制当局により，遺伝子治療において，長期収

容が義務づけられており[99,100]，患者レジストリデータが蓄積されている。また，特に希少性疾患等の患者の絶対数が少ない臨床開発では，疾患レジストリから抽出したデータを疾患の自然経過として外部対照群に設定し，臨床試験結果と比較する従来のランダム化比較試験による治験プロトコルに限らない方法が広がっている。さらに患者レジストリデータの長期収容により，リアルワールドデータ（RWD）の重要性が高くなり，国の施策によっては患者アウトカムを優先した医療技術評価（HTA：Health Technology Assessment）が推進されることで，患者中心の創薬「Patient Centricity」がすべてのステークホルダーに浸透しつつあり，欧米で遺伝子治療の承認件数の増加を後押ししている。

　遺伝子細胞治療は2010年代以降に指数関数的にパイプライン数が増え，2017年の米国でCAR-T細胞が2品目承認されたことを契機に，その後もパイプライン数は伸び続けており，がん領域において抗腫瘍効果を期待できるモダリティとして認知されつつある。

　革新的な創薬エコシステムの構築を目指し，再生・細胞医療・遺伝子治療など，多様化するモダリティに合わせた先進製造技術の実用化と医療ニーズの出口に合わせた臨床データに基づく臨床研究一体型の創薬時代における研究開発のあり方を見出す必要がある。現在，日本では，16品目の再生医療等製品が承認されている（2022年1月時点）。そのうち，in vivo遺伝子治療製品が3品目，ex vivo遺伝子治療製品（遺伝子細胞治療製品）が4品目，条件付き承認も含み，承認されている。

　モダリティの多様化に合わせて変化するサプライチェーンの共通課題に対して，諸外国では，オープンサイエンスの下，コンソーシアムが形成され，各地域ではエコシステムが構築されている。再生・細胞医療・遺伝子治療における研究開発の推進に向けて，基礎研究だけにとどまらず，多様化するモダリティ創薬に合わせて，臨床研究による患者レジストリデータの蓄積やモダリティに合わせた先進製造技術，レギュラトリーに必要な研究開発データ，標準化の検討まで見据えた国際連携が活性化している。

99　FDA Long Term Follow-up After Administration of Human Gene Therapy Products Guidance for Industry（2020）
100　規制（EC）No 1394/2007

図表3−39　諸外国の革新的な創薬エコシステムが形成されている主な地域

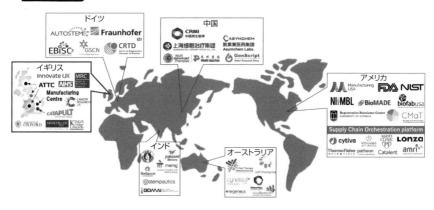

図表3−40　多様化モダリティにおける創薬プロセスに合わせた国際連携コンソーシアムの動き

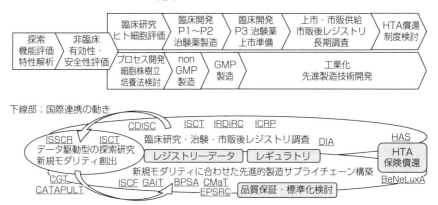

　臨床データを踏まえた探索研究と先進製造技術開発が三位一体となって新規モダリティ創出に向けた研究開発において，オープンイノベーションとして国際連携コンソーシアムや官民パートナーシップの動きが加速している。

図表3-41 創薬開発における代表的な官民パートナーシップ（PPP）およびコンソーシアム・プロジェクト

コンソーシアム・プロジェクト	概要
International Rare Diseases Research Consortium (IRDiRC)	国際的な希少疾患コンソーシアムでPfizer, Takeda, Roche等が参画。
Global Research Collaboration for Infectious Disease Preparedness (GloPID-R)	2011年に設立。5年間で最低1,000万米ドルが投資された。世界20カ国のAMED（日本）を含む46の機関が参画。
Psychiatric Genomics Consortium for PTSD	ニューロイメージング表現型，診断および行動表現型，エピジェネティクス，GWASを通じてPTSDの遺伝的アーキテクチャを解明。25カ国80以上の機関から500人以上の科学者，約20,000症例と52,000対象からなる72,000を超えるサンプル。
International Genomics of Alzheimer's Project (IGAP)	25,580のAD症例のサンプルを含む74,046のサンプルで構成され，11の新しい遺伝子座を特定。
革新的医薬品イニシアチブ（IMI：Innovative Medicines Initiative）	ライフサイエンスにおける EU PPPは，主に，医療または社会のニーズが満たされていない分野における健康研究とイノベーションへの資金提供に焦点を当てている。
クリティカルパス研究所 (C-Path：Critical Path Institute)	医療イノベーションとレギュラトリーサイエンスを推進するための新しいアプローチの開発に関与する非営利の PPP。
トランスレーショナル サイエンス推進センター（NCATS：National Center for Advancing Translational Sciences）	トランスレーショナルサイエンスプロセスと研究パイプラインを変革するために作成されたPPP。
アルツハイマー病のクリティカルパス（CPAD：Critical Path for Alzheimer's Disease）	アルツハイマー病の治療のための創薬と開発の取り組みを進めることを目的としたPPP。
Accelerating Medicines Partnership (AMP)	AD，2型糖尿病，RA の自己免疫疾患，全身性エリテマトーデス（狼瘡）の新しい診断法と治療法を開発するための PPP。

Platform Vector Gene Therapy (PaVe-GT)	NCATS主導プロジェクトとして，有機酸血症2種，先天性筋無力症候群2種の4つの異なる希少疾患に対する遺伝子治療の研究開発を行っており，共通カプシドデザインが開発される。
Bespoke Gene Therapy Consortium（BGTC）	AMPプロジェクトの1つであり，NIH，FDA，複数のアカデミア，患者団体，バイオ医薬品企業等が参画，5年間で7,650万ドルの予算規模であり，AAVを用いた数件の臨床試験をとおして，合理的かつ効果的な標準的評価項目や評価方法が確立される。
アルツハイマー病神経画像イニシアチブ（ADNI：Alzheimer's Disease Neuroimaging Initiative）	アルツハイマー病の臨床試験のための改善された方法（バイオマーカー，イメージング）を開発するために立ち上げられた PPP。
Division of Signal Transduction Therapy（DSTT）or Dundee Kinase Consortium	キナーゼとユビキチン系を標的とする世界的な疾患を治療するために，新しい創薬ターゲットの特定と，改良された薬を生産するための技術の開発をサポートする PPP。
The National Institute for Innovation in Manufacturing Biopharmaceuticals（NIIMBL）	バイオ医薬品イノベーションを加速し，より効率的かつ迅速な製造能力を可能にする基準の開発をサポートし，世界をリードするバイオ医薬品製造労働力を教育および訓練することを使命とするPPP。
Cell Manufacturing Technologies（CMaT）	NSF支援によりジョージア工科大を中心に官民連携パートナーシップによる細胞先進製造コンソーシアム。
米国国立がん研究所（NCI：National Cancer Institute）コミュニティ腫瘍学研究プログラム（NCORP：Community Oncology Research Program）	がんの制御，予防，およびケア提供の主な重点分野で研究と臨床試験を実施するためのネットワークを作成するための PPP プログラム。
Drugs for Neglected Disease Initiative（DNDi）	世界中の顧みられない病気のための手頃な価格の新しい治療法の発見と開発のための国際的な非営利 PPP。

欧州希少疾患治療イニシアチブ (ERDITI：European Rare Diseases Therapeutic Initiative)	希少疾患の医薬品開発と治療を促進する PPP。
バイオマーカーコンソーシアム (Biomarkers Consortium)	医薬品開発，医療診断，臨床ケアをサポートし，規制上の意思決定を改善するためのバイオマーカーの迅速な発見，開発，認定のための PPP。
SNP Consortium (TSC)	ヒトゲノムの SNP の公開リソースを作成するための PPP。
RNAi Consortium (TRC)	ブロード研究所を拠点とする PPP コンソーシアムは，科学界がヒトとマウスの遺伝子の機能を調査できるようにするための RNAi 技術を開発している。
Open Targets	体系的な創薬標的の特定と優先順位付けのためにヒトの遺伝学とゲノミクスのデータを利用する革新的な PPP。
予測安全性試験コンソーシアム (PSTC：Predictive Safety Testing Consortium)	規制当局の助言の下，革新的な安全性試験方法を共有および検証するための PPP。
IMI eTOX	インシリコ毒性予測を可能にするエキスパートシステムを開発するためのバイオインフォマティクスとケムインフォマティクスのアプローチを統合する PPP。
BBMRI-ERIC Expert Centers	新しい PPP モデルを代表し，国際的に標準化された条件下での原産国のサンプルの分析と一次データの生成を担当する非営利団体。
Medicines for Malaria Ventures (MMV)	手頃な価格の抗マラリア薬の発見と開発，最終的にはマラリアの根絶を支援するための PPPイニシアチブ。
IMI ヨーロピアン リード ファクトリー (ELF：IMI European Lead Factory)	創薬の革新的な出発点を提供するために作成された IMI PPP プロジェクト。
構造ゲノミクス コンソーシアム (SGC)	3D タンパク質構造データの生成を主な目的として，創薬プロセスに関連する基礎科学研究を実施する非営利の PPP。

医薬品資産ポータルプロジェクト	創薬と開発に重要な知識と専門知識を効果的に活用することにより，再配置の取り組みを促進する PPP。
創薬のための機械学習台帳オーケストレーション（MELLODDY）	10 社の製薬会社からの分散データの予測 ML モデルをプライバシー保護形式で強化する PPP。
MLDPS	低分子の発見と合成の自動化に役立つソフトウェアの設計を容易にする MIT ベースの PPP。
RETHINK	創薬と開発における AI の可能性を活用する ETH チューリッヒを拠点とするイニシアチブ。
ATOM consortium	より効果的な治療法の開発を加速することにより創薬を変革することを目標とする PPP。
IMI OpenPhacts	最先端のセマンティック Web 標準と技術を使用および強化する「オープンな薬理学的空間」を提供および維持するための IMI PPP。
IMI FAIRPlus	ライフサイエンスデータを FAIR（Findable, Accessible, Interoperable, Reusable）にするためのツールとガイドラインを開発する IMI PPPプロジェクト。
tranSMART Foundation	臨床およびトランスレーショナル研究のためのオープンソースでコミュニティ主導の知識管理プラットフォーム。
Ontologies Mapping Project	ライフサイエンス業界向けにオントロジーとそのマッピングを適用および管理するためのベストプラクティス，ツール，およびサービスを確立するための PPP プロジェクト。
DataFAIRy project	生物学的アッセイのプロトコルとメタデータを FAIR 形式で利用できるようにするための PPP コラボレーション。
Allotrope Foundation	高度なデータアーキテクチャの開発に取り組んでいる国際的なコンソーシアムであり，ラボデータの取得，交換，管理をそのライフサイクル全体にわたって変革する。
Lhasa Limited	独自の毒性および安全性関連のデータ共有をサポートする非営利財団。

ケンブリッジ結晶学データセンター (CCDC：Cambridge Crystallographic Data Centre)	科学的構造データ，化学データ，および関連ソフトウェアを専門とする非営利団体。
抗生物質の研究と知識のための共有プラットフォーム（SPARK：Shared Platform for Antibiotic Research and Knowledge）	科学的コラボレーションを促進し，グラム陰性菌に対する抗生物質の発見を加速するための，クラウドベースで一般にアクセス可能なインタラクティブなプラットフォーム。
WIPO Re:Search consortium	熱帯病（NTD），マラリア，結核治療の初期段階の研究開発を支援するために世界知的所有権機関（WIPO）が管理するPPP。

　創薬段階では，常に新しいテクノロジーが探索されている。複雑な抗体による生物学的医薬品や遺伝子および細胞治療に基づいた治療の新しい波は，今後，ますます実装化されていく。それにもかかわらず，層別化，堅牢さ，温度制御といった特別な取り扱いの必要性，および短いライフサイクルにより，製造および流通ネットワークに大きな課題を引き起こしている。

　従来，人間の病気を治療および治癒するための新しい治療法の発見には非常に時間がかかり，労力と費用がかかるプロセスが必要とされ，従来のバイオ医薬品のサプライチェーンはスクリーニングから試験までだけで5〜6年かかるとされている。さらに，創薬から上市までの平均時間がかかるだけでなく，研究開発プロセス全体で発生する費用は数十億ドルかかるとされている。

　創薬において，医薬品ターゲットの特定，スクリーニング，およびテストのためのデータ駆動型の探索により，サプライチェーン全体の生産性を大幅に向上させることが求められている。そのため，創薬のスケジュールの加速化・短縮化に向けて，以下のことが検討されている。

▶「疾患メカニズム解明の精緻化」では，既知の薬剤標的を認識する精度と効率が不足しているため，臨床試験において制御不能な副作用が発生するリスク改善の検討。
▶「薬物相互作用のより適切な特定」では，望ましくない薬物相互作用を避けるための検討。

▶ 「毒性影響の軽減」により，誤ったリードと毒性のリスクを軽減するための検討。

▶ 「非臨床試験などのための正確な予測モデリング」では，有効性は特定の薬剤使用により，最適な生体反応によって達成されることで知られている。従来の動物モデリングの方法では，人間の生理学的反応を正確に予測することが難しいため，新たなヒト生理反応シミュレーションモデルの検討は研究開発を加速し，収益を上げることにつながる。

▶ 「医薬品の有効性と安全性の予測精度の向上」では，人と動物の種差の違いを評価する高精度の予測モデリングが開発されれば，誤ったリード候補品と毒性リスクを軽減するだけでなく，医薬品の安全性の向上につながり，薬効判定，臨床試験の改善にも効果が見込まれる。

　今後，新たなモダリティに対して，臨床研究を含めた研究開発から患者ケアに至るまでのサプライチェーン管理における製薬業界の課題は，製造レベルでの技術革新や納期の迅速化，医療費を含めたコスト，断片化されたマルチモーダルネットワーク，コールドチェーンプロセス全体にわたる温度管理と厳密な取り扱い，医薬品製造の最高の品質と再現性の維持，個々の患者に合わせた個別治療の実施等が想定される。

2　医薬品開発におけるサプライチェーンを含めた諸外国のエコシステム

2－1　米国

　米国はバイオ製造において先進製造イニシアチブを継続し，政府主導による官民連携パートナーシップ（PPP）を展開してきた。

　さらに，経済大国同士のデカップリング，COVID-19パンデミック，国際秩序の不安定化を経て，国家安全保障に大きく舵を切っている。

　がん・ムーンショット政策を再強化するとともに，国防ニーズに対応するためハイリスク・ハイリターンのヘルスケア科学研究を支援する医療高等研究計画局（ARPA-H）を設置している。

　National Biotechnology and Biomanufacturing Initiative では，堅牢で安定的な安全保障を含めた米国バイオエコノミー発展に向けて，バイオ製造に20億

ドルを投資，BioFabUSA，BioMADE，NIIMBLにおいて，再生医療，遺伝子治療の産業用バイオ製造，バイオ医薬品の商業化を可能にするためコンソーシアムの中でPPPを拡大している。

　AMP（Accelerating Medicines Partnership）では，民間主導による様々な産学官，患者団体，財団も含めたコンソーシアムで，特にBespoke Gene Therapy Consortium では，希少性疾患にアプローチしている。AMPは次のステージに移行しており，患者リポジトリデータを関連コンソーシアム間で共有していくフェーズになっている。

　また，研究データの活用と安全保障のバランスをしっかり図る観点から，2023年1月からNIHのグラントを受けた研究においては，Data Management and Sharing policyの適用によって，オープンサイエンスと知財保護，安全保障のバランスをどのように図るかのルール実装も開始した。

米国の創薬エコシステム

【米国における創薬エコシステムのランキング評価】

順位	創薬エコシステム	NIH受賞数の増加率 2008-2018	NIH Fundingの増加率 2008-2018	初期VC取引増加率 2008-2018	初期VC投資増加率 2008-2018	特許件数の増加率 2002-2015	会社設立の増加率 2008-2018
1	Philadelphia	0.90%	2.90%	36.00%	486.20%	3.00%	3.60%
2	Boston	2.90%	4.00%	17.30%	18.60%	6.60%	5.70%
3	New York City	1.80%	3.20%	28.40%	32.30%	4.70%	2.40%
4	Washington DC-Baltimore	-0.40%	2.10%	89.80%	61.70%	2.90%	0.00%
5	Raleigh	-2.60%	-1.80%	39.30%	448.10%	6.70%	14.60%
6	Seattle	0.60%	2.30%	62.10%	6.80%	6.30%	2.90%
7	San Francisco	5.30%	6.00%	17.00%	24.30%	5.40%	3.30%
8	San Diego	0.30%	-2.40%	37.60%	4.60%	5.90%	5.30%

　研究の成長を評価するため，米国国立衛生研究所（NIH）の助成金授与と，米国特許商標庁のバイオテクノロジー関連の実用特許数を使用している。民間投資については，PwC Money Tree Reportのベンチャーキャピタル投資データを使用して，初期段階のバイオテクノロジー投資（シード/エンジェル，シリーズＡおよびシリーズＢの投資）を評価項目とした。また，労働統計局の四半期雇用統計と賃金の評価項目を使用することで，大都市圏全体のバイオテクノロジー事業所の成長を計測している。

　歴史のある米国ボストンをはじめとする創薬エコシステムが発展した経緯がランキングに表れている。近年，創薬エコシステム形成に力を入れているフィラデルフィア等をはじめ，世界で成功しているスタートアップ企業の多くが，シリコンバレー周辺のスタンフォード大学やカリフォルニア大学バークレー校，ボストン周辺のハーバード大学とMITにルーツを持っていることが多い。

　ここでは，ボストン・ケンブリッジ（米国・東海岸）の創薬エコシステムの特徴・取り組みについて事例を紹介する。

　ボストン・ケンブリッジ（米国・東海岸）の創薬エコシステムにおけるクラスター形成の経緯は，1970年代後半〜1980年代に，遺伝子工学研究の実施を米国で初めて企業に許認可した。バイドール法の制定もあり，ハーバード大学，MIT，タフツ大学の研究者らによってBiogen，Genzyme等のスタートアップが設立された。多数のバイオベンチャーが輩出されたことで，ベンチャーキャピタルによる投資も拡大していった。

　1990年代には，大学の研究に対してボストン周辺のベンチャーキャピタルによる投資が開始されたことで，企業と大学の共同研究が進むようになった。

　2000年以降には，グローバル製薬企業がボストンに拠点を移し，マサチューセッツ州政府によるライフサイエンス法の制定など，行政や支援機関もイノベーション創出を後押してきた。マサチューセッツ州政府による法律（2008年施行）により，中高における教育・人材から学術研究および商用化・グローバル規模での事業育成支援まで，10年間で10億ドルを拠出してきている。

　2020年時点で，500社のライフサイエンス系の企業が立地，ライフサイエンス関連で約9万人を擁する。ベンチャー投資は，2017-2019年平均で34億ドル（ケンブリッジ），9.2億ドル（ボストン）を集めた。

　ハーバード大学，MIT等，世界有数の大学や橋渡し研究に力を入れる中核病

院も複数立地する中で，世界トップクラスの高度人材が集積している。

ボストン・ケンブリッジ（米国・東海岸）の創薬エコシステムを形成する主なプレイヤーは，以下のとおりである。

大学・研究機関では，マサチューセッツ工科大学をはじめ，ハーバード大学，レズリー大学，タフツ大学，ボストン大学，ブロード研究所，ホワイトヘッド研究所等があり，世界有数の大学からトップレベルの人材が輩出されている。

大手グローバル製薬企業では，Pfizer，Novartis，Sanofi，Biogen，Genzyme，Takeda 他が拠点を形成している。

臨床開発に欠かせない病院は，マサチューセッツ総合病院，ブリガム・アンド・ウィメンズ病院，ダナ・ファーバーがん研究所等があり，NIHから高額のファンディングを受ける病院が複数立地している。

ケンドル・スクエア地区周辺をはじめ，世界有数のスタートアップの集積地であり，バイオテクノロジー関連のスタートアップでは，Biogen，Genzyme，Moderna 他が，創出されている。

【米国の特徴】

国の安全保障を踏まえた先進製造政策で産業を牽引し続け，民間コンソーシアムによる協調領域の疾患研究の新しい試みを展開している。なお，2023年9月12日に発出されたバイデン政権の大統領令「Executive Order on Advancing Biotechnology and Biomanufacturing Innovation for a Sustainable, Safe, and Secure American Bioeconomy」[101]においては，(1)国内バイオ製造能力の拡大，(2)バイオ製品の市場機会拡大，(3)研究開発の推進，(4)専門人材育成，(5)バイオ産業製品に対する規制合理化などを掲げて，日本のような省庁分断型ではなく統一的な研究開発から実装・商業化に至るまでのサプライチェーン全体を見据えた取り組みを行っており，実務の現場を理解した省庁優先型ではない取り組みを開始している。

---

101 https://www.whitehouse.gov/briefing-room/presidential-actions/2022/09/12/executive-order-on-advancing-biotechnology-and-biomanufacturing-innovation-for-a-sustainable-safe-and-secure-american-bioeconomy/

2－2　カナダ

　カナダは世界のヘルスケアバイオテックのハブとして，Canada 's Biomanufacturing and Life Sciences Strategyでは細胞および遺伝子治療，RNA，ウイルスベクター，モノクローナル抗体などの精密医療に焦点を当て，レジリエントで革新的なバイオマニュファクチャリングおよびライフサイエンス戦略の実施に向けて総額22億ドルを投資している。製造だけでなく，新たにClinical Trial Fundを設立し，ヘルスケアイノベーションを探索から応用に移行させるため臨床研究に力を入れ始めている。

　カナダ国立研究評議会傘下の研究機関であるBiologics Manufacturing Center, Human Health Therapeutics 研究センター，Clinical Trial Manufacturing Facilityについてコンソーシアムとして展開するとしている。

　カナダ政府は，戦略的イノベーションファンド（10億ドル/7年）の投資を利用して，mRNA技術を含むワクチン治療薬製造能力を高めるため，オンタリオ州のResilience Biotechnologies Inc. に最大1億9,916万ドルを提供しており，その他有望なバイオベンチャーを国内研究拠点に招聘している。

> 【カナダの特徴】
> 　米国と連携した製造政策だけでなく，臨床研究の重要性を認識し，新規モダリティに関しては早い段階からファンドによるバイオベンチャーの国内招聘を推進している。

2－3　欧州

　欧州について，産官学連携が主となるInstitutionalised European Partnershipsとして，efpia等によるInnovative Medicines Initiative（IMI）の後継になるInnovative Health Initiative（IHI）では，健康の課題解決は医薬品による治療だけにとどまらないため診断・医療機器まで含めたコンソーシアムになっている。Horizon Europeではミッションエリアの1つに「がん」が設定されており，2030年までに「予防，治療，そして家族を含むがん患者がより長くよりよく生きることを通じ，300万人以上の人々の生活を向上させる」ことをミッション

としている。特にEIC Pathfinder Challengeとして「Emerging Technologies in Cell and Gene therapy」が始まっており，EIC Transition Challengeとして「RNA-based therapies and diagnostics for complex or rare genetic diseases」が進められている。欧州委員会が発表した「がん撲滅計画」とも連動し，がんの理解・治療・診断に向けた研究・イノベーション活動やネットワーク作り，がんに関する情報を一元化するプラットフォームの構築等が進められている。

　医療機器・危機関連製品の調達改善，医療システムの強靱性向上を目的として，2021～2027年の7年間で53億ユーロの予算が組まれ「EU 4 Health」プログラムが進められている。

　「欧州医薬品戦略」では，保健連合構築の重要な要素となるものとして，革新的で手頃な価格の医薬品に対する患者アクセプタンスを確保しつつ，EUの製薬業界の競争力・イノベーション力・持続可能性を維持するための施策を示している。

　なお，研究データ，臨床データの活用およびReal World Dataの活用においてもEuropean Health Data Spaceの実証プロジェクトのTEHDAS[102]やFAIRplus[103]の動きやData Analysis and Real World Interrogation Network（DARWIN EU®)[104]の取り組みも進んでおり，研究開発と研究基盤の両面から立体的に欧州の政策を見ておく必要がある。いくつかの政策が組み合わさってCSVを形成していくような動きとも捉えることができる。

【欧州の特徴】
　先端医療医薬（ATMP：Advanced Therapy Medicinal Product）の開発は欧州各国の開発戦略や重点領域等を尊重しており，Horizon Europeはインフラを含めた共通課題の解決に向けたプロジェクトに注力する傾向にある。これまでATMPの開発を牽引してきたIMI後継のIHIのプロジェクト動向が注目される。
　また，上述の臨床データ，研究データについては，異なる研究分野の融合を

102　https://tehdas.eu/project/
103　https://fairplus-project.eu/
104　https://www.darwin-eu.org/

想定し，オープンサイエンスと相互運用性についても配慮されており，実証の段階で各種標準用語の調査と整理についても議論しており，今後の連携を可能とした個別の研究者任せではない各国の連携可能性をしっかり見据えた欧州のデジタルシングルマーケット戦略の一環として環境が整備されつつある。

2－4　イギリス

UKRI（UK Research and Innovation）の研究評議会の1つであるMRC（Medical Research Council）は，医学研究の共同調整と資金提供を支援しており，優先研究テーマとして「予防・早期発見」，「精密医療」，「マルチモビリティ」，「先端治療」，「メンタルヘルス」，「抗微生物薬耐性」，「グローバルヘルス」の7つを挙げている。

新たな医薬品や治療法の開発など，基礎から応用への研究の実質的な橋渡しを実現するため，MRC，Cancer Research UK，Wellcome Trust，UCL，ICL，KCLの6機関の支援により研究開発機関ネットワークが形成されており，がん研究から心疾患，感染症など幅広い疾患の解明から診断・治療・予防法の開発までの研究を実施している。英大手製薬企業（GSK，AstraZeneca 等）との連携による橋渡し研究・遺伝子編集研究が実施されている。

Cell and Gene Catapultは，ロンドンのガイズ病院の拠点を中心に，細胞・遺伝子治療の商業化推進のハブとして機能している。

UKB-ESC（UK Biobank Exome Sequencing Consortium）は，UK Biobankとバイオ医薬品企業の官民パートナーシップとしてRegeneron によるコホート全体の全エクソームシーケンスをきっかけに，50,000サンプルが GSKと協力して配列決定された。残り450,000サンプルは，Abbvie，Alnylam，AstraZeneca，Biogen，Pfizer，Bristol-Myers Squibb，Takedaが参画してエクソーム配列の決定が2020 年末に完了した。全ゲノム配列決定も見据えており，業界，政府，および慈善団体の資金提供者によるコンソーシアムとして，今後数年間で研究者がデータ利用可能になる見込みである。

イギリスの創薬エコシステム

　イギリスのライフサイエンスの歴史は古く，世界トップクラスの研究開発機関やバイオ・医学分野の研究に対して年間で約10億ポンドを助成する世界最大規模の非営利民間財団ウェルカムトラスト等が大きな役割を果たしてきた。

　2010年，英国首相が4年間に2億ポンドを投じ，英国全土に産学連携の研究開発拠点「カタパルト」を設置する計画を発表し，2012年，細胞・遺伝子治療の商業化拠点として「Cell and Gene Therapy Catapult」を設立した。

　2014年，ロンドン市長主導の下，ライフサイエンス分野の産業化を推進する組織「Medcity」が設立され，世界有数の大学・研究機関を有するロンドン・オックスフォード・ケンブリッジの三角地帯にまたがる広域のライフサイエンスクラスターが構築された。

　2016年，異分野連携で基礎研究を行うフランシス・クリック研究所がロンドンに設立され，GlaxoSmithKlineやAstraZenecaと非競争領域のオープンサイエンスを実施している。

　これに加えて，2010年代に大型基礎研究所や商業化拠点も設立され，バイオ産業の成長が加速した。世界最大級のバイオバンクであるUK Biobankを構築し，50万人規模の検体・ゲノム情報・活動記録等を蓄積しており，英国全土で産学連携を推進する「カタパルト構想」を展開している。

　ロンドン・ケンブリッジ・オックスフォードのイギリス3大学を中心に，イノベーション集積地として機能している。

　さらに，外資系企業が多く参加するテムズバレー地域まで包含し，地域活性化を実現している。

　その他，コベントリー地域，ウォーリック地域，ブリストル地域のクラスターと連携し，他にも「Circular Economy HUB」や「Gene Therapy Innovation HUB」

等がある。

　イギリスの創薬エコシステムでは，UKRIやInnovation UK等の政府主導によるイノベーション政策により，構成主体の1つであるアカデミア（ロンドンーケンブリッジーオックスフォード）からスピンアウトしたスタートアップ企業が多い。

　創薬エコシステムによって形成されるイノベーションに対する投資により，スタートアップ企業が増え，グローバル企業と連携していく創薬エコシステムが成熟していく事例になっている。

　ロンドン・ケンブリッジ・オックスフォードの創薬エコシステムを形成する主なプレイヤーは，以下のとおりである。

　大学・研究機関では，インペリアル・カレッジ・ロンドン，ケンブリッジ大学，オックスフォード大学，ロンドン大学ユニバーシティカレッジなど世界トップクラスの大学が立地しており，その他，サンガー研究所，フランシス・クリック研究所，MRC分子生物学研究所，オックスフォード幹細胞研究所等があり，世界有数の大学からトップレベルの人材が輩出されている。

　大手グローバル製薬企業では，GlaxoSmithKline，AstraZeneca 他が拠点を形成している。

　臨床開発に欠かせない病院は，インペリアル・カレッジ・ロンドン，ケンブリッジ大学，オックスフォード大学，ロンドン大学ユニバーシティカレッジ等があり，細胞・遺伝子治療の商業化拠点として「Cell and Gene Therapy Catapult」による細胞治療と再生医療研究の優れた基礎成果を実装化することを目的に，ロンドン中心部のガイズ病院に設置をはじめ，2019年時点で108本のプロジェクトが進行しており，230名以上の専門家，1,200m^{2}の敷地面積を保有している。2018年にはGMP基準施設を有する7,200m^{2}の製造センターを備え，細胞療法・遺伝子治療のサプライチェーンが機能している。

　世界有数のスタートアップの集積地であり，バイオテクノロジー関連のスタートアップでは，Oxford Nanopore Technologies（シーケンサー，2005年），Babylon Health（遠隔医療，2013年），BenevolentAI（AI創薬，2013年）他が，創出されている。

【イギリスの特徴】
　これまで基礎研究やEMBL-EBI（データセンター）等では国際的な地位を確立していたが，Catapult政策等による実装化施策で，その立ち位置が変化した。GSK，AstraZeneca の国内企業を官民パートナーシップ等で国が支援することで，Cell and Gene Catapultがグローバル化した。また，UK Biobank も次のステージに入り，UKB-ESCとして民間の意向を踏まえ協調領域としてデータ共有が進められている。

2－5　ドイツ

　ドイツでは，「ハイテク戦略2025」の6つの重点分野の1つ「がん治療の効果を上げ，がん患者の余命を伸ばすためにがん研究を強化する。予防，早期発見，診断，治療の改善を図る」を掲げている。BMBFの第3期健康研究基本プログラムでは，個別化医療とデジタル化の推進に向け，重点テーマ技術としてゲノム編集とCRSPR/Casが提示されている。

　ドイツの施策は研究開発投資だけでなく，産業政策においても州政府の裁量や権限が大きいため，各州，各自治体に産業分散している。そのため各地域に産学官連携・地域振興，研究クラスターに特徴が表れやすい。ミュンヘンの個別化医療と生物学的製剤研究クラスター（Münchner Biotech Cluster），ハイデルブルクのがん治療と欧州幹細胞研究クラスター（BioRN），マインツのがん免疫療法クラスターのCi3（Cluster for Individualized Immune Intervention）では臨床研究を背景にBioNTechが創設されており，CEOであるウーグル・シャヒン氏ら臨床医のようにビジネススキームを支援する仕組みが確立している。

【ドイツの特徴】
　国の施策ではクラスターを誘導することで，各州・各自治体の裁量で地域の特色を生かしたコンソーシアムや官民連携パートナーシップを形成しやすい環境にある。マックス・プランク協会やフラウンホーファー協会等の公的研究機関もともに研究クラスターを形成している。

2−6　フランス

　フランス2030では，産業競争力と未来の技術を開発する10の目標の1つに，20種類の生物医学，特にがんや疾病に対する製品を生産する目標が掲げられている。

　AstraveusのLAKHESYS OSKL（Optimal Scale-Up）プロジェクトでは，細胞および遺伝子治療アプリケーション向けのバイオプロセススケーリング最適化技術で，実際の条件でのパフォーマンス実証に焦点を当てており，開発段階のリスクを軽減し，製造コストと同様，生産に必要な投資削減を見据えている。

　AFM-Telethonは，フランス筋ジストロフィー協会（患者団体）として，国際希少疾患研究コンソーシアム（IRDiRC），希少疾患に関する欧州共同プログラム（EJP-RDプログラム）と連携してて，遺伝性神経筋疾患に限らず，32の希少疾患に対し，41件の治験を支援している。フランスVCのSofinnova PartnersはイタリアTelethonファンドを利用して，遺伝性希少疾患治療として，AAVantgarde Bio，Borea Therapeutics，Alia Therapeuticsに計600万ユーロのシード資金を共有した。

> 【フランスの特徴】
> 　これまで国の施策ではアルツハイマーに力を入れてきていたが，慈善団体であるAFM-Telethon支援によるGenopole等のバイオクラスター形成から，細胞治療のプロジェクトが多い傾向にある。

2−7　オランダ

　Kennisagenda Regeneratieve Geneeskundeでは，オランダ再生医療国家科学アジェンダとして，KWF（がん基金）とともに細胞および遺伝子治療のDARE-NLプラットフォームを掲げている。UMC ユトレヒトおよび周辺の大学医療センターと連携して高度治療イノベーションセンター（ICAT：Innovation Center for Advanced Therapies）を中心に拠点形成している[105]。

　ヒト臓器と疾患モデル技術開発に向け官民連携コンソーシアム（hDMT：

human Organ and Disease Model Technologies）では，幹細胞技術やチップ／マイクロフルイディクス技術，腫瘍微小環境（TME）など，個々の患者に関連性の高い適切なヒト疾患および臓器モデル（オルガンオンチップ）および企業における医薬品開発を支援するとともに，必要な実験動物の数を減らすことを目指している[106]。

　ライデン大学医療センター（LUMC）の細胞および遺伝子治療センター（CCG）は，欧州研究大学連盟（LERU）におけるATMPの製造設備の標準化を推進している。

【オランダの特徴】

　オランダがん学会が支援するKWF（がん基金）の影響力が強く，欧州研究大学連盟（LERU）と連携して，ライデン大学医療センターの細胞・遺伝子治療センターで，DARE-NL（遺伝子・細胞プラットフォーム）が開発されている。

2－8　イタリア

　イタリアは，これまでADA-SCID治療薬のStrimvelisをはじめ，Zalmoxis，Holoclarを開発してきており，細胞および遺伝子治療の分野で主要なプレイヤーとしての地位を急速に確立している。ミラノのバイオクラスターであるSan Raffaele Biomedical Science Parkでは，San Raffaele病院や希少疾患地域ネットワークとも連携している。

　その中心であるSan Raffaele Telethon Institute for Gene Therapy（SR-Tiget）では，グラクソ・スミスクライン社と戦略提携による投資の下，Telethon Foundation などの公的資金を活用し，非臨床研究と臨床研究現場を強固につなげる仕組みとして，EMAの指導でGLP施設を構え開発推進を加速化している。一方で，欧州コンソーシアムに参画してアドボガシー活動を広めていった経緯がある。

105　https://www.icat-utrecht.nl/en
106　https://www.health-holland.com/public-private-partnerships/hdmt

【イタリアの特徴】
　GSKとの連携によりADA-SCID治療薬Strimvelisの開発を成功させ，その成功事例に基づき，その後の遺伝子細胞治療薬の開発を成功させている。EMAの指導もあるが，慈善団体支援，GLP施設，患者リポジトリデータベース構築など，探索研究・製造・臨床研究が一体化した取り組みは，見習うべきことが多い。

2-9　スペイン

　スペイン国家保健システムにおける高度な治療法実施計画では，連携大学病院別にCAR-T治療を受けるためのガイダンスやプロトコルが開示され，臨床試験ネットワークが展開されている。

　細胞療法ネットワーク（TerCel：Cell Therapy Network）は，細胞療法の研究の促進を目的として，カルロスⅢ健康研究所を中心に展開されており，スペインにおける細胞療法イノベーションにトランスレーショナルリサーチの重要性を掲げている[107]。

　アンダルシアの自治コミュニティにおける遺伝子・細胞治療ネットワークで，研究機関，病院施設，財団等が連携して臨床研究を進めている。国内には，FC AECC スペイン対がん協会，AECC科学財団，FICYTアストゥリアスの応用科学研究技術支援財団，カルロス3世国立衛生研究所等の慈善団体が投資により，細胞および遺伝子治療の研究開発を支援している。

【スペインの特徴】
　ノバルティスによりCAR-T療法が展開され，慈善団体支援により，国内において強固な細胞治療病院ネットワークが形成されている。細胞治療ガイドラインの構築等には，病院・医師の強固なネットワーク環境が重要に思われる。

107　https://www.isct-cytotherapy.org/article/S1465-3249(19)30889-8/fulltext

第4章

サプライチェーン・バリューチェーンリスクにおける取り組みの方向性

　これまで本書の中で示してきたとおり，唐突にビジネスで求められる環境の変化が起こるものではないことは言うまでもない。多角的に世界動向を把握していると，その変化の兆しが表れ，そして潮流になり，結果として，規制や標準化の対応を迫られるビジネス環境の変化につながっていくことを示唆してきた。

　ビジネス環境の変化の兆しを把握せずに，潮流に直面して，経緯を理解せずに，規制や制度，ルールの対応に追われてしまうと，疲弊するばかりである。

　まずは，企業ビジネスの求められる役割が大きく変わりつつあることを知り，受け入れるところから始まるのではないだろうか。

　企業ビジネスによって展開されるサプライチェーンのプレイヤーの一企業として，求められる役割，責任を担う範囲が，多角的になってきていることは避けられない。

図表4－1　「責任ある事業行動に関する多国籍企業のためのOECDガイドライン」の範囲

情報開示	人権	労働者の権利
環境	消費者の利益	科学技術 イノベーション
贈収賄および その他の汚職との闘い	税制	競争

　不確実性が高くなっていくビジネス環境の中で，求められるビジネス変化を唐突と捉えるか，いち早く兆しを捉え状況を把握しつつ，ビジネス変化に向けた準備をしておくか，答えは明白であろう。

　では，ビジネス環境の変化の兆しを，いち早くキャッチするためには，どのようにすればよいのか。多くの企業は，自社の事業分野については，兆しをキャッチするネットワークを利用しているかと思われる。

　不確実性が高くなっていくビジネス環境において，経済，政治，学術，その他の社会，地政学など，あらゆる分野にアンテナを張る必要がある。

　そのため，国連をはじめとする国際機関の動向，主要国首脳会議，世界経済フォーラム等のリーダーズコミュニティ，諸外国の政策ポリシーなど，分野横

断的に，可能な限り，経緯を遡って把握することを推奨する。いち早くビジネス環境の変化の兆しをキャッチし，潮流に目を背けることなく，求められるビジネス変化に対応していく胆力が求められている。

　そのためには，ビジネス環境の変化の兆しや潮流をネガティブに捉え，抗うのではなく，外的要因として受け入れた上で，自社の強みをどのように活かしていくか，中長期の戦略に反映していくことが重要になる。

　ビジネスの環境変化は，個社の事業だけでなく，サプライチェーン・バリューチェーン全体に及んでいる。まずは，サプライチェーン全体を把握し，その上で自社の立ち位置，役割責任を全うするために，サプライチェーン・バリューチェーン上のリスクマッピングにより，棚卸しをしていくことを推奨する。

　次に，自社で対応可能なリスクと，サプライチェーンのステークホルダーとともに，協調して取り組むべきリスクを振り分ける。

　これまで，「第3章　産業構造の違いに現れるサプライチェーン上のリスク」で紹介してきた「製造・ものづくり」分野におけるコンソーシアムやプロジェクト，「医薬品」分野における創薬研究開発で推進されているクラスターやエコシステム，オープンイノベーションによるコンソーシアムを分析してきた。

　共通していることは，ステークホルダーとともに，協調して取り組むべき課題解決に対して，共有価値を創造（CSV）し，中長期の視座で，高い志・ビジョンを掲げて，それぞれの求められる役割と責任を全うしていることである。

　重要なことは，サプライチェーン・バリューチェーンのステークホルダーとともに，協調して取り組むべきリスクの課題解決に対して，共有価値を創造（CSV）する目的で，クラスターを形成するか，コンソーシアムを立ち上げることで，その際，特許など何かしら提供することができれば方向性が明確になり，より社会を巻き込むことが可能になるであろう。すでに，協調して取り組むべきリスクの課題解決に向けて，エコシステムやクラスターが形成され，コンソーシアムなどが設立されているのであれば，まずは，そこに参画していくことも検討すべきである。

　その際，企業の取るべき重要なこととして，何を提供するのかを明確にしたオープン戦略と，提供することにより何を得るのかというクローズド戦略を明

確に立案して参画しなければならない。オープン戦略だけで，クラスターやコンソーシアムに参画することは，単なる社会貢献に終始することが多い傾向がある。企業ビジネスの一環として，協調して取り組むべきサプライチェーン・バリューチェーンリスクの課題解決に向けた取り組みを進めることで，自社の企業価値を上げるだけでなく，ビジネスに直結させていくためのクローズド戦略を策定すべきである。

　以下に，サプライチェーン・バリューチェーンのステークホルダーの一例を示す。

　それぞれのステークホルダーが，置かれている責任と役割を果たすことで，サプライチェーン・バリューチェーンリスクの課題解決につながっていくことが見込まれる。

図表4−2 サプライチェーン・バリューチェーンのステークホルダーの役割と責任の一例

研究開発機能	サポート機能	資金調達機能	ネットワーク機能
研究機関		ファンド	業界団体
ベンチャー	アクセラレータ	VC	アクセラレータープログラム
政府			
グローバル企業			
インキュベーター（メンター）			
	自治体 (Co-Working Space Providers)	(Angel) 投資家	自治体 (Co-Working Space Providers)
	Consulting & Coaching Firms	財団	情報プラットフォーム
		コーポレート ベンチャー	イベント主催者

　サプライチェーン・バリューチェーンのステークホルダーの一例として，政府，自治体，業界団体，企業，大学・研究機関，ベンチャー，投資家，VC（ベンチャーキャピタル），アクセラレーター，メンター，そして慈善団体・財団などが挙げられる。

　共有価値を創造（CSV）することを目的としたエコシステムやクラスター，コンソーシアム形成において，利害関係の少ない慈善団体・財団が掲げるビジョン・マインドが重要になる。

　サプライチェーン・バリューチェーンリスクについて，特徴のある「製造・ものづくり」分野と「医薬品」分野について，俯瞰的に考察してきたが，共通する点として，イノベーションの変遷とともに，産業構造の変化が求められ，その結果，サプライチェーン・バリューチェーンの捉え方が変わってきているところに注目しなければならない。

　製造・ものづくり分野では，化石資源からバイオ・生物資源由来に変遷しており，原料調達からリサイクルまで，マスバランスを踏まえた認証・標準化によるサプライチェーン・バリューチェーンリスクの洗い出しとともに，原材料の枯渇，エネルギー資源の不足など想定される不確実性の出来事に対するシナリオプランニングが求められている。

　医薬品分野では，低分子化合物によるブロックバスターの時代から，モダリティによる個別化医療に変遷していくことで，研究と製造，臨床が密接に関連したオープンイノベーションによるエコシステムを構築し，保険償還も踏まえたサプライチェーン・バリューチェーンリスクの洗い出しとともに，パンデミックへの対応，原薬の不足，エネルギーの断絶など想定される不確実性の出来事に対するシナリオプランニングが求められている。

　グローバルな企業環境の中，サプライチェーン・バリューチェーンリスクを踏まえた回復に導くシナリオの重要性は高まるばかりである。

　企業はサプライチェーン・バリューチェーン全体にわたるリスクをより完全に理解する必要がある。サプライチェーン・バリューチェーン全体の透明性を高めるため，サプライチェーン・バリューチェーンを牽引する企業は，潜在的な危険に対して生産現場，配送センター，マテリアルフローをマッピングしている。これらは，需要と供給に影響を与え，原材料不足につながる可能性のある地政学的な展開（貿易戦争，自然災害，パンデミック，ストライキなど）を考慮している。

　企業は，企業全体のサプライチェーンレベルと個々のバリューチェーンサイトレベルの両方における影響と，回復に向けた可能性に基づいてリスクエクス

ポージャーを評価できるようにしておく。その上で，サプライチェーン・バリューチェーン全体のシナリオを策定する。

　また，冒頭のコラムでも述べたとおり，政策や制度の分析を行う場合は，1つの国ごとの動きではなく各地域の広域の動きをしっかりと理解し，ステークホルダーがなぜ，研究段階から産業実装に向けたルールメイキングを検討し，さらに実装段階で既存の認証制度を活用しつつ，その運用をより整えるための新たな規制の必要性を強制力を持って実行すべきか分析しなければならない。

1　グローバルサプライチェーンを回復に導く3つのシナリオテーマ

　ビジネス環境は依然として不確実性が高く予測不可能な環境の中で，原材料の調達に相関性の高いサプライチェーン上流の企業は，自社が関わるサプライチェーン・バリューチェーンリスクに対して，正確な把握と経時的な変化について情報収集・分析する体制を構築することは重要である。以下に，グローバルサプライチェーン・バリューチェーンのリスクから回復に導く3つテーマを例示するので，シナリオプランニングの検討を推奨する。

シナリオ1：部材とサプライヤーに関連するサプライチェーン・バリューチェーンリスクの影響を特定するシナリオプランニング
シナリオ2：サプライチェーン・バリューチェーンリスクに優先順位を付けてリソースを効果的に割り当てるシナリオプランニング
シナリオ3：サプライチェーン・バリューチェーンリスクの影響が大きいロジスティクスについて容量などに応じた緩和戦略として先行投資するシナリオプランニング

シナリオプランニングを実行するためのステップ
ステップ1：サプライチェーン・バリューチェーン全体を見据えて，影響を受ける地域のサプライヤーを特定し，各シナリオに対して回復にかかる時間を推定する。
ステップ2：各シナリオについて，需要を見積り，サプライヤーの状況に応じて，歩留まりの期間，影響を受けるかを評価する。
ステップ3：これまでのステップの分析結果から，いつ，どのくらいの期間，企業活動が停止するのか，または大幅に生産計画を削減する必要

性があるかを判断する。
ステップ4：販売および運用計画に重点を置いて，生産能力を増強する方法を
決定する。回復期間中に特定の目標を達成できる製品にのみ，利
用可能な容量と在庫を割り当てる。
ステップ5：できるだけ早くロジスティクスの容量を確保することでサプライ
チェーン・バリューチェーンの回復を目指す。

長期的には，サプライチェーン・バリューチェーンの大幅な再構築が必要になる。米中貿易戦争は，すでに多くの業界にプロセスを開始する動機を与えた。パンデミックはそれを加速させる可能性がある。

実際に，ファッション小売業者は製造をベトナム，カンボジア，マレーシアなどの国に移す可能性が高い一方，ハイテク企業は市場の需要に応じて，メキシコとブラジル経由で，北米と東ヨーロッパのEUの需要に応えている。また，欧州はデジタルシングルマーケットに関連した各種法制度をアジアに支援することで打ち出し，標準化を共通市場開拓のためのツールとして，欧州市場と連携した科学技術の連携施策を実践している。

さらに重要なことに，企業は，ここで説明した概念のいくつかを適用し，サプライチェーン・バリューチェーン，特にパイプラインの在庫を可視化することによって，ローカルだけでなくグローバルな混乱に対処するために，サプライチェーン・バリューチェーンの回復力を向上させる必要がある。

また，本書で述べてきたようにサプライチェーンや科学技術の新たなバリューチェーンを理解した戦略を社会課題に合わせて実装していくのは，国も企業も消費者も単独でできる内容ではなくなってきている点はお読みいただいた方には理解いただけると思う。

社内の組織を考えた上で上記のような動きを実践しようとすると，取締役会，経営会議，法務部門，財務部門，調達部門，情報管理部門，IR部門，経営企画部等が連携しながら行動していかなければもはや個別のセグメントだけで解決できない問題が増大しているといえる。

また，企業の公共政策担当部門においては，特に各産業分野の最新の動向について，日本企業は日本政府の動向を追いかけているだけではもはやグローバルのトレンドを理解するどころか，誤った方向に進んでしまう可能性がある。

　むしろ，海外のステークホルダーを巻き込んだCSVの考え方でどのような
サプライチェーン・バリューチェーン上の団体を作りどのような動きを目指し
ているのかを分析し，それに合わせたプレイヤーとの連携を加速した活動を早
急にとることが今後の人口減少で市場が収縮する内需市場からグローバル市場
に転換していく際に強く求められる視点となっている。

図表4-3　各種市場と連携する場合の各種ルールや考え方を整合させる市場戦
略の必要性

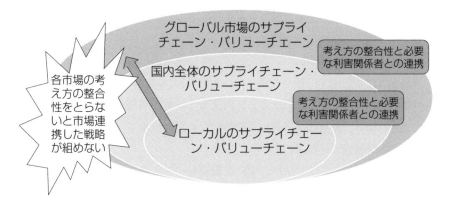

　国際秩序の不安定化，経済大国同士の分断危機，紛争による地政学的リスク，
パンデミックによる健康的リスクなど，安全保障の対象が，経済だけでなく新
興技術分野にまで広がっている中，企業は国際情勢の変化や新たなルール変更
などに，迅速かつ柔軟に対応し，サプライチェーン・バリューチェーンのレジ
リエンスを検討していくことが必要とされている。

　繰り返される不確実性の出来事に対し，1つの企業だけで，乗り越えていく
には限界があり，サプライチェーン・バリューチェーンに関わるステークホル
ダーが，お互いの立場を理解，尊重して，共通価値の創造を掲げ，世の中の動
向を把握し，協力していくことが求められている。

　社会的役割の重要性を担っている企業は，ビジネスにおける行動指針が問わ
れており，人権，労働者の安全衛生，気候変動や生物多様性に対する環境負荷
など，サプライチェーン・バリューチェーンの中心を担っており，消費者およ

図表4－4　国際的な指標・ガイドラインに基づき整備されている
　　　　　 国際基準・標準化

- SA 8000認証（ISO9001，BSCI規格）企業の社会的説明責任
　に関する国際規格
- ISO9001（品質マネジメントシステム）
- BSCI規格（サプライチェーン監査）
- 統合サステナビリティマネジメントシステム
- ISO 14001（環境管理基準）
- ISO 45001（労働安全性基準）
- ISO 50001（エネルギーマネジメントシステム基準）

びコーポレート・ガバナンスにおいて，「責任ある企業行動」（RBC）の原則
がビジネスを展開する上で，ますます，重視されつつある。

　昨今の国際秩序の不安定化と今後の行く末を鑑みて，2020年前後で，「国連
によるビジネスと人権に関する指導原則」，「国際労働機関による条約と宣言」，
「OECDによる多国籍企業向けガイドライン」は，更新されている。

　それに応じるように，欧米諸外国は政策指針を掲げ，国と企業が連動して，
規制やルールを策定し，国際基準や標準化を整備している。

　サプライチェーン・バリューチェーンリスクの背景には，国際協議などで合
意形成された指針やガイドラインがあり，合意形成した内容を実装して制御す
るために，規制や承認，標準化が敷かれている。サプライチェーン・バリュー
チェーンリスクを把握，シミュレーションする上で，国際的なルールや規制，

標準化を知らなかったでは済まされないのである。

　企業のビジネスは，国際秩序に準拠した1社だけで企業価値を高め推進していくものではなく，「責任ある企業行動」（RBC）を実行しつつ，ステークホルダーを巻き込み，それぞれの立場を理解したCSVによって見出した共通価値を反映したレジリエントなサプライチェーン・バリューチェーンの構築が重要となってきている。

　こうした考え方の整合性をとっていかなければサプライチェーン・バリューチェーンが横断してローカル市場と海外市場と連携した市場形成戦略を構築することが難しくなってきている。

　企業のサプライチェーン・バリューチェーンリスクマッピングにも大きく関与しており，気候変動，生物多様性，テクノロジー，ビジネスの完全性，サプライチェーンのデューデリジェンスなどの主要分野にわたって，「責任ある企業行動」（RBC）に関する推奨事項が提示されている。

　中小企業は，多くの場合，柔軟性が高く，新しい指標やルールを統合する能力が高く，業務が小規模でサプライヤーが少ない利点がある。そのため，大企業と比べ，デューデリジェンスプロセスの複雑さを軽減できる。重要なのは，デューデリジェンスが中小企業と大企業で，どのように異なるかを理解し，これらの問題について，中小企業とその関連利害関係者を関与させることで，サプライチェーン・バリューチェーン全体にわたって責任あるビジネス行動を加速させ，組み込むことが不可欠になる。

　国連（UN），経済協力開発機構（OECD），世界経済フォーラム（WEF）ダボスアジェンダ，G7，世界保健機関（WHO），世界貿易機関（WTO）など，国際協議などで合意形成されたビジョンや指針，提言を上位概念として，欧米諸外国の政策立案者たちは，上手く取り入れて紐づけて，自国の外交戦術や規制・標準化戦略，産業戦略，雇用創出，経済波及効果などに反映させて活用している。さらに，政策や戦略を実行計画（アクションプラン）に落とし込み，ステークホルダーを巻き込み，ファンドを創出することで，産業実装，雇用増員と経済効果に結びつけるガバナンスの仕組みや，政策や戦略を評価する体制が整っている。そのため，他国の政策や戦略の模倣や過去の焼きまわしではなく，しっかりとしたエビデンスに基づく分析が実行されている。

　日本は，国内の有識者に頼り，グローバルな動きや他国の政策調査もある程度までは実行するが，深掘りの分析にまでは至らず，政治家の気概で官僚主導によって政策が立案されることが多い。立案された政策は各省庁が独自に理解し，割り当てられた予算の中でプロジェクトが進められている。産業実装の政策では，雇用の増大や経済効果に言及した客観的な評価は乏しく，KPI（重要業績評価指標）の設定は，計画と連動していないため，形骸化している。

　本書のテーマでもあるリスクからみるサプライチェーン・バリューチェーンへの向き合い方，考え方とも共通する部分でもあるが，ローカルとグローバル，部分と全部，局所と俯瞰，表と裏，そしてサプライチェーンとバリューチェーンなど，一部だけ，片側だけ，同じ階層だけ見ていては，この不確定要素の多い社会状況を打開することは難しいのではないだろうか。

　本書の取り扱っている範囲は広く，「中小企業支援」，「法律」，「投資」，「規制」，「標準化」，「経済安全保障」，「科学技術イノベーション」，「サイバーセキュリティ」，「政策立案」，「国家プロジェクト」，「エコシステム」，「コンソーシアム」，「製造・ものづくり分野および医薬品分野の産業構造」など多角的な視座から，リスクを想定してサプライチェーン・バリューチェーンを分析，解説している。

　本書が，不確実性の高い社会の中で，企業が国際情勢の変化や新たなルール変更などに，迅速かつ柔軟に対応し，リスクからみるサプライチェーンのレジリエンスを検討するため，社会的責任（CSR）から共通価値を創造（CSV），そして「責任ある企業行動」（RBC）を遂行していくために，企業価値を上げながら利益を追求していく時代に対応する一助になれば幸いである。

〈執筆者紹介〉

吉澤　尚（よしざわ　なお）

全体統括，第1章，第2章，第4章担当

GRiT Partners法律事務所　弁護士（第二東京弁護士会）　弁理士　情報処理技術者

一橋大学法学部卒業，2002年現西村あさひ法律事務所入所，漆間総合法律事務所副所長歴任，Haas School of Business UC Berkeley Executive Program "Business Excellence" プログラム修了，MITやStanfordのAIやmachine learningのプログラム修了，2019年ヘルスケア・ライフサイエンス分野ではHarvardのThe FDA and Prescription Drugs：Current Controversies in Context やGeorgia Techの "Healthcare Informatics on FHIR" 等のプログラム修了。Silicon ValleyのAlchemist AcceleratorのMentor，東京医科歯科大学医療イノベーション人材養成プログラム委員，2019年から内閣府バイオ戦略有識者等を歴任。

鈴木　修平（すずき　しゅうへい）

第2章第1節，第6節担当

GRiT Partners法律事務所　弁護士（第二東京弁護士会）

2009年慶應義塾大学法科大学院卒業，2010年弁護士登録。都内訴訟系法律事務所，弁護士法人漆間総合法律事務所を経て，2021年に参画。M&A/企業再編，金商法対応のほか，ベンチャー支援，ヘルスケア，個人情報保護法関係についても取り扱う。国立研究開発法人産業技術総合研究所（ヒト由来試料実験部会）の倫理委員会委員（2018年〜）ベンチャー企業の社外監査役（2022年〜）。『実践　海外投資家に向けたIR・SR対応』（共著，中央経済社，2021）。

宮川　拓（みやがわ　たく）

第2章第4節，第5節，第8節担当

GRiT Partners法律事務所　弁護士（東京弁護士会）

早稲田大学法学部卒，上智大学法科大学院修了，Duke University "Impact Measurement & Management for the SDGs"，2013年12月弁護士登録，2014年1月〜2016年4月株式会社ばんせい証券，2014年5月〜2016年4月Bansei Holdings LK（Pvt）Ltd（スリランカ）に出向，2016年東京丸の内法律事務所，2019年外資系医療メーカー法務部支援出向，2021年東京スタートアップコンソーシアム当事務所担当メンバー。

河原　彬伸（かわはら　あきのぶ）

第2章第2節，第7節担当

GRiT Partners法律事務所　弁護士（第二東京弁護士会）

2014年大阪大学高等司法研究科修了，司法試験合格，2021年Stanford University Adjunct Professor Andrew Ng program "AI for Everyone" Certificate of Coursera online および University of Michigan: Data Science and Ethics through EDX Online修了，日星電気株式

会社入社法務部配属，2016年株式会社ジーニー入社後，法務・内部監査グループ配属，2017年株式会社ジーニー子会社 Geniee Vietnam Co., Ltd.監査役就任，2019年株式会社リクルート社内弁護士として勤務，2019年湖都経営法律事務所入所（滋賀弁護士会登録），2021年東京スタートアップコンソーシアム当事務所担当メンバー。

竹内　康博（たけうち　やすひろ）

第1章，第2章補佐
GRiT Partners法律事務所　弁護士
2012年大阪大学法学部卒業，2014年大阪大学大学院高等司法研究科修了，司法試験合格，2016年弁護士登録，京都や大阪の法律事務所勤務を経てGRiT Partners法律事務所大阪事務所参画（大阪弁護士会登録），事業再生研究機構，全国倒産処理弁護士ネットワーク所属。

臼田　亮太（うすだ　りょうた）

第1章，第2章補佐
GRiT Partners法律事務所　弁護士
2020年関西大学法学部卒業，2020年司法試験予備試験合格，2021年司法試験合格，第75期司法修習修了，エヴィス法律会計事務所を経て，2023年11月GRiT Partners法律事務所に参画，ビジネス著作権検定上級取得。

増田　宏之（ますだ　ひろゆき）

第1章，第3章，第4章担当
株式会社三菱ケミカルリサーチライフサイエンス調査部所属
1968年生まれ，2004年，東京農業大学大学院博士後期課程中退。製薬企業にて，キノロン系抗菌薬および接着分子阻害薬の開発に従事。その後，企業コンサルティング業務や官公庁の委託調査業務を中心に，医薬品，医療機器，臨床研究，食品加工，ものづくり，資源・エネルギーなどの分野において，企画，探索，事業化，開発，マーケティング，サプライチェーンなどの業務に従事。直近では，内閣府官房によるバイオ戦略策定を有識者と共に支援し，業界有識者をとりまとめて，ものづくり分野，ヘルスケア分野などの産業ロードマップを策定し，エコシステム形成に貢献してきた。

責任ある企業の行動原則を踏まえた

サプライチェーンリスクと規制対応

2024年 6 月15日　第 1 版第 1 刷発行

編　著　　　尚　　　之
　　　　吉　澤　宏　平
著　者　　　田　　　拓
　　　　増　　　修　伸
　　　　鈴　木　　　博
　　　　宮　川　彬　太
　　　　河　原　康　継
　　　　竹　内　亮
　　　　臼　田　亮
発行者　　　山　本　継
発行所　㈱中央経済社
発売元　㈱中央経済グループ
　　　　　パブリッシング

〒101-0051　東京都千代田区神田神保町1-35
電話03（3293）3371（編集代表）
　　03（3293）3381（営業代表）
https://www.chuokeizai.co.jp
印刷／文唱堂印刷㈱
製本／侑井上製本所

©2024
Printed in Japan

＊頁の「欠落」や「順序違い」などがありましたらお取り替えいた
　しますので発売元までご送付ください。（送料小社負担）

ISBN978-4-502-49301-0　C3032

JCOPY〈出版者著作権管理機構委託出版物〉本書を無断で複写複製（コピー）することは，
著作権法上の例外を除き，禁じられています。本書をコピーされる場合は事前に出版者著
作権管理機構（JCOPY）の許諾を受けてください。
　JCOPY〈https://www.jcopy.or.jp　e メール：info@jcopy.or.jp〉